# 어린이 도덕교육의 새로운 관점

덕 윤리적 접근을 통한 인격 계발

울력진석찬문고

# 어린이 도덕교육의 새로운 관점

덕 윤리적 접근을 통한 인격 계발

## New Perspectives on Young Children's Moral Education

토니 이우드 지음

송영민 · 박형빈 옮김

울력

# 어린이 도덕교육의 새로운 관점: 덕 윤리적 접근을 통한 인격 계발

지은이 | 토니 이우드
옮긴이 | 송영민, 박형빈
펴낸이 | 강동호
펴낸곳 | 도서출판 울력
1판 1쇄 | 2019년 3월 10일
등록번호 | 제25100-2002-000004호(2002. 12. 03)
주소 | 서울시 구로구 경인로35길 129, 4층 (고척동)
전화 | 02-2614-4054
팩스 | 0502-500-4055
E-mail | ulyuck@hanmail.net
가격 | 19,000원

ISBN | 979-11-85136-47-9  93370

이 도서의 국립중앙도서관 출판예정도서목록(CIP)은 서지정보유통지원시스템 홈페이지
(http://seoji.nl.go.kr)와 국가자료종합목록시스템(http://www.nl.go.kr/kolisnet)에서
이용하실 수 있습니다. (CIP제어번호 : CIP2019006978)

# 차 례

감사의 글 _ 9
서론 _ 11

**I부 어린이 도덕교육의 맥락**

## 1. 도덕교육의 조망 _ 23

도덕과 윤리에 관한 언어 소개 _ 23
도덕교육은 무엇을 수반하는가? _ 30
피해야 할 함정, 언급해야 할 딜레마 _ 37
어린이의 도덕 발달에 관한 최근 논쟁 _ 43

## 2. 윤리의 기초 _ 51

왜 특정한 방식으로 행위하는가? _ 51
규칙, 종교, 권리에 의지하기란? _ 57
좋은 삶 살기란? _ 65
행복 또는 의미 추구란? _ 70

## 3. 사회적 · 문화적 맥락의 변화 _ 77

50년간의 회고 _ 77
사회적 · 문화적 변화의 탐구 _ 82
어린이에게 미친 영향의 고려 _ 89
불확실한 미래의 준비 _ 95

## 4. 교육적 맥락 _ 101

도덕적 실천으로서의 교육 _ 101
최근 교육 정책 및 실천 경향 _ 109
어린이와 교수 학습에 관한 기본 가정 _ 114
도덕교육에 대한 함의 _ 120

**II부 도덕 발달의 뿌리**

5. 어린이의 학습 방식 _ 131

신경 교육학적 연구의 교훈 _ 131

애착, 불안 그리고 주체성 _ 137

모방, 피드백 그리고 습관 _ 143

자기 조절과 선택 _ 150

6. 문화, 정체성, 그리고 동기부여 _ 157

사회화와 정체성 _ 157

타인에 대한 이해와 반응 _ 163

보상과 제재 _ 168

사고방식, 목표 그리고 관계 _ 176

7. 올바르게 사는 법 배우기 _ 183

인격, 덕목, 가치 _ 183

가치와 덕목은 보편적인가? _ 189

불확실한 미래에 대해 누구의 가치와 어떤 덕목을? _ 197

아동은 올바르게 사는 법을

어떻게 배우는가에 대한 함의 _ 203

# III부 도덕교육의 경로

## 8. 포괄적인 학습 환경 _ 215

학습 환경의 영향 _ 215
환대하는 공간 그리고 도덕 질서 _ 223
경계, 일상, 그리고 규칙 _ 230
모든 과목 영역에 걸친 작용 _ 237

## 9. 공감과 사려 깊음 고취하기 _ 245

놀이, 장난 그리고 드라마 _ 245
이야기 _ 251
언어 사용 _ 257
기대와 본보기 _ 265

## 10. 개별 프로그램들을 넘어서기 _ 273

개별 프로그램들 _ 273
충돌하는 우선순위들 사이에서 균형 잡기 _ 280
협력하여 일하기 _ 287
덕 윤리 접근을 향하여 _ 293

## 11. 종합하기 _ 301

윤리에 대한 함의 _ 302
어린이에 대한 함의 _ 306
어른에 대한 함의 _ 309
정책에 대한 함의 _ 314

옮긴이 글 _ 315
참고 문헌 _ 317
찾아보기 _ 327

일러두기

1. 이 책은 Tony Eaude가 지은 *New Perspectives on Young Children's Moral Education: Developing Character through a Virtue Ethics Approach* (Bloomsbury, 2016)를 완역한 것이다.
2. 이 책은 원서의 체제를 따랐으며, 원서에서 이탤릭체로 강조된 것은 중고딕체로 표시하였다.
3. 본문에서 책과 잡지 등은 『 』로, 논문이나 기사는 「 」로 표시하였다. 그리고 영화 등의 작품은 〈 〉로 표시하였다. 원문 그대로 표시하는 경우에는 책과 잡지, 영화 등은 이탤릭체로, 논문이나 기사는 큰따옴표로 표시하였다.
4. 옮긴이의 주는 각주로 표시하였고, 옮긴이의 것임을 밝혔다.
5. 이 책은 띄어쓰기를 원칙으로 하되, 국립국어원 표준국어대사전에 수록된 용어는 붙여 쓰기를 하였다.

# 감사의글

많은 분들이 다양한 방식으로, 때로는 미처 알아채지도 못한 방식으로 내 생각을 형성하는 데 도움을 주었다. 그리고 어린이 교육과 윤리를 생각하며 이 책을 집필하도록 지원해 주었다.

나는 많은 동료들에게 고맙게 생각한다. 그들은 어린이가 어떻게 학습하는지 함께 가르치며 논의했다. 그리고 어린이가 사려 깊고, 이기적이지 않고, 충실한 삶을 살도록 어른이 어떻게 안내할지도 함께 가르치며 논의했다. 그처럼 훌륭한 교사들과 교장들에게 존경을 표한다. 그분들은 어린이에게 풍부하고 균형 잡힌 경험이 필요하다는 것을 믿고 있다. 그리고 가능한 범위 내에서 신뢰하고 배려하는 환경을 조성하기 위해 꾸준히 노력하고 있다.

리처드 프링(Richard Pring)과 마크 할스테드(Mark Halstead)는 나의

박사 학위 논문을 지도해 주었다. 그리고 각자의 방식으로 도덕과 윤리에 관한 학술 논문을 지도해 주었다. 아주 편협하고 지나치게 확신에 찬 나의 관점을 확장하도록 도와주었다.

게르디 아힐란(Geerthi Ahilan), 리즈 버턴(Liz Burton), 제인 고드비(Jane Godby), 클레어 와일즈(Clare Whyles)는 각 장의 초안을 읽어 주었다. 그리고 교사나 교장의 경험에 근거하여 소중한 조언을 해 주었다.

블룸즈버리(Bloomsbury) 출판사의 여러 분들이 책의 출간에 참여해 주었다. 그래서 보다 광범위한 독자들이 내 생각을 읽을 수 있도록 해 주었다.

나는 주드 이건(Jude Egan)에게 가장 큰 빚을 지고 있다. 그녀는 지난 28년간 행동과 말과 사랑으로 정서, 관계, 배려가 중심이라는 것을 이해하게 해 주었다. 그녀는 사람들이 회의적으로 보거나 다른 문제에 열중해 있을 때도, 늘 나와 내 일을 믿고 지지해 주었다.

이 모든 분들과 더불어, 일일이 호명할 수 없는 많은 친지, 친구, 동료에게 감사를 전한다.

토니 이우드

tony.eaude@education.ox.ac.uk

# 서론

어린이가 성장하고 장차 성인이 되어 살아갈 세상은 복잡하게 변하고 있다. 『어린이 도덕교육의 새로운 관점(*New Perspectives on Young Children's Moral Education*)』은 독자에게 이런 세상에서 어린이 도덕교육에 관한 참신한 방법을 생각해 보도록 한다. 이 책은 특정한 도덕적 문제에 답하려는 것이 아니다. 어린이의 행동을 어떻게 다루어야 하는지 말하려는 것도 아니다. 특정 프로그램을 전하려는 것도 아니다 — 방책으로서 이에 대한 고려도 간접적이다. 그보다는 장차 새롭고 예기치 않은 도전이 전개될 세상에서 어린이가 적절하게 행위하고 상호작용하는 것을 학습할 수 있는 방식을 생각해 보기 위한 것이다. 이를 위해 윤리 및 어린이 학습에 관한 광범위한 탐구를 살펴본다.

이 책은 주로 교육자를 위해 집필되었다. 즉, 부모, 돌봄 교사, 교사, 종교와 연계되거나 기타 활동에 근거한 자원봉사 단체 지도자를 포함하여 어린이를 책임지고 있는 모든 어른을 위해 집필되었다. 도덕성이 무엇을 수반하는가에 관한 신념은 다양하다. 따라서 이 책에서는 상이한 맥락에서 채택할 수 있는 원리와 전략을 모색한다. 그 맥락은 종교적이거나 세속적일 수도 있고, 학교이거나 다른 환경일 수도 있다.

한 가지 두드러진 특징은 11세나 12세까지의 어린이에 초점을 맞춘다는 점이다. 10세의 욕구와 반응은 6세나 3세와는 다르다. 하지만 나이는 어른의 행위 방식에 영향을 미치는 단지 하나의 요소라고 볼 수 있다. 나는 정신분석가들이 잠복기라고 부른 단계를 언급하기 위해 '중기 아동기(middle childhood)'라는 용어를 사용한다. 이때 어린이의 초점은 자신으로부터 집단(혹은 집단들)의 일원으로서 소속감을 더 크게 느끼는 것으로 바뀐다. 보통 7세에서 11세(혹은 이보다 조금 더 이른) 사이의 어린이가 이 단계에 해당한다. 약 7세 이하는 '초기 아동기(early childhood)' 혹은 유아(very young children)라고 부르겠다.

도덕교육에 접근하는 방식은 그 사람의 신념, 가정, 맥락에 달려 있다. 당연히 독자들은 나의 신념과 가정을 공유하지 않을 수도 있고, 상이한 맥락에서 일하고 있을 수도 있다. 3장에서 더 자세히 서술하겠지만, 나에게는 영국에서 어린이 학습에 관심을 가진 교사, 교장, 학자라는 배경이 있다. 특히 개인의 발달과 이를 학교에서 강화하는 방식에 관심이 있다. 따라서 나는 이 관점에서 서술한다. 그렇지만 연구와 실천을 연계하면서 역할, 맥락, 문화와 무관하게 모든 어른에게 가치 있는 교훈을 찾아보려고 한다. 주로 어린이와 관련된 경험을 가진 사람을 위해서는 어떻게 도덕적 측면이 삶의 모든 측면에 스미어 있는지를 보여 주는 것이 하나의 목적이다. 종교나 윤리에 더 관련된 관심을 가진 사람을 위해서는 이 영역에서 어린이의 학습을 탐구하는 것이 그들의 일에 대한 이해와 방법을 얼마나 풍부하게 할 수 있는지를 보여 주려고 한다.

도덕성과 도덕교육에 관해 저술하는 사람은 옳고 그름이 무엇이며, 이를 어린이에게 가르치는 방법을 안다고 믿는 경향이 있다. 그리고 각자 치밀함의 정도는 다르지만 타인에게 그렇게 하도록 시도하고 설득한다. 반면, 나의 접근법은 도덕성에 관한 제한적 견해나 어린이가 도덕적 문제를 어떻게 사고해야 하는가에서 출발하지 않는다. 그보다는 어떤 수단과 맥락이든 어린이가 적절하게 행위하고, 상호작용하고, 학습하는 방식에 초점을 맞춘다. 어린이가 학습하는 방식을 이해하지 못한다면, 장차 어린이가 적절하게 사는 것을 어떻게 학습할 것인지 알기 어렵다. 그래서 나의 접근법은 '하향식(top-down)'이기보다는 '상향식(bottom-up)'이다.

나는 어린이와 함께 하는 어른이 이로부터 배울 수 있는 것을 고려하기 위해 윤리의 다양한 전통을 살펴본다. 규정하기보다는 딜레마, 긴장, 가능한 해결책을 제시한다. 설교하기보다는 그 생각이 어떻게 독자의 경험에 부합하고, 독자의 환경에 적용될 수 있는지를 생각해 보게 한다. 이것이 나의 확고한 견해가 없다는 것을 의미하지는 않는다. 특히, 개인이 행위하고 상호작용하는 방식, 그리고 사회가 조직되고 작동하는 방식은 중요한 문제라고 믿는다. 그리고 이것이 본질적으로 도덕적 물음이라고 믿는다.

『어린이 도덕교육의 새로운 관점』은 태피스트리(tapestry),[1] 콜라주(collage), 혹은 여행안내서처럼 보일 수 있다. 태피스트리에서는 여러 색깔의 실과 직물이 뒤섞이면서 전체적으로 그 결과물이 점차 분명해진다. 콜라주에서는 무관하게 보이는 인상들이 모이고 연결되어, 많은 이미지들로부터 창출된 하나의 그림이 구성된다. 여행안내서로서 이 책은 여행을 위해 상세히 설명하기보다는, 익숙하든 낯설든, 가볼 만한 곳을 제안하고 서술한다.

나는 윤리, 지식, 인격, 덕, 그리고 가치처럼 복합적이고 논란이 되는 개념을 비교적 간단하고 접근하기 쉬운 용어로 논의한다. 여기에 지나친 단순화가 포함되기도 하겠지만, 그러한 위험은 불가피하다. 이 책에서는 포괄적인 조망과 익숙하지 않은 측면을 다룬다. 이는 다음의 사항을 진지하고 근본적으로 생각해 보기 위해서다.

- 윤리와 교육에 관한 현재의 여러 가정들을 비판적으로 검토하기
- 독자의 배경과 신념이 무엇이든, 자신이 가정하는 것에 의문 제기하기

그래서 차분히 반성적으로 읽으면서 다음 질문에 대한 처음의 판단을 유보해 본다면 도움이 될 것이다.

- 어린이는 선천적으로 선하거나 악한지
- 과거의 모든 것이 훌륭하거나 끔찍한지
- 도덕교육은 무엇을 수반하는지

---

1. 여러 가지 색실로 그림을 짜 넣은 직물: 옮긴이.

• 이를 위해 어른은 무엇을 해야 하는지

여기서 내가 서술한 것에 반드시 동의하지 않더라도, 독자에게 새로운 안목이 나타나기를 기대한다.

대체로 나의 접근법은 나딩스(Nel Noddings, 2013, p. 3)의 견해를 따른다. 즉, '어떤 것을 입증하지 않고도, 도덕적 지식(knowledge)이나 도덕적 진리(truth)를 제시하거나 추구할 것을 요구하지 않고도, 우리는 일관되고 계몽된 모습을 제시할 수 있다. 처음 자전거 타기를 배울 때 우리를 안정되게 했던 손이 명제적 지식을 제공하지는 않았다. 하지만 그 손은 줄곧 우리를 안내하고 지원했다. 그리고 "방법 알기(knowledge how)"에 이르렀다.' 혹은 사이밍턴(Symington, 1986, p. 11)은 정신분석학을 서술하면서 이렇게 말한다. '나는 하나의 실체를 말하고 있지만, 그것을 다른 관점에서 접근하고 있다. 이는 인간의 현상을 다루는 그리스적 방식보다는 유대적 방식이다. 유대적 방식은 한 주제를 맴돌면서, 가장 심원한 것을 밝히기 위해 매번 다른 이미지를 사용한다. 나는 논리적 단계로 논증하는 그리스적 방식이 어떤 깊이 있는 경험을 제대로 다룰 수 있다고 생각하지 않는다.' 그래서 그 논증은 선형적 방식보다는 우회적 방식으로 전개된다.

이 책에는 세 가지 주요 주제가 담겨 있다.

1. 현재의 사회적·문화적 분위기는 어린이에게 돈, 명성, 이미지처럼 주로 외적 요인에 근거한 성공, 행복, 정체성이라는 관점을 조장하면서, 어떻게 행동해야 하는지에 관해 강력하고, 종종 상충하기도 하는 메시지와 압력을 받아들이도록 한다. 그리고 대부분의 행

위가 갖는 도덕적 요소를 덜 중요하게 보이거나 거부하도록 한다. 어린이와 성인은 도덕적 불확실성과 혼돈의 시대에 살고 있다.

2. 영국 및 다른 나라에서, 교육정책은 교육의 근본적인 도덕적 본질과 어린이가 학습하는 방식을 다루지 못하고 있다. 점점 더, 사회와 학교와 환경은 유아에게조차 정서적인 것보다는 인지적 과정과 결과를 우선시한다. 감정보다는 지적인 것을, 배려보다는 성과를 우선시한다. 다원적 민주주의에서 교육의 목적은 부득이 다면적이며 논란의 여지가 있다. 특히 어린이와 관련된 교육의 주된 초점은, 아무런 피해도 없이, 사실적 지식의 획득과 측정 가능한 성과로 귀결될 수는 없다. 교육은 현재 존재하고 있고 미래에 존재하게 될 전인적 어린이라는 요구를 언급해야 한다. 그러므로 도덕교육은 단지 특정 교과 영역에 한정되지 않으며, 전체 학교생활을 통해 전개되어야 한다.

3. 윤리에 관한 담론은 관계와 맥락보다 합리주의와 개인주의에 과도하게 지배되고 있다. 이는 윤리의 사회적 본질, 외적 영향과 초기의 전의식적 반응 유형보다는 현재의 개인적 행위, 합리적 선택, 의식적 결정에 대한 강조를 반영한다. 나는 옳음과 그름에 관한 단순한 개념과 어른의 규정에 의존하기보다는 내적 동기 각인하기, '좋은 삶' 살기와 연관된 인격과 덕목 계발하기, 도덕 공동체에 편입하기에 근거하는 접근법을 주장한다.

요컨대, 『어린이 도덕교육의 새로운 관점』에서는 모든 행위와 상호작용이 도덕적 차원을 갖는다고 제안한다. 그리고 그 말이 유의미하다면, 윤리는 대체로 내재적인 이유들 때문에, 단지 의도보다는 행위와 관련된다. 만약 어린이에게 좋은 삶을 살도록 하기가 교육의 주된 목적이라면, 어린이 양육과 학교교육의 모든 측면은 도덕적 차원을 갖는다. 도덕교육을 주로 '어린이에게 옳음과 그름을 구분하도록 가르치기'로 보는 것은 어린이가 학습하는 방식을 충분히 설명하지 못한다. 그리고 적절하게 행위하기가 맥락에 따른 판단을 요청한다는 정도로는 불충분하다. 윤리의 뿌리는 어린이의 초기 경험에 있다. 그래서 인격 및 덕과 연관된 태도와 성향, 그리고 이를 언제 어떻게 드러낼지에 관한 판단은 출발부터 옳게 함양되어야 한다.

이 책은 도덕교육의 맥락, '뿌리(roots of),' '경로(routes into)'를 차례로 탐구하는 세 부분으로 되어 있다. 제I부(1장-4장)에서는 핵심 논점과 딜레마를 제기한다. 그리고 윤리의 주요 전통 및 사회적, 문화적, 교육적 맥락의 변화를 서술한다. 이는 다음을 위한 것이다.

- 도덕성 및 도덕교육을 이해하는 상이한 방식과 그 함의 제시하기
- 갈수록 어린 나이의 어린이에게 [주어지는] 어떻게 행위하고 상호 작용해야 하는지에 관해 혼재된 메시지와 흔히 있는 강한 압력 확인하기.

그 역사적 중요성과 법적 지위에도 불구하고, 오늘날 교육의 도덕적 차원이 소홀히 취급되는 이유가 논의된다. 종교적 전통의 역할과 중요성을 인정하지만, 점차 다원화되고 세속화된 사회의 공적 영역에서 종교는 도덕교육의 충분한 토대는 아니라고 생각된다. 어린이가 나타내는 특성을 인정하며 존중해야 하고, 타인에 대한 배려가 윤리의 필수적 토대라는 것을 주장한다. 이를 통해 어른의 도덕적 우월감을

경고한다.

제II부(5장-7장)에서는 교육과 윤리에 대한 함의를 조명하기 위해 어린이의 학습에 관한 연구를 살펴본다. 정서와 인지 사이의 밀접한 연결이 강조된다. 전의식적 기제가 의식적 기제의 토대로서 영향을 미친다. 선택하기 능력 같은 의식적 기제의 경우, 초기 경험, 불안, 일련의 외적 요인에 점차 강한 영향을 받으며 계발된다. 어린이는 추상적 사고와 자기 조절을 어려워한다. 어린이가 자기 행위를 조절하기 위해 학습하는 방식에서, 관계, 사례, 습관화와 자기 조절, 피드백과 언어와 주체 의식(sense of agency)과 정체성의 역할이 탐구된다. 그리고 이들 사이의 복합적 연결의 역할이 탐구된다. 외적 요인, 배경, 문화, 기존의 지식은 가치 있으며, 어린이의 동기화에 강한 영향을 미친다. 칭찬, 긍정, 집중은 비하, 벌, 경쟁보다 어린이에게 더 긍정적인 영향을 미친다. 7장에서는 이러한 학습 과정과 윤리가 보다 상세하게 연결된다. 이를 위해 인격, 가치, 덕목 같은 표현에서 '좋은 삶 살기(living a good life)'와 연관된 특성들이 드러나는 방식을 고려한다. 그리고 이러한 표현들이 윤리적 어휘의 근거로 형성되는 방식을 고려한다. 도덕적 정체성이라는 개념은 현 존재와 장차 가능한 존재의 서사를 변경하는 것으로 고려된다.

제III부(8장-10장)에서는 1장에서 확인된 함정을 피하면서 제II부에서 얻은 통찰을 구성한다. 이를 통해 어린이가 적합하게 행위하고 상호작용하는 것을 학습하도록 어른이 최선의 도움을 줄 수 있는 방식을 논의한다. 8장에서는 도덕적 차원이 모든 공급의 측면에 포함되어야 한다고 제안하면서, 학습 환경과 '도덕 질서(moral order)'의 중요성과 특징을 개괄한다. 9장에서는 언어 사용을 포함한 행위, 경험, 반응을 탐구한다. 이는 특히 공감과 사려 깊음의 함양에 기여한다. 10장에서는 유연하게 판단하는 어른과 함께하면서, 배려하고 신뢰하는 관계 및 개인적·제도적 진정성이 뒷받침되지 못하는 경우, 개별 프로그램이 제한적 사용에 그치는 이유를 고려한다. 덕 윤리와 도제 모형에 근거한 접근법은 앞으로의 도전에 대처하기 위해 어린이에게 요구되는 특성을 확인하고 각인시키는 것으로 제안된다.

어린이가 현재와 예측 가능한 미래에 직면하게 될 혼란스럽고 도전적인 세상을 헤쳐 나갈 수 있도록 우리가 도와야 한다면, 마지막 장에서는 윤리, 어린이, 어른, 그리고 간단하게 정책에 대한 핵심 함의를 요약하면서 그 실마리를 종합한다.

1부

어린이 도덕교육의 맥락

# 1

## 도덕교육의조망

------------------------------------------

**개요**

도덕과 윤리에 관한 언어 소개
도덕교육은 무엇을 수반하는가?
피해야 할 함정, 언급해야 할 딜레마
어린이 도덕 발달에 관한 최근 논쟁

### 도덕과 윤리에 관한 언어 소개

최근에, 나는 학습 환경에 관한 강의에서 도덕적 환경은 고려할 가치가 있는 측면이라고 했다. 그러자 곧 경험과 생각이 많은 한 유치원 원장이 어린이에게 옳음과 그름을 말하는 것은 부적절하다는 반응을 보였다. 그리고 이를 자기 역할의 일부로 보지 않는다고 했다.

나는 이 사건에서 독자들이 그 원장, 그리고 그녀의 관점이 전제하는 도덕교육과 도덕성에 관한 생각에 동의하는지 궁금하다. 어린이가 어떻게 행위하고 상호작용해야 하는지, 그리고 이에 어떻게 영향을 미칠지에 대해 그녀가 확고한 견해를 가졌는지는 의문이다. 하지만 여기에는 '말하기(telling)'와 '옳음과 그름(right and wrong)'이 포함되어 있다.

도덕성을 주로 개인적이고 사적인 행동에 관련시키는 사람도 있고, 모든 혹은 대부분의 삶과 우리가 운용하는 사회구조에 스미어 있는 것으로 보는 사람도 있다. 도덕성을 금지된 행위 과정에 연관시키는 사람도 있고, 권장된 행위 과정에 연관시키는 사람도 있다. 그리고 도덕성을 주로 의도와 관련된 것으로 보기도 하고, 결과와 더 관련되는 것으로 보기도 한다. 도덕성의 범위에 관해 합의된 바는 없다.

앞의 원장처럼, '도덕(moral)'이라는 말이 어린이를 돌보고 교육하는 많은 어른에 의해 유보되기도 한다. 반면에 도덕적 차원을 그들 역할의 핵심적 측면으로 보는 어른들도 있다. 그러한 어른들조차도 여기에 무엇이 포함되어야 하는지 확신하지 못하는 것 같다. 도덕 교육을 주로 어른이 어린이의 행동을 통제하는 것으로 볼 수도 있다. 혹은 어린이가 스스로 어떻게 행위하고 상호작용해야 하는지를 학습하는 것으로 볼 수도 있다. 종교적 신념에 근거한 행위 규칙으로 생각할 수도 있다. 혹은 어린이가 권리와 책임 같은 원리나 '대우받고 싶은 대로 대하라(do as you would be done by)' 같은 준칙에 근거하여 선택하도록 학습하는 것으로 생각할 수도 있다. 주입, 혹은 상대주의에 관해 걱정할 수도 있다. 적합한 행동을 조장하기 위한 접근법에 상, 금지, 벌을 포함시킬 수도 있다. 가치와 인격 같은 개념과 관련하여, 어린이가 현재와 미래에 어떤 사람이 될지에 근거하여 포괄적인 견해를 포함할 수도 있다. 나는 독자의 견해에 이 중 몇몇이 포함될 것으로 추측한다. 하지만 특정 도덕적 입장을 채택하거나, 혹은 교육은 어린이의 인격 형성보다는 오직 교과 학습에 관한 것이라고 믿을 수도 있다.

이러한 간단한 논의는 도덕성과 도덕교육에 관한 조망이 다음에 합의하지 못한 채, 심각하게 논란이 되고 있음을 나타낸다.

- 도덕과 윤리에 포함되는 것은 무엇이며, 도덕성은 종교와 어느 정도 연관되는가
- 도덕교육이 수반하는 것은 무엇인가
- 도덕교육에 대한 책임은 누구에게 있는가

이 모든 질문을 탐구할 것이다.

언어는 어린이와 아동기, 개인과 사회, 문화와 종교에 관해 생각하는 방식을 반영하고 형성한다. 우리가 사용하는 언어는 어린이가 기본적으로 선하거나 선하게 될 수 있는지, 그렇지 않으면 나쁘거나 통제되어야 하는지와 같은 인간 본성, 도덕성, 교육에 관한 관점을 반영한다. 우리가 사용하는 은유와 용어는 우리의 신념을 — 자신과 타인에게 그것을 명확하게 하지 않은 채 — 반영하기도 한다. 예를 들면, 오늘날 '행동 관리(behavior management)'의 초점은 순종과 어른의 통제를 확보하기 위해 자극과 반응에 의존하는 행동주의적 접근법에 근거한다. 나는 어린이가 자신의 행위에 책임질 수 있다는 기대를 제시하기 위해 '행위(conduct)'라는 말을 선호한다. 개선된 훈련에 대한 요구는 대개 벌과, 아마도, 보상에 의해 지지되는, 외적으로 부과된 기대를 함의한다. 하지만, '자기 수양(self-discipline)'은 자신의 행위를 조절하고 정보에 근거해 선택하는 개인을 암시한다.

하나 이상의 의미 혹은 낯설거나 당혹스러운 여운을 가진 많은 용

어를 사용하는 도덕, 윤리, 도덕교육에 관한 논의에서 언어가 사용되는 방식은 특히 문제가 된다. 예를 들어, 사려 깊음(thoughtfulness)은 반성적임(being reflective)을 의미할 수도 있고 주의 깊음(being considerate)을 의미할 수도 있다. 어떤 문화나 세대에 속한 사람이 한 용어를 이해하는 것은 다른 문화나 세대 사람에게는 상이한 내포를 가질 수 있다. 이전에 흔히 사용된 인격과 덕 같은 말은 이제 다소 고풍스럽고, 의심스러운 것으로 고려될 수 있다. 최근에는 가치라는 말을 선호하는 경향이 분명하다. 7장에서는 그 이유와 그 용어의 장단점을 고려한다.

내가 도덕적 · 윤리적이라는 용어를 사용하는 방식을 설명해 보겠다. 나딩스(2013, p. 27)는 '윤리적으로 행위하는 것은 도덕적이라는 의미의 수용 가능하고 정당화 가능한 근거의 지침에 따라 행위하는 것'이라고 서술한다. 윈스턴(Winston, 1998, p. 21)은 '하나의 도덕 체계(*a morality system*)와 대조되는 하나의 윤리 체계(*a system of ethics*)를 구성하는 특수한 윤리적 개념, 즉 이중 개념(thick concepts)에 관한' 버너드 윌리엄스(Bernard Williams)의 기술을 인용한다. 그러므로 나는 윤리 및 윤리적이란 말은 맥락에 따라 특정 행위를 기술하기 위해 사용하며, 도덕 및 도덕적이란 말은 보다 일반적으로 사용한다. 예를 들어, 나는 도덕적 딜레마 혹은 도덕적 차원이라고 서술한다. 그리고 윤리적으로 살고 있는 사람 그리고 일상생활에 관련된 행위를 포함하는 것으로 윤리를 서술한다. 그러나 실제로 이 두 용어는 흔히 구별 없이 사용된다.

그렇다면, 도덕 및 윤리는 무엇에 관한 것인가? 간단히 말해, '의무(should)'와 '당위(ought)'에 관한 것이다. 하지만, 역시 그 언어의 사용은 주의해야 한다. '옳은(right)'이 기술적(technical)인 능력이나 허가를 나타낼 때 사용되는 방식을 생각해 보자. 윤리적 문제를 제기하지 않으면서 연필이나 붓 잡기에서 '옳은 방식(in the right way)'이라고 말할 수 있다. 허락받지 않고 다른 아이의 소유물을 가져가는 것은 옳지 않다고 말할 때는 윤리의 영역에 해당된다. 아이에게 '버릇없다(naughty)'고 하는 것은 가벼운 비난부터 분명한 금지에 걸친 다양한 의미를 가진다. 안전, 효율성, 도덕성이라는 이유로 어린이가 특정 방식으로 행위하도록 학습하는 것 사이에서 그 경계는 매우 불분명하다. '해야 한다(should)'라는 단어는, 대체로 이 책에서 그렇듯이, 단지 제안을 의미할 수도 있고 혹은 엄격한 훈계를 의미할 수도 있다.

도덕과 윤리의 범위는 불분명하다. 윤리는 어느 정도 개인적 행위에 관한 것이다. 그러나 윤리는 또한 사람 간에, 혹은 우리가 만든 공동체 및 사회와 관계 맺는 방식에 관한 것이기도 하다. 대부분의 개인은 사회가 조직되는 방식에 미미한 영향을 미친다. 하지만 그들이 살아가는 집단에는 영향을 미칠 수 있고 또 영향을 미치고 있다. 어른에게 그 집단은 주로 가정, 직장, 지역공동체일 것이다. 어린이에게는 가정, 또래 집단, 교실이나 학교일 것이다.

듀이(Dewey, 2002, p. 357)는 '도덕은 타인과의 관계를 고려하는 행위와 다르지 않다'고 한다. 그렇다면, 도덕과 윤리의 영역은 인간 행위와 상호작용을 광범위하게 포함할 것 같다. 이를 두 사례를 가지고 설명해 보자. 자신이나 타인에게 전혀 위험하지 않은 경우, 빨간불에 자전거를 타고 지나가도 되는가. 이는 어떤 사람에게는 도덕적 문제로 보이지 않거나, 혹은 적어도 심각한 의미에서 그렇게 보이지 않을 것이다. 다른 사람에게는 그렇게 하는 것이, 위급 상황이나 그 신호 등이 확실히 고장 난 상황에서는 정당화될 수 있더라도, 행위 규칙을 어긴 것으로 보일 것이다. 채소를 길러 먹을지는 단지 경향이나 선호의 문제이지 도덕성의 문제는 아닐 수 있다. 그러나 소요되는 화학제품을 고려해 보자. 혹은 상점의 토마토나 콩의 유전자가 조작되었거나 먼 나라에서 유입되었다고 해보자. 그러면, 도덕과 무도덕 사이의 구분은 더 불분명해진다.

적절하다고 간주되는 것은 법률이나 금지보다는 어느 정도 문화나 맥락에 달려 있다. 예를 들어, 내가 핀란드에 갔을 때였다. 탁 트인 지방 도로에서 차들이 제한 속도를 거의 초과하지 않는 데 놀랐다. 나를 초청한 사람은 '법률적 관점에서 보고 이해하기 때문에 과속하지 않는다'에 근거하는 나의 반응을 의아해할 뿐이었다. 주된 동기는 법적이기보다는 도덕적이었으며, 외적 단속보다는 내적인 것이었다. 앞으로 보겠지만, 어린이가 특정 방식으로 행위해야 하는 이유(why)를 인식하는 것은 그렇게 하는 데 있어 필요하고 유력한 동기 요인이다.

대부분의 행위, 특히 상호작용은 기술적 규범과 윤리적 규범 ― 얼마나 잘 수행하는지 그리고 그것을 해야 하는지 ― 을 모두 갖는다. 서지오바니(Sergiovanni, 2001, p. 14)는 이를 '잘하기(doing things right)'와 '옳은 것 하기(doing right things)'로 구분하여 파악한다. 즉,

- 옳거나 적절한 방식으로 행위하기
- 어떤 것이든 잘하기.

만약 옳은 것 하기가 아니라면, 그것은 기껏해야 도덕적으로 중립적

이거나, 도덕적으로 나쁠 수도 있다. 예를 들어, 큰 상처를 준다면, 피부색, 종교, 성별에 근거하여 누군가를 매도하는 것은 훨씬 더 수치스러울 것이다. 서툴게 하는 것보다 더 비난받을 방식이라고 확신하면서 거짓 납세 신고서를 작성해도 마찬가지다. 나는 '잘하기'보다 '옳은 것 하기'가 더 중요한 문제라고 생각한다. 특히 타인이 포함된 행위에서 윤리는 효과성을 극복해야 한다.

도덕적 물음 중에는 옳음과 그름의 문제와 분명하게 관련되는 것이 있다. 예를 들어, 낯선 사람 공격하기와 지갑 훔치기에서 가능한 정당화를 찾기는 어렵다. 혹은 한 아이가 다른 아이를 깨물거나 조롱하는 것도 마찬가지다. 그러나 대다수 윤리적 결정은 옳거나 그른 것보다는 더 좋거나 더 나쁜 것에 관한 것이다. 그리고 두 요구가 충돌할 때 무엇을 해야 하는가이다. 정직은 덕이다. 그러나 흔히 그 적용은 정직할지 말지에만 관련되는 것이 아니다. 그보다는 자기가 싫어하는 옷을 입은 친구가 어울리는지를 묻는다면, 혹은 지저분하게 번진 그림에 대해 어떻게 생각하는지를 묻는다면, 얼마나 정직해야 하는지에 관련된다.

이 사례는 옳은 행위가 보편적 원리에 근거해야 하는지 혹은 맥락에 의존해야 하는지와 같은 근본적인 철학적 논쟁을 반영한다 — 학술적 용어로는 보편주의와 개별주의이다. 보편주의자는 정의 같은 원리가 이성에 의해 도출될 수 있으며, 맥락과 무관하게 주어진 상황에 적용될 수 있다고 주장한다. 반면, 개별주의자는 옳은 행위의 과정은 맥락 의존적이며 어떻게 행위해야 하는가에 관해 상충하는 주장 사이에서 판단하는 것으로 본다. 그러므로 개별주의자는 상황에 따라 — 예를 들어 굶어 죽어 가고 있는 경우 — 훔치는 것이 옳을 수도 있다고 믿는다. 그리고 소위 정의와 사랑, 혹은 정직과 자비 같이 상충하는 원리 사이에서 대개 절충해야 한다고 믿는다. 반면에 보편주의자는 훔치는 것은 잘못이며, 정당한 행위의 과정은 추론에 의해 결정될 수 있다고 믿는다. 7장에서는 도덕교육자가 인격 및 덕에 연관된 특성에 근거한 어린이의 판단을 계발해야 한다고 주장하면서, 보편주의의 한계를 논의한다.

## 도덕교육은 무엇을 수반하는가?

나딩스(2013, p. 1)의 지적처럼, '윤리는 … 대부분 도덕적 추론에 집중했다.' 반면, 이 책에서는 윤리를 말하거나, 생각하거나, 의도하는 것으로만 — 물론 이것은 행위 방식에 영향을 미칠 수 있다 — 보지 않고, 어떻게 행위하고 상호작용하는가에 관한 것으로 본다. 프링(Pring, p. 151)은 '신념은 그것을 선언할 때와 마찬가지로 습관, 성향, 자발적 행위로 구체화된다'고 한다. 하지만 나는 신념이 의식적 과정보다는 무의식적 과정에서 훨씬 더 구체화된다고 생각한다. 도덕교육은 굶어 죽어 가고 있을 때 음식을 훔쳐야 하는지, 혹은 고통스러워하는 사람이 빨리 죽을 수 있도록 약물을 투여해야 하는지를 원리에 따라 결정하도록 어린이를 돕는 것에 국한된 것이 아니다. 그러한 딜레마를 토의하는 것이 (적어도 철학자에게는) 흥미 있을 수 있다. 하지만 개인에게, 특히 어린이에게 이런 상황이 발생하더라도, 그것은 매우 드물다. 또한 도덕교육은 습관, 두려움, 보상 때문에 선한 행동이나 순종을 조장하는 문제만도 아니다. 도덕교육은 내적 동기에 관한 것이다. 그것은 낯선 상황에서 그리고 장기적 관점에서 보다 근원적으로 행위에 영향을 미친다.

습관에만 근거한 행위는 윤리의 범위 안에 있지 않을 것이다. 하지만 어린이의 행위가 어느 정도까지 의도적인지 결정하는 데 애를 먹기도 한다. 이는 어린이가 언제 도덕적 행위자가 되는가의 문제를 제기한다. 도덕성에 관한 대부분의 저술에서는 도덕과 윤리가 의도, 의식적 선택 실행을 포함하는 것으로 본다. 그래서 전도덕기(premoral period)가 있다고 가정한다. 실제 연령은 국가별로 다르지만, 유사한 견해에 따라 형사상 책임 연령을 결정함으로써 법률로 명문화된다. 도덕적 책임 연령의 설정은 훨씬 더 문제가 된다. 어떤 날에 도덕적 행위자가 아니었던 아이가 다음 날에 도덕적 행위자가 될 수는 없다. 월(Wall, 2012, p. 176)의 서술처럼, '윤리적 책임은 어린이에게 결여된 능력을 설치하는 것이 아니다. 그것은 이성의 마법에 걸린 어떤 나이에 나타나는 것 같지는 않다. 오히려, 삶을 통해 인간적 사고에 통합된다.'

그러므로 나이에 근거해서 도덕적 — 혹은 윤리적 — 책임을 결정하는 것은 기껏해야 임의적이며, 흔히 오도된 것이다. 유아가 잘 추론된 도덕적 선택을 할 수는 없다. 그러나 5-7장에서는 어린이가 행위하고 상호작용하는 방식에 관한 학습의 뿌리는 어린 시절의 삶에서 수립된다고 제시한다. 도덕교육은 점진적 과정이고, 그 과정은 출발부터 옳게 발생해야 하며, 또 발생한다.

어린이가 게임에서 배제되는 경우를 생각해 보자. 만약 다른 아이가 배제된 아이를 속상하게 하려는 의도가 아니라면, 이는 윤리의 영역에 포함되지 않을 것이다. 그러나 6장에서 논의되듯, 유아조차도 어른의 생각보다 훨씬 더 자기 행위의 영향을 인식한다. 어린이가 그들의 선택에서 가능한 결과를 어느 정도나 인식할 수 있는지는 불분명하다. 그러나 어른은 유아에게조차 이런 생각을 기대한다. 그리고 전적인 우연이 아니라면, '그럴 생각은 아니었어요'라며 우는 것에 거의 영향을 받지 않는다. 의도적 행위와 습관적 행위의 구분은 더 불분명하다. 그리고 부주의와 악의는 표면적으로 드러난 것처럼 분명하지 않다.

어린이가 타인에 대한 민감성을 더 크게 계발하고 자기 행위의 영향을 인식하도록 돕는 것은, 주어진 연령과 심리적 발달을 고려하면 어렵더라도, 하나의 핵심 과제이다. 구트만(Gutmann, 1987, p. 62)은, '도덕교육은 무도덕주의와 이기주의에 대한 전투에서 승리함으로써 시작된다'고 한다. 구체적 행위와 행동이 문제가 된다. 그러나 어린이에게 '무엇이든 허용되는' 도덕적으로 중립적인 우주에 살고 있지 않다는 것을 인식시키는 것이 선행 과제이다. 어린이는 자신이 — 그리고 다른 사람이 — 행위하고 상호작용하는 방식이 문제가 된다는 것을 깨달아야 한다. 그렇다면 어른은 포괄적으로 고려된 도덕교육에 대한 책임을 포기해서는 안 된다. 어린이가 이를 학습하고 이에 근거하여 행위하도록 어떻게 최선의 도움을 줄 수 있는지가 문제이다.

흔히 규칙에 관한 명확한 규정이 없으면, 도덕성은 쉽게 상대주의적으로 된다고 — 확고한 토대가 없어 '무엇이든 허용된다고(anything goes)' — 개탄한다. 그러한 윤리에 관한 진지함은 상대주의를 위험으로 — 상대주의에서 행위 방식은 단지 개인적 선호의 문제이며, 소위 여러 가지가 뒤섞인 접근법이다 — 인식하게 했다. 이는 개인주의와 개인적 선택을 강조하는 문화의 위험이다. 하지만 홀러웨이(Holloway, 2004, p. 159)는, '도덕적 투쟁은 확실한 선과 확실한 악보다는 경쟁하는 선들 사이에서 흔히 발생한다. 그러나 그것이 무엇이든 허용된다는 의미는 아니다'라고 한다.

한 아이를 기르는 것은 마을 전체가 맡아야 한다는 오래된 아프리카 격언이 있다. 특히 태도와 신념의 관점에서, 대부분의 어린이 교육은 학교보다는 가정 및 기타 장소 — 교회나 스포츠클럽 같은 장소, 친구나 함께 생활하는 사람들과의 비형식적인 상호작용 — 에서 발생한다. 나딩스(2013, p. 171)가 상기시키듯, '도덕교육은 … 전 공동체의 과업이지 가정, 교회, 학교에서 배타적으로 담당하는 것은 아니다.' 따라서, 비록 특정한 역할을 맡고 있긴 하지만, 어린이와 함께하는 모든 어른은 그 역할을 도덕교육자의 관점에서 보아야 한다. 부모/보호자는 이 과정에서 핵심적 위치에 있지만, 배타적이지는 않다. 확대 가정이나 지역 공동체의 구성원이든, 교사나 목자 역할을 하는 사람이든, 다른 사람과 그 책임을 공유한다. 그러나 도덕교육을 학교교육과 같다고 생각해서는 안 된다. 혹은 학교는 어린이가 행위하고 상호작용하는 방식을 학습하는 유일한 혹은 주된 장소라고 보아서도 안 된다.

도덕교육을 서술하기 위해 사용되는 언어는 도덕성과 관련된 언어만큼이나 다루기 어렵다. 인격교육과 가치 교육 같은 용어는 다양하고 항상 명확하지 않은 의미를 지닌 채 부정확하게 사용되곤 한다. 이는 용어가 발전되고 서술되어 온 방식, 그리고 국가별 종교의 역할에 근거하기 때문이다.

매클로플린과 할스테드(McLaughlin and Halstead, 1999, pp. 136-8)

는 도덕교육의 주요한 두 줄기를 확인한다. 그들은 그것을 비확장적(non-expansive) 및 확장적(expansive)이라고 부른다. 전자는 다음을 강조한다.

- 일련의 핵심적이거나 보편적인 가치들
- 그 가치들을 소개하고 강화하기 위한 특정 프로그램
- 적어도 어린이에게는, 의식적 추론보다는 반복과 습관에 의해 더 내면화되는 가치화 과정

확장적 견해에서는 가치를 다음과 같이 조명한다.

- 문화에 따라 다양하다.
- 직접적 교수보다는 잠재적 교육과정과 모델링을 통해 더 내면화된다.
- 종종 갈등한다. 그래서 어린이는 어릴 때부터 도덕적 추론에 의해 그 갈등을 해결하는 방식을 학습할 필요가 있다.

할스테드(1996, pp. 9-11)는 소위 가치 교육에 접근하는 세 가지 주요 방식을 서술한다.

- 인격교육
- 가치 명료화
- 도덕적 추론

리코나(Lickona, 1992)에 의해 발전된 인격교육은 적합한 가치를 확인하고 고취시키려는 시도를 포함한다. 하지만 할스테드는 다음의 중요한 두 가지 문제를 확인한다. 어떤 가치가 적합하고 또 일관된 접근법인지 보증하는가, 그리고 어떻게 학교 밖의 갈등하는 메시지들을 다루는가. 가치 명료화는 어린이가 자신의 감정과 가치를 탐구하고 계발하는 방식에 관심이 있다. 그러나 상대주의를 조장한다는 비판을 받는다. 도덕적 추론 접근법은 도덕적 딜레마에 관한 논의에 초점을 맞춘다. 이에 관해서는 이 장의 후반부에 서술되고 비판된다.

할스테드는 미국과 영국에선 절충적 접근법이 선호된다고 보고했다. 나는 개별 프로그램에 근거하지 않는, 절충적 접근법을 주장할 것이다. [이는] 어떤 프로그램은 도덕교육만큼이나 복잡하기에 많은 경로가 있고, 모든 접근법은 맥락을 고려해야 하기 때문이다.

나는 도덕교육이 다음과 같은 두 가지 관련된 의미에서 가장 잘 이해된다고 생각한다.

- 광의적 의미에서, 삶과 어린이 양육의 모든 측면에 걸쳐 있는 도덕적 차원과 관련된 것
- 협의적 의미에서, 어린이가 적절하게 윤리적으로 행위하고 상호작용하는 방식을 학습하는 것

이는 할스테드와 테일러(Taylor)의 『교육에서 가치, 가치에서 교육 (Values in Education and Education in Values)』(1996)이라는 책의 제목에 반영된 구분이다. 이 구분은 복잡한 질문을 제기한다. 이는 이 책 전체에서 반복되며, 간단히 답하기는 어렵다. 그중에는 다음이 포함된다.

- 어린이가 일반적으로 그리고 윤리적 관점에서 학습하는 방식, 그리고 여기에 영향을 미치는 요인들
- '적절하게'가 의미하는 것
- 도덕교육의 이러한 두 가지 의미가 결합되는 방식

도덕적 차원은 수학이나 역사처럼 교육의 분과라기보다는 교육에서 필수적인 것이다. 그리고 기법에 우선적으로 초점을 맞추기보다는 교육은 무엇을 위한 것인가라는 목적을 고려해야 한다. 두 의미 모두에서, 도덕교육을 위한 기회는 어른과 어린이 사이의 모든 상호작용에 존재한다.

협의적 의미에서 도덕교육은 내용보다는 행위에, 명제적 지식보다는 절차적 지식에 더 관련된다 — 철자나 세계 여러 나라의 목록을 암기하는 것보다는 자전거 타기나 수영하기를 학습하는 것에 더 가깝다. 어린이가 타인에게 더 동정적이고 깊이 생각하도록 돕는 것은 도덕교육의 범위에 포함된다. 신입생을 환영할지, 어떻게 환영할지, 혹은 어려움에 처한 사람에게 반응할지, 어떻게 반응할지처럼, 분명히 심각하지 않은 일상의 문제를 흔히 포함한다. 그러한 접근법은 매크로플린과 할스테드(1999, p. 136)의 언급에 반영되어 있다. '"인격교육(character education)"의 모든 개념은 단지 인격(그리고 더 일반적으로 덕)에 관하여(about) 어린이에게 가르치는 것뿐 아니라 인격과 덕의 특질을 함양할(develop) 의무(를 강조한다).'

도덕교육은 장기간의, 더딘 과정이며, 개별 부모나 교사, 단체나 학교는 단지 그 과정의 일부이다. 어린이가 상호작용하는 모든 대상은 그들이 학습하는 방식에 영향을 미친다. 우리가 할 수 있는 한계를

인정해야 한다. 비록 우리가 영향을 미치고, 조종하고, 안내할 수는 있지만, 어린이가 어떻게 되도록 통제할 수는 없다. 기초는 놓을 수 있지만, 전체 건물을 지을 수는 없다. 그리고 몇 가지 함정을 인식해야 한다.

## 피해야 할 함정, 언급해야 할 딜레마

어린이는 반드시 어른이 의도한 것만 학습하지는 않는다. 특히 태도 및 신념과 관련된 영역에서 그렇다. 몇 가지 잠재적 함정은 어린이로 하여금 자신의 의도대로 행동하지 못하게 영향을 끼칠 수 있다. 특히 장기적 관점에서 역효과를 낳는 것으로 입증될 수도 있다. 이 절에서는, 어떤 접근법을 택하든, 피해야 할 함정과 직면하게 될 딜레마를 확인한다.

'도덕교육을 하는(do moral education)' 오직 한 가지 방법이 있다는 신념과 별개로, 다섯 가지 다른 잠재적 함정이 있다.

- 향수
- 위선
- 주입
- 엄격하고 지루하게 보임
- 실생활에서 윤리를 분리하기

역사적으로 향수는 구세대에게 공통적이다. 특히 도덕성과 관련해서 그렇다. 이는 과거의 모든 것이 더 좋았으며, 신세대의 도덕은 타락하고 있다는 견해를 반영하고, 유도한다. 그리고 흔히 도덕적 공황 상태와 연결된다. 향수는 대개 과거 사회가 그랬을 것 같은 것, 어른이 어린 시절에 실제로 했던 것에 대한 매우 선별적인 견해에 근거한다. 그러한 향수는 일반적으로 오도된 것이다. 그렇지 않더라도, 어린이가 그것을 표현하는 어른에게 크게 주목할 것 같지는 않다.

만약 어른이 '언행일치(walk the talk)' — 타인에게 하라고 말한 대로 하기 — 하지 않는다면, 유아조차도 곧 위선과 진정성 결여를 탐지해 낼 것이다. 이는 어린이가 다른 의견을 가진 사람 존중하기 같은 특정 메시지를 무시할 위험성이 있다. 그리고 도덕성 자체는 문제되지 않으며, '무엇이든 허용된다'고 믿게 될 위험성이 있다.

주입은 부당한 영향을 끼친다는 경멸적 의미를 갖는 용어이다. 그러나 대부분의 어른은 영향을 끼치길 원한다. 그리고 일부 어른들은 어린이에게 신앙 공동체에 대한 이해와 참여를 깊게 한다는 의미에서 '교리 속으로(in-doctrination)'가 자신들의 정당한 역할이라고 볼 수도 있다. 어른은 어린이에게 상당한 영향을 미치고 지배하려고 애쓴다. 따라서 그 영향이 부당한지, 권력이 남용되는지가 논점이다. 주입은 어린이가 청소년이 되어 특정 요소에 의문을 갖게 될 때, 종교적 신념이나 특정 도덕적 입장에 연관된 다른 측면들을 거부하게 하는 경향이 있다. 그러므로 주입은 부질없는 도덕적 정체감을 낳을 위험이 있다. 나아가, 주입이라고 비난받을 수 있다는 두려움 때문에, 특히 교사는 중요하지만 논란이 되는 논제를 피하려 할 수도 있다.

대부분의 어린이는 즐거운 것을 하길 원한다. 그리고 타당한 이유

없이 이것이 금지될 때 불평하기 쉽다. 엄격하고 지루한 것은(혹은 그렇게 보이는 것은) 어린이가 즐겁게 할 기회를 뺏는다. 이는 자칫하면 도덕성을 권장하는 것 ― 해야 하는 것 ― 보다는 구속하는 것 ― 해서는 안 되는 것 ― 으로 보게 할 수 있다. 윤리는, 도덕화 하기와 설교하기보다 영향력 있는 섬세한 수단을 사용할 때, 긍정적 용어로 가장 잘 제시된다.

윤리를 실생활의 상황에서 분리하기는 도덕교육이 주로 지적 과정으로 보일 때 흔히 빠지기 쉬운 함정이다. 어린이는 윤리가 자신의 삶과 어떻게 관련되는지 보려 한다. 이때 어린이는 그들의 행위와 보다 추상적인 윤리적 언어의 연관성을 설명하기 위해 자신의 경험과 관련되거나 거기서 도출된 사례에서 도움을 받는다.

특히 교사가 범하기 쉬운, 더 논쟁적인 세 가지 함정이 있다.

- 어른이 모든 답을 가지고 있다고 믿기
- 부적절하게 행동하는 어린이 그리고/혹은 그들의 부모/보호자에게 엄격하기
- 개별 프로그램에 의존하기

월(p. 170)은 '도덕교육이 주로 어린이에게 적용된다는 생각은 어른이 도덕적 확실성의 고원에 도달했다는 안도감을 준다. 그러나 이 감정은 위험하다'라고 서술한다. 어른은 해야 하는 것에 관해 더 잘 추론할 수 있다. 그러나 반드시 어린이보다 더 잘 행동하는 것 ― 이것이 친절하게, 동정적으로, 혹은 이타적으로를 의미하더라도 ― 같지는 않다. 우리 어른이 어린이로부터 배울 것이 없다거나, 혹은 도덕교

육은 언제나 어른에서 어린이로의 일방적 과정이라는 것을 경계해야 한다.

어린이의 부적절한 행동, 특히 타인에 대한 부적절한 행동은 지장을 초래하기도 한다. 그 어린이의 행위를 통제할 수 있다고 생각하면, 어른은 그 어린이를 비난하거나 부모/보호자 혹은 그들 모두를 비난하는 경향이 있다. 그러한 반응은 피하기 어렵다. 어른은 어린이를 비난하기보다는 이해하고 돌보려고 해야 한다. 그리고 신뢰 관계를 형성하려고 해야 한다. 특히 이를 가장 적게 경험한 어린이와 형성해야 한다. 부모/보호자는 도덕교육에서 결정적 역할을 한다. 그러나 일부 어른들은 이를 충실히 하지 못하는 것 같다. 혹은 얼마나 타당하든, 어린이의 양육 방식에 대해 상이한 견해를 가진 것 같다. 그러한 차이는 거북하게도 흔히 계층, 종교, 민족성이라는 문제와 관련된다. 그러나 삶의 상이한 부분을 포괄하는 일관된 메시지는 어린이가 스스로 적절하게 행동하도록 돕는다. 그러므로 부모/보호자 및 교사는 서로를 비난하기보다는 10장에서 논의되는 방식으로 함께 일해야 한다.

교육정책과 인격교육은 개별적이고, 흔히 단기적인 프로그램을 강조하는 경향이 있다. 그러나 단지 몇몇 교과 영역에 '끼워 넣(bolted on)'거나 채택하기보다는, 접근법의 일부가 어른들 각자가 행위하는 방식 및 설정 속에서 작동하는 방식으로 구체화되어야 한다. 그렇지 않다면, 그 프로그램은 장기적으로 성공할 수 없을 것이다.

이 논의는 쉽게 답하기 어려운 다양한 근원적 딜레마를 드러내기 위해 출발한다. 첫 번째는 도덕성의 토대와 — 왜 사람은 특정 방식으로 행동해야 하며, 어린이가 그렇게 해야 한다고 기대하는가 — 관련된다. 과거에 많은 사람들에게 그리고 오늘날에도, 도덕성은 종교에 뿌리를 두고 있다. 계몽주의로 인해, 그리고 특히 조직화된 예배에 참석하는 것이 줄어들면서, 도덕성의 토대는 자주 달라진다. 예를 들면, 행복 혹은 인권을 낳는 것이다. 도덕교육자, 특히 가정 밖의 도덕교육자는 자신의 접근법이 도덕성의 특정 견해에 어느 정도나 근거해야 하는지 — 그리고 만약 그래야 한다면 그 근거는 무엇이어야 하는지 — 딜레마에 직면한다. 그리고 아이의 — 가정의 — 배경을 어느 정도나 고려해야 하는지에 직면한다. 대부분의 집단에는 대체로 '너 좋을 대로 할 수 있다'에서 '내가 시킨 대로 해라'에 걸친 연속선상의 다양한 지점에서 성장한 어린이가 포함될 것이다. 그 한쪽 끝에는 지침이나 구조가 거의 없으며, 반대쪽 끝에는 아주 명백한 규정이 있다. 이 딜레마는 다양한 사회와 집단에서 더 첨예한데, 2장에서 이를 보다 자세히 논의한다.

두 번째 딜레마는 어떻게 행동해야 하는지에 관해 어른이 어느 정도나 분명하고 단순한 메시지를 제시해야 하는가이다. 어린이는 이를 필요로 한다는 것이 '상식(common sense)'적 견해이며, 가끔 그렇기도 하다. 하지만 불확실성과 상대주의의 두려움은 어른이 매우 단순한 메시지를 제공하도록 조장한다. 흔히 상황과 무관하게 적용되는 규칙으로 제시된다. 배경과 문화 차이를 무시하는 것은 어린이나 그 가족이 불편하고, 공격받고, 배제된다고 느끼는 원인이기도 하다. 나아가, 지나친 단순화는 '확실하지 않을 때 어떻게 행위해야 하는가'라는 문제에 대처할 때 어설프게 준비하는 결과를 낳을 것이다. 실제 상황은 보통 상이한 명령에서 균형 잡기를 수반한다. 분명, 단호한 메시지가 도움이 되는 어린이도 있다. 특히 무엇이 기대되는지 확신하지 못하는 어린이에게 그렇다. 그러나 나는 더 섬세한 접근법을 요청한다. 거기서는 어릴 때부터 복잡성을 피하기보다는 관계하고, 상황에 따른 판단을 연습하는 학습을 어린이에게 권장하고 돕는다.

세 번째 딜레마는 어른이 모든 어린이를 똑같이 다루어야 하는가이다. '당연히, 그것만이 공정하다'라고 답하고 싶을 것이다. 그러나 어린이의 나이, 배경, 의도와 다른 요인에 대한 판단에 따라, 유사하게 말참견한 두 어린이에게 상이한 방식으로 반응하는 것이 적절할 수 있다. 그 접근법이 불공정하게 보일 수 있다. 그리고 자신의 행위에 책임감 없는 어린이가 그에 대해 변명하게 만드는 위험한 비탈길로의 출발로도 볼 수 있다. 7장과 8장에서는 일관성의 딜레마를 보다 상세히 고려한다.

또 다른 딜레마는 주로 개인의 행위와 상호작용과 관련해서 어느 정도나 도덕성을 제시해야 하는가이다. 기후 변화 혹은 세계의 빈곤, 전쟁이 정당화되는지 혹은 불의에 어떻게 대처해야 하는지 같은 보다 큰 사회적 이슈에도 해당된다. 이러한 딜레마는 (최소한) 두 가지 이유에서 더 어려울 수 있다. 첫째, 그 논제는 흔히 우리, 즉 어른이나 어린이에게 무력감을 느끼게 한다. 왜냐하면 그것은 너무 크고 변화시키기 어려워서, 가치를 유도하지만 피상적 반응이기 때문이다. 둘째, 어른, 특히 교사는 특정한 입장을 지지하거나 반대하는 강한 노선을 취하도록 요구받을 것이다. 그래서 부당한 영향력의 행사와 어쩌면 주입이라고 비난받을 위험도 있다. 어린이가 그러한 논제를 고려하도록, 개인적 행위와 사회적 구조가 연결되는 방식을 고려하도록 점점 더 조장되어야 한다. 하지만 내 생각에 인격교육은 주로 어린이가 일상생활에서 할 수 있는 것에 초점을 맞추어야 한다.

　이러한 딜레마들은 맥락, 신념, 판단의 중요성을 나타낸다. 누군가 (나처럼) 부모나 교사가 해야 할 것을 일반적인 용어로 언급하는 것은 물론 매우 좋은 것이다. 무엇을 할지 결정하는 실제 과정은 항상 더 골치 아프고 보다 기본적인 질문을 요구한다. 도덕교육은 어린이가 잘못된 것으로 여겨지는 특정 행동을 피하도록 하는 게 포함된다고 믿는 접근법이 있다. 혹은 신앙 공동체의 구성원으로 남도록 하는 것이라고 믿는 사람의 접근법도 있다. 이러한 접근법은 어린이가 그러한 문제에 비판적 판단을 하도록 학습해야 한다고 믿는 사람의 접근법과는 동떨어진 것이다. 만약 정말로 어른이 아이의 행위에 영향을 미치고 인격을 형성하도록 해야 하는지, 어떻게 해야 하는지 불명확하다면, 이는 반드시 어른의 행위에 영향을 미친다. 그러나 더 심각한 위험은, 좋든 싫든 간에, 어른이 미치는 영향을 인정하지 않는 것이다. '무엇이든 허용된다'는 메시지를 전하는 것은 이 책임을 포기하는 것이다.


## 어린이의 도덕 발달에 관한 최근 논쟁


지난 40년 동안 도덕 발달에 관해 대비되는 두 가지 견해가 영향을 미치고 있다.

- 로렌스 콜버그(Lawrence Kohlberg, 1981, 1987)와 연관된 인지 발달

론적 접근

- 캐럴 길리건(Carol Gilligan, 1982)과 넬 나딩스(2003, 2013)처럼 관계와 배려를 강조하는 여성주의적 접근.

핵심은 윈스턴(1998, pp. 13-24)과 러셀(Russell, 2007, pp. 23-49)에 의해 논의되었다. 이 절에서는 이를 요약한다.

콜버그의 연구는 피아제(Piaget)와 유사한 어린이 발달에 관한 견해에 근거한다. 피아제도 도덕 발달에 관해 서술했지만(1932), 그의 생각은 인지 발달에 관한 것으로 잘 알려져 있다. 피아제는 발달을 규칙을 이해하고 따르는 능력이 증대되는 것으로 보았다. 규칙은 초기에 외적 권위에 의해 주어지고 점차 내면화된다. 콜버그는 어린이가 한 단계에서 다음 단계로 이동하는 일련의 연속적이고 선형적인 단계로 도덕 발달을 제시한다. 분명한 종착점 혹은 최고점이 있는 사다리 오르기와 상당히 유사하다. 표 1.1에 제시된 바와 같이, 그는 3수준으로 구분된 6단계를 확인했다.

콜버그는 대체로 추상적인 도덕적 딜레마에 관한 추론에 근거하여 개인의 단계를 평가한다. 즉, 가난하고 병든 부모를 구하기 위해 약을 훔치는 것이 옳은지, 또는 더 이상 살기를 원하지 않는 사람을 죽이거나 죽는 데 연루되는 것이 옳은지와 같은 상황에서 어떻게 할 것인지를 추론한다. 그는 옳음과 그름에 관해, 점차 합리적이고 자율적으로 판단하는 능력으로 도덕 발달을 제시했다. 문화나 맥락과 무관하게 타당한 추상적 추론, 그리고 정의에 근거한 원리를 강조한다.

어린이는 단순하고 구체적인 동기에서 복잡하고 추상적인 동기로 이동한다. 이러한 콜버그 모형의 명료성은 직관적 호소력이 있

| 수준 1<br>전인습적<br>도덕성 | 옳음과 그름은 보상/벌에<br>의해 결정된다. | 단계 1: 복종과 벌 지향(어떻게 벌을<br>피할 수 있을까?)<br>단계 2: 자기 이익 지향(내게 무슨 이<br>익이 되지?) |
|---|---|---|
| 수준 2<br>인습적<br>도덕성 | 타인의 관점이 문제된다.<br>비난의 회피, 인정의 추구 | 단계 3: 개인 간의 조화와 순응(사회<br>적 규범, 착한 소년/소녀 태도)<br>단계 4: 권위와 사회 질서 유지 지향<br>(법과 질서의 도덕성) |
| 수준 3<br>후인습적<br>도덕성 | 정의에 관한 추상적 개념.<br>타인의 권리가 법률/규<br>칙의 복종보다 우선할 수<br>있다. | 단계 5: 사회계약 지향(때로 규칙을<br>어길 수 있다는 인식)<br>단계 6: 보편적인 윤리적 원리(원리<br>에 입각한 의식) |

**표 1.1** 콜버그의 도덕 발달의 수준과 단계

다. 6장에서는 발달에 관한 피아제적인 모형의 한계를 고려한다. 특히 이는 태도 및 신념에 관련된다. 그러나 비고츠키(Vygotsky, 1978)가 학습을 사회적 과제로 강조한 것에 주목해 보자. 거기서 어린이의 개념 발달은 더 경험 많은 사람에 의해 지지된다. 주로 인지와 관련되긴 하지만, 그 견해에서 어린이는 타인의 지지와 안내를 요청하는 것으로 제시된다. 윤리든 다른 영역이든, 조력 없이 '자연적으로 (naturally)' 발달이 일어나지는 않는다.

인지 발달론적 접근은 심각한 도덕적 딜레마에 어떻게 반응하는지에 관한 답에 의존하는 경향이 있다. 하지만 그러한 결정을 해본 사람은 거의 없다. 해보았더라도, 그 맥락은 이론적으로 타당하다고 가정되는 것을 넘어설 것이다. 대부분의 윤리는 더 일상적이다. 참여하거나 피해야 할 활동은 무엇인지, 외로운 친구를 방문해야 하는지, 자선기금을 얼마나 내야 하는지와 같은 것이다. 어린이에게 윤리는 대체로 타인에게 친절하기, 사실 말하기, 타인의 소유물 존중하기 같은 것 ― 그리고 언제, 어떻게 그렇게 할지 ― 에 관련된다.

콜버그 모형은 방법론적 토대 및 도덕성의 기초에 대한 근본적 불일치란 점에서 길리건(1982)으로부터 비판받았다. 그녀는 콜버그의 경험적 연구가 소년과 남성만을 대상으로 배타적으로 수행되었다고 지적했다. 나아가, 대부분의 서구 남성의 사고에서는 (대체로) 자율적, 합리적 선택이라는 종착점을 향해 유사한 단계를 거친다는 것을 내포하는 전제를 문제시했다. 길리건은 여성이 도덕성을 맥락과 관계의 관점에서 더 보려 한다고 제시했다. 흔히 여성은 더 많은 정보를 요청하며, '옳은' 해결책이 추론에 의해서만 도달되는 것으로 보지 않는다고 했다. 관계와 연민이 정의와 원리보다 더 문제될 수 있다. 길리건은 맥락을 고려하는 사람이 콜버그의 최고 단계에 도달하는 것은 거의 불가능하다고 주장한다.

나딩스는 도덕성의 기초로 감정 혹은 정서를 제시한다. 이는 길리건의 '배려 윤리(ethics of care)'에 대한 요청을 기반으로 한다. '배려하기와 배려받기에 대한 기억과 동경'(2013, p. 149)을 결정적 근원의 하나로 사용한다. 나딩스는 배려하기를 '도덕성…의 토대 ― 단지 표현이 아닌' ― 로 요청한다(2013, p. 42). 윤리는 단지 개인적 관점보다는 집단 속에서, 개인주의적 견해보다는 공동체주의적 견해에서 이해되어야 한다.

나딩스는 '배려하는 사람(one-caring)'과 '배려 받는 사람(onecared-for)' 사이에 상호 의존성을 포함한 윤리적 이상을 서술한다. 나딩스(2013, p. 53)는 배려하기를 '감지된 타인의 필요에 대한 진정한 반응'으로 본다. (나이와 지위가 어떻든) 각자는 경우에 따라 배려하는 사람과 배려 받는 사람이 되며, 이로부터 혜택을 받는다고 한다. 이는 '배려하는 사람과 배려 받는 사람이 호혜적으로 의존하기' 때문이다(2013, p. 58). 그러므로 윤리적 행위의 토대는 개인의 합리적 선택보다는 호혜적 관계에 있다. '배려 받는 사람'은 [배려를] 얻게 되지만, '배려하는 사람'은 그렇게 함으로써 풍요로워진다. 나딩스는 '위해 배려하기(caring-for)'를 '관해 배려하기(caring-about)'보다 더 강하고, 더 친밀한 감정으로 본다. 그러므로 자연재해의 피해나 환경 보존하기에 관해 배려할 수 있지만, '위해 배려하기'가 인간적 반응과 관계를 더 포함한다. 그러나 나딩스는 이전 경험이 소위 '축소된 윤리적 이상(diminished ethical ideal)'을 낳을 수 있다고 주장한다. 그래서 배려받기에 익숙하지 않은 사람이 '배려하는 사람'이 되기는 더 어렵다고 볼 수 있다. 그리고 학대받은 어린이가 사랑과 지지적 관계를 경험한 어린이보다 '위해 배려하기'를 더 어려워할 수 있다.

어린이와 어린이가 할 수 있는 행위에 관해 비현실적 견해를 가져서는 안 된다. 『파리 대왕』을 읽었거나, 8세의 집단이 한 아이의 삶을 얼마나 조직적으로 불행하게 할 수 있는지를 본 사람이라고 해보자. 그 사람은 어린이가 얼마나 매정할 수 있는지 깨달을 것이다. 그러나 윌(2010, p. 24)은, '어린이와 어른은 내적으로도 외적으로도 취약하다. 내적으로는 자신의 결코 선하지 않은 경향성에서, 그리고 외적으로는 세상의 파괴적 속성에서 취약하다'고 한다. 나딩스(2013, p. 6)의 말에 따르면, 우리는 '개인적 좋음에 대한 요청조차 서로 의존한다.'

그리고 '우리가 그토록 지속적으로 배려하기 위해 노력해야 하는 것은 바로 서로 잘 대하려는 경향성이 너무 취약하기 때문이다'(2013, p. 99). 사람이 — 나이가 어떻게 되든 — 우선적으로 자신에게 초점을 맞추는 한 윤리적으로 행위할 수 없을 것이다. 그래서 타인의 필요를 인식해야 한다. 행위에 대한 개인적 책임도 져야 하지만, 서로에 대한 집단적 책임도 져야 한다.

월(2010)은 도덕성에 관한 세 가지 주요 견해와 그 견해에서 아동기를 어떻게 보는지 확인한다.

- 플라톤, 아우구스티누스, 칸트와 연관된 하향적 견해, 거기서 어린이는 다루기 힘들며, 강제적 훈육으로 다스려야 한다.
- 루소와 같은 상향적 견해, 거기서 어린이는 발휘해야 할 재능을 가진, 천진난만한 존재로 간주된다.
- 아리스토텔레스와 연결된 발달론적 견해, 거기서 어린이는 윤리적으로 중립적인 [상태에서] 출발하지만, 대체로 결여한 것의 관점에서 정의된다.

나딩스(2013, p. 96)는 콜버그를 '도덕교육 모형이 아니라, 단지 도덕적 추론의 위계적 기술(description)만' 제공한다고 평한다. 월은 합리적인 성인 남성을 '도덕적 성채의 왕(kings of the moral castle)'으로 보는 콜버그적 모형을 비판한다. 월은 어린이에 대한 존중에 근거해서, 윤리가 포함하는 것을 근본적으로 재고해야 한다고 주장한다. 월은 관계를 윤리에서 중심적인 것으로 본다. 그리고 어린이는 출발부터 이에 관여하고 기여하는 것으로 본다. 그래서 '태어나면서부터, 도덕적 삶은 관계를 끊임없이 재형성하는 것'이라고 한다(2010, p. 179). 어린이를 주된 위치에 두는 것은 서로 간의 상호 의존성을 보여 준다. 윤리는 서로 어떻게 대해야 하는지를 언급해야 한다. 특히 우리 모두에게 해당되기도 하는, 약한 사람을 어떻게 대해야 하는지를 언급해야 한다. 월(2010, p. 170)에게, '도덕교육이란 점증하는 능력을 단계로 세분하여 펼치는 것이 아니라 사회적으로 정돈된 덕목과 인격 안으로 자아를 초대하는 것이다.'

이 장에서는 도덕교육에 관한 복잡한 조망, 피해야 할 함정 및 언급해야 할 딜레마를 제시했다. 독자들은 도덕이라고 적절하게 말할 수 있는 경계를 넘어서 빗나가고 있다고, 혹은 종교나 명백한 규칙의 역할을 소홀히 취급하고 있다고 볼 수도 있다. 이하 장에서는 나의 견해를 정당화하고 정교화한다. 2장에서는 윤리의 기초를 고려한다. 이역시 복잡하다는 것을 보게 될 것이다.

# 2

# 윤리의 기초

---

**개요**

왜 특정한 방식으로 행위하는가?

규칙, 종교, 권리에 의지하기란?

좋은 삶 살기란?

행복 또는 의미 추구란?

## 왜 특정한 방식으로 행위하는가?

어린이가(어른은 진짜 이유를 더 잘 숨기긴 하지만, 우리 중 누가) 특정 방식으로 행위하기 위해 제시하는 이유를 생각하며 시작해 보자. 몇몇 사례가 표 2.1에서 제시된다. 빈칸은 여러 가지 다른 이유가 있음을 나타낸다.

　그 목록은 몇 가지 논제를 제기한다. 거기서 우리 모두가 ― 어린이 혹은 어른 ― 다음을 포함한 많은 이유에서 그렇게 행위한다는 것은 분명하다.

- 보상과 벌
- 규칙
- 경쟁
- 자기 이익
- 탐욕
- 두려움
- 수치심
- 동정심
- 이타주의
- 의무
- 배려하는 사람을 기쁘게 하기
- 복수나 보은으로 되갚기 및 종종 실제로 모르고 되갚기

표 2.1에서 몇 가지 이유는 도덕성이나 윤리에 연결되는 것 같다. 다른 이유, 특히 맨 아랫줄의 이유는 그렇지 않은 것 같다. 예를 들어, '어쩔 수 없었다'는 개인적 책임을 거부하는 것이다. 그리고 '잡히지 않을 것 같았다'는 실용적 이유이다. 이는 두려움, 양심 혹은 이타주의 같은 개념과 대비된다.

　보통 우리의 동기는 뒤섞여 있다. 그래서 연민 없이도 병원에 있는 친구를 방문할 수 있다. 내가 간다면 기분 좋을 것이고 가지 않는다면 부끄러울 것이기 때문이다. 심지어 내가 어려움에 처하면 그 친구가 도와줄 것이라는 이기적 이유일 수도 있다. 어린이는 다른 어린이가 외로워 보인다는 친절함 없이도, 새 친구를 사귀기 위해 함께 놀자고 할 수 있다. 혹은 어른이 그렇게 하라고 권유하거나 보상을 받

| | | | | |
|---|---|---|---|---|
| 나의 엄마나 아빠가 시켰다. | 규칙은 내가 그렇게 해야 한다고 말한다. | 하느님이 나에게 그렇게 하기를 원하는 것이다. | | 나는 어른이 어떻게 반응할지 보고 싶었다. |
| 내가 옳다고 생각하는 종류의 행위이다. | 그것은 내가 존경하는 사람이 행위하는 방식이다. | 나는 지난번보다 더 잘하기를 원했다. | 나는 다른 사람보다 더 잘하기를 원했다. | |
| 나는 행복해지고 싶다. | | 그렇게 하지 않으면 나는 부끄러울 것 같다. | 내게 친절한 사람이었다. | 내 친구를 행복하게 할 것이다. |
| 내가 그렇지 않으면 혼날 것이다. | 나는 스티커를 받을 것이다. | 그렇게 하지 않으면 매를 맞을 것이다. | 나는 소외되는 것이 겁난다. | 나는 복수하고 싶었다. |
| 나는 어쩔 수 없었다. | 내 친구가 시켰다. | 모르겠다. | 내가 원하는 것을 할 수 있다. | 나는 잡히지 않을 것 같았다. |

**표 2.1** 어린이가 행위에 대해 제시할 수 있는 이유

기 위해서일 수도 있다.

6살 어린이가 다른 어린이의 장난감을 가져갔다고 해보자. 대부분은 그 아이가 실토할 것이라고 생각한다. 그러나 어떤 근거에서? 훔치는 것이 잘못이기 때문에, 다른 사람에게 해를 끼쳤기 때문에, 혹은 그렇게 하지 않으면 죄의식이나 우울함을 느낄 것이기 때문에? 혹은 지금 그 일을 후회하는 다정한 어린이이기 때문에?

만약 10살 어린이가 피부색 때문에 괴롭힘을 당한다면 어떤가? 그 행동이 불공정하고 배려 없다는 근거에서 가해자는 행동을 바꾸도록 설득되어야 하는가? 괴롭힘을 당한 어린이와 괴롭힌 어린이 모두를

불행하게 하기 때문인가? 사람들이 그에게 기대하는 것이 아니기 때문에, 혹은 그 학교에서 행위하는 방식이 아니기 때문인가? 혹은 단지 그 학교의 규칙을 어긴 것이기 때문인가?

실제로, 어른은 이 중 하나 혹은 사실상 이것의 조합에 호소할 것이다. 살펴보았듯이, 반응에서 정서는 인지보다 더 즉각적이며 강한 역할을 한다. 특히 어린이 및 스트레스를 받는 사람에게 그렇다. 어린이는 흔히 자신의 필요에 초점을 맞춘다. 그리고 단지 점진적으로 정서를 규제하기 위해 학습한다. 그래서 어린이의 행위는 숙고보다는 정서에 더 근거하는 경향이 있다. 그래서 부적절한 행위는 악의나 매정함보다는 충동적이거나 분별없는 것이다. '모른다'는 스트레스를 받아서 꽁무니를 빼기 위한 시도일 수 있다. 그러나 흔히 어린이는 가능한 결과를 생각하지 않거나, 혹은 계산하지 못한다. 이것은 매정한 행동을 변명하기 위해서가 아니다. 어린이가 행위의 결과를 생각하도록 도와야 한다. 그리고 점점 더 연민과 정교함을 가지고 행위하도록 지지받아야 한다. 본질적으로 그러한 지지는 어린이의 정서적 상태를 고려해야 한다. 그리고 어린이가 어느 정도까지 신중한 결정을 할 수 있는지를 고려해야 한다.

윤리는 자신보다는 타인에 관해 생각하기에 근거한 행위를 포함한다. 그래서 동기의 유형이 문제이다. 대개 특정한 방식으로 행위하도록 동기화되는 것은 유인책을 요구한다. 특히 그렇게 하는 것이 직접적으로 어린이의 본능과 욕구의 선상에 있지 않을 때이다. 외적 동기는 어떤 보상을 받거나 벌이나 제재를 피하려는 관점을 가진 행위를 포함한다. 내적으로 동기화된 행위는 더 적은 현실적 보상을 제공할 것이다. 예를 들어, 기분이 좋거나 다른 사람에게 인정받는 것이다.

그러나 이것이 행위를 위한 최고의 이유는 아니다.

6장에서 논의되듯, 어린이는 흔히 어른을 동기화하거나 혹은 많은 어른이 어린이를 동기화할 것이라고 추측하는 것과는 다른 요인에 의해 동기화된다. 외적 동인이 단기적으로는 유용하겠지만, 윤리적 행위는 점차 내적 동기에 근거해야 한다. 내적 동기를 계발하기 위해서는, 부과되었거나 임의적으로 보이는 이유보다는 어린이가 그들 행위가 왜 문제되는지를 인식해야 한다.

흔히 어린이는 행위 조절하기, 왜 그렇게 행위했는지 알기, 타인에 대한 영향 이해하기를 어려워한다. 그래서 공정함에 대한 호소는 배제되지 않겠다고 결심한 어린이, 그리고 쓸데없이 친절한 어린이에게는 너무나 추상적일 수 있다. 특히 공감 수준이 낮은 어린이에게 그렇다. 윤리는 단지 합리적으로 어떻게 행위해야 하는지 '알기(knowing)'에 관한 것만은 아니다. 알기와 하기 사이의 간극은 알기와 모르기 사이의 간극보다 훨씬 더 넓다.

---

### 사례 연구 ─ 언행일치란?

어느 날 오후, 나는 낯선 8세 반을 가르치고 있었다. 그날은 학급 토의가 어떻게 행동해야 하는지에 관한 결정에 얼마나 도움이 되는지를 회의에서 발표하기 위해 한 모둠이 아침부터 애쓰고 있었다. 그 모둠의 다른 아이에게 떠밀린 여자아이를 보았다. 그 아이는 누군가 보고 있는 것은 아닌지 확인하기 위해 주위를 살폈다. 그런 다음 고의로 그 남자아이의 발목을 정말로 세게 찼다. 나는 그 여자아이를 제지하면서, 오늘 아침에 말한 내용과 방금 행위한 방식은 불일치한다고 지적하였다. 그러자 그 여자아이는 나를 경멸하듯 쳐다보았다. 그렇게 말하지는 않았지만, 그 관련성을 거의 보지 못한 채, 내가 왜 그러는지 모르는 것 같았다.

이 이야기는 어린이가 그렇게 할 것이라고, 혹은 그렇게 해야 한다고 말한 방식과 흔히 다르게 행위한다는 것 ― 어른도 그렇듯 ― 을 예시한다. 그 여자아이는 내적 동기를 결여했고, 보복하기를 원했고, 들키지 않을 것이라고 생각했던 것 같다. 그 여자아이의 도덕 발달 단계를 평가하기 위해 어떻게 출발할 것인가? 윤리는 '언행일치(walking the talk)'를 포함하는 것이지, 단지 무엇을 해야 하는지 추론하는 것은 아니다. 또는 배운 것을 앵무새처럼 따라하는 것도 아니다.

윤리의 한 가지 곤혹스러운 측면은 이타주의의 위치이다. 이타주의는 그렇게 하는 것이 자신에게 최선의 이익이 되지 않을 때조차 옳다고 믿는 방식으로 행위하는 것이다. 예를 들어, 보통은 곤란에 처한 낯선 사람을 모른 체 하는 게 돕는 것보다 더 안전할 것 같다. 그렇지만 보통 돕는 것을 더 좋은 것으로 간주한다. 자기 이익에의 호소가 우리 모두에게 여전히 강하게 남아 있다. 예를 들어, 헌혈하기나 집단으로 일하기 같이 협력적으로 행위하는 것은 궁극적으로 우리에게 최선의 이익이 될 수 있다. 그러나 많은 사람들이 이타적으로 행위하지만, 왜 자신의 이익이 아닌 다른 것을 위해 행위해야 하는지는 대개 명확하지 않다. 어린이조차 종종 이타적으로 행위하지만, 흔히 자신의 이득이라는 근거에서 행위해도 놀라운 것은 아니다. 결국, 대부분의 어른도 마찬가지다. 많은 어른에게, 양심은 자기 이익에 제동을 거는 행위이다. 6장에서는 어째서 양심처럼 인지에 의존하는 정서가 유년기 중반까지 단순한 수준을 넘어 계발되지 못하는지를 논의한다. 그리고 정체성과 연결되는 경우, 어째서 공개적 망신이 대개 역효과를 낳는지도 논의한다.

따라서 동기는 단순하지 않으며, 이성보다는 흔히 정서에 근거한다. 그리고 외적 요인과 내적 요인 모두에 영향을 받는다. 또한 문화적 차이도 고려해야 한다. 로고프(Rogoff, 1990)는 어른이 기대하는 방식과 어린이가 반응하는 방식은 문화에 따라 상당히 다양하다는 것을 보여 주었다. 어떤 경우에는 어린이가 보기, 듣기, 하기에 의해 주로 학습하는 것으로 기대된다. 다른 경우에는 질문하고 생각하는 것에 의한 것으로 기대된다. 어떤 사회에선 어린이가 더 나이 많은 어린이를 따를 것으로 기대되며, 다른 사회에선 스스로 자신의 결정을 하도록 조장된다. 어떤 경우에는 종교적 규약이 행위 방식의 틀을 제공하지만, 다른 경우에는 다른 근거를 갖는 것으로 기대한다. 예를 들면, 많은 남아시아 문화에서는 가족의 명예라고 거칠게 번역되는 이자트(izzat)를 강조한다. 그것은 정숙하게 행위하기, 그리고 사회적으로 수용된 규범을 위반하는 행동 피하기를 포함한다. 서구 사회에서 공유되는 많은 전제와는 조화되지 않는 관점이다. 서로 다른 배경을 가진 아이들이 커 가면서 어떻게 내적 동기를 형성하는지는 수수께끼이다.

## 규칙, 종교, 권리에 의지하기란?

이 장의 나머지에서는 세 가지 주요한 윤리적 전통 ─ 의무 윤리, 덕 윤리, 공리주의 ─ 을 논의한다. 특히 어린이와 함께할 때, 이것이 윤리의 토대인 종교와 권리에 관련되는 방식을 논의한다. 먼저, 전통에 관해 짧게 언급해 보자. 전통은 상황의 변화를 거의 고려하지 않는 불변하는 견해, 심지어 경직된 견해와 연결되는 경향이 있다. 그래서, 예를 들어 많은 사람들은 종교적 전통을 융통성이 없는 것으로, 특히 도덕성에 관한 것으로 본다. 비록 전통이 이렇다 하더라도, 매킨타이어(1999, p. 222)는 '전통은, 활력 있을 때, 지속적인 갈등을 구현한다'라고 한다. 윈스턴은 '매킨타이어가 전통을 살아 있는 주장으로 이해한 것이지, 순응을 강요하는 일련의 훈계로 이해한 것은 아니다'(1998, p. 21)라고 한다.

테이시(Tacey, 2004, p. 153)는 '전통과의 대화를 거부하는 것은 젊음과 청소년기가 지속되고 있다는 표시이다. 그리고 우리에게 자양분을 주는 깊은 근원을 거부하는 것이다'라고 지적한다. 전통은 이전 세대의 지혜를(편견도) 압축한 것이다. 전통을 고려하지 않는 것은 자신을 이러한 지혜로부터 단절시키는 것이다. 그러므로 이 세 가지 전통은 지침의 근원을 제공하지만, 비판적으로 접근되어야 한다.

간단히 말해서, 의무 윤리는 우선적으로 도덕성을 옳음과 그름의 문제에 관한 것으로 본다. 채택해야 할 행위 과정을 결정하기 위해 거의 혹은 전혀 해석을 요구하지 않는 규칙 체계를 사용한다. 덕 윤리에서는, 좋은 삶을 살기 위해 존재하거나 되어야 하는 사람의 유형을 강조한다. 공리주의는 행복을, 그리고 최대 다수의 행복을 강조한다.

이 각각을 더 논의하겠지만, 우선 하이트(Haidt, 2012, pp. 116-20)가 조명한 윤리의 세 가지 상이한 기초 ― 즉, 자율성, 공동체, 신성 ―에 주목해 보자. 첫 번째는 무엇보다 사람을 욕구, 필요, 선호를 가진 개인으로 본다. 두 번째는 사람을 우선적으로 가족에서부터 국가에 걸친 더 큰 실재의 구성원으로 본다. 신성의 윤리학은 종교적 신념이 없는 사람은 이해하기 어렵겠지만, 사람이 신의 자녀이며 그에 따라 행위해야 한다는 생각에 근거한다. 이들은 조화되기 어렵다. 하지만 나는 다원화된 사회에서 어린이와 함께하는 윤리에 접근하기 위해 노력해야 한다고 믿는다. 그러한 접근이 채택되더라도 종교적 도덕성과 세속적 도덕성 모두 상이한 체계의 기초 역할을 한다고 믿는다.

서구 사회에서 대다수 어른의 도덕성(그리고 도덕교육)에 관한 견해는 의무 윤리에 근거한다. 의무 윤리는 어떻게 행위해야 하는지를 제시하는 규칙을 수반한다. 규칙 체계는 법, 종교, 인권 같은 근거에서 도출된다. 혹은 가족, 집단, 학교처럼 좀 더 지역적으로 결정되기도 한다. 예를 들어, 십계명 같은 종교 규범이나 코란의 계율은 성스러운 텍스트나 종교적 권위를 가진 사람 같은 근원에 의존한다. 하지만 의무 윤리는 계몽주의와도 연계된다. 저명한 철학자 칸트는, 이성은 정의처럼 보편적 적용이 가능한 원리에 근거하며, 합당한 행위 과정을 산출하는 데 사용될 수 있고 또 사용되어야 한다고 주장했다. 앞 장에서 서술한 인지 발달론적 접근은 의무 윤리학에 강한 영향을 받았다.

규칙의 적용으로서 윤리는 분명한 경계를 제공하므로, 이해하기 쉽고 단순한 구조를 제시한다. 그것은 어린이와 함께 일하는 사람에게 강한 직관적 호소력을 갖는다. 대부분의 설정은 어린이가 어떻게 행위해야 하는지에 관한 기대를 드러내며, 대개 집단을 순조롭게 운영할 수 있는 규칙 형태이다. 비록 규칙들 사이의 경계는 흐리지만, 규칙은 사회적 규범에 대한 순응을 조장하고 윤리적 지침을 제공하기 위한 것이다. 예를 들어, '서로 친절해야 한다' 혹은 '무단으로 타인의 재산을 취해서는 안 된다'는 질서를 유지하면서 윤리적 행위를 조장하기 위해 고안된 것이다.

분명, 단호한 규칙은 '보복(hit back)'해야 하는가와 같은 양자택일적 상황에서 혼란스러워하는 사람에게 특히 도움이 된다. 하지만 그러한 규칙은 보다 복잡한 상황에서는 잘 적용되지 않는다. 실생활에서, 대부분의 윤리적 결정은 단순히 '양자택일(either-or)'의 선택이 아니다. 너무나 많은 것이 맥락에 의존하기 때문이다. 누스바움(Nussbaum, 2001, p. 30)은 도덕적 요청과 관련하여, '실제로 우리는 절대적 요청과 쉽게 피할 수 있는 요청 사이의 뚜렷한 대비를 찾을 수 없다. 우리는 다양한 정도의 힘과 불가피성을 가지고 판단해야 하는 더 복잡하게 얽힌 연속적 요청을 찾을 수 있을 뿐이다'라고 주장한다. 단순한 해결책에 지나치게 의존하는 것은 어린이를 쉽게 어린애 취급할 위험이 있다. 그리고 어린이가 성장했을 때 직면하게 될 행위와 상호작용 방식에 관한 혼재된 메시지에 대처할 준비를 미흡하게 할 위험이 있다.

의무 윤리에서는 규칙들을 강조한다. 여기서 하나 이상의 규칙들은 서로 다른 방향을 지향하는데, 이것을 단지 판단의 필요성을 나타내는 것으로 너무 간단히 처리해서는 안 된다. 유아조차도 분별력을 기르도록 고무되어야 하고, 도움을 받아야 한다. 하지만 의무 윤리의 이분법적 본질은 — 행위는 옳거나 그르다 — 맥락과 타인에 대한 영향을 거의 고려하지 못할 위험이 있다.

도덕성은 역사적으로 종교와 강하게 연결되어 왔다. 종교는 많은 사람들에게 상세한 도덕 체계를 제공한다. 그리고 개인적으로 어떤 신앙 집단의 구성원이 아닌 비종교인에게도 포괄적 기초를 제공한다. 비종교인에게, 도덕성은 결코 종교적 믿음이나 소속에 의존하지 않는다. 종교는 흔히 법체계를 뒷받침해 왔다. 그것은 보다 구체적인 문제를 다루기 위한 구조를 제공한다. 예를 들어, 분쟁과 범죄를 어떻게 다루어야 하는지 그리고 연루된 개인을 어떻게 취급해야 하는지와 같은 것이다. 그러한 구조는 많은 이슬람 사회에서 명백히 종교적이다. 혹은 종교적 소속이 더 이상 광범위하게 퍼지고 있지는 않지만, 유대-기독교적 원리에 근거한 서구 유럽 사회의 잔재도 종교적이다. 그러나 종교처럼 근본적 질문에 확실한 답을 제시하는 거대 '메타-서사'는, 일부에게 얼마나 매력적이든 간에, 분화된 사회에서 사는 많은 사람들에게는 더 이상 작동되지 않는다.

대부분의 종교적 전통은 '할 것(do's)'과 '하지 말 것(don't's)'을 규정하고 금지하면서 인생을 어떻게 살아야 하는지에 관한 견해를 제시한다. 기독교인은 신과 타인에 대한 사랑이 인생을 사는 방식의 기초가 되어야 한다고 배운다. 그리고 무슬림은 코란의 원리와 실천에 따라서 살 것으로 기대된다.

항상 그런 것은 아니지만, 종교는 흔히 개인적 분별과 선택지가 거의 없는 규칙과 연합된다. 십계명은 '이웃을 자신처럼 사랑하라(love one's neighbour as oneself)'는 신약의 명령보다도 더 완고한 규율을 제시한다. 유대교에는 허용되는 것과 허용되지 않는 것을 결정하는 상세한 규율이 있다. 그러나 그 해석은 끝없는 논쟁의 주제가 되기도 한다. 이슬람 내에서, 흔히 완고하게 보이는 이슬람 율법(Sharia law)은 대체로 다음과 같이 번역되는 다섯 가지 범주를 제시한다.

- 의무적인
- 권장되는
- 허용되는

- 실망스러운
- 금지되는

단지 첫 번째와 마지막만 개인적 판단의 여지를 두지 않는다. 반면, 가운데 세 가지는 지침은 제공하지만 인간이 결정할 수 있는 여지는 허용한다.

흔히 종교적 영향의 축소가 도덕적 타락과 연결된다고 하면서, 종교적 믿음은 윤리의 필수적 토대라고 주장되기도 한다. 하지만 그러한 주장은 두 가지 주요한 이유에서 점점 유지되기 어려워지고 있다.

- 흔히 종교는 상당한 개인적 희생을 치르더라도 많은 사람에게 좋은 일을 하고자 하는 동기를 준다. 하지만 종교는 크게 비난받을 수 있는 많은 행위를 유발하기도 했다. 분명히, 많은 사람은 종교보다는 다른 근거에서도 잘 행위한다.
- 윤리에는 인권과 같은 많은 일관된 토대가 있다. 그 언어와 사고의 일부가 종교적 전통에서 도출되는 경우도 있지만, 그것은 어떤 종교에도 의존하지 않는다.

미국의 푸트먼(Putman)과 캠벨(Campbell)의 연구(Arthur, 2010, p. 93 참조)에서는 다음과 같이 말한다. 기독교인이 더 많은 자선기금을 내고 자원봉사를 한다는 의미에서는 다른 사람들보다 더 좋은 시민이라고 할 수 있다. 하지만 좋은 시민성을 예측하는 것은 특정 신학이 아니라, 신도가 교우 관계망에 포함되는 정도라고 결론짓는다. 정말로 문제가 되는 것은 어떤 집단에 속하느냐이다. 그래서 신앙보다는 도덕성과의 관계가 더 문제가 될 것이다.

특히 유럽의 많은 지역에서, 사회가 점점 다양화, 세속화됨으로써, 종교적 소속은 더 줄어들고, 더 다양해지고 있다. 결과적으로, 많은 어린이는 어떤 종교에도 소속되지 않고 있으며, 종교적 전통이나 그와 연관된 윤리적 규칙에 대해 거의 알지 못한다. 그래도 흔히 문화적 기대와 연결되는 종교적 신앙이 많은 어린이에게 어떻게 행위할 것인지를 가르쳐 온 체계라는 것은 기억해야 한다. 윤리가 반드시 종교에 근거해야 한다는 주장은 유지될 수 없을 것이다. 하지만 포괄적이고 광범위하게 적용할 수 있는 접근에서는 종교적 소속을 당연시하지는 않겠지만 고려는 할 것이다. 하지만 윤리의 기초를 종교에 의존하지는 않는다.

도덕성은 계몽주의 이후 점차 세속화되거나 인본주의적 원리에 근거하게 되었다. 1989년에 채택된 UN 아동권리협약(The United Nations Convention on the Right of the Child: UNCRC)에서는 모든 어린이의 보편적 권리를 강조한다. 예를 들어, 생명, 생존과 발달의 권리, 차별받지 않으면서, 그들의 견해가 존중받고 영향을 미치는 모든 문제에서 최선의 이익이 고려될 권리 등이다. 예를 들어, 12조에서는 '모든 어린이는 그들에게 영향을 미치는 모든 문제에 대해 말할 수 있는 권리를 갖는다. 그리고 그들의 견해가 진지하게 채택될 권리를 갖는다'고 진술한다.

생명권 같은 어린이의 권리는 무조건적이만, 권리 중에는 조건적인 것도 있다. 조건적인 경우, 어린이는 (최소한 일부) 어른에게 그것이 실행되도록 도움을 요청할 수 있다. 예를 들어, 유아는 의견을 말할 수 있는 권리가 있다. 하지만 그 기대는 어른에 의해 중재될 필요가 있다. 장기적으로 아직 자신에게(혹은 타인에게) 이로운 결정을 하지 못할 수 있기 때문이다. 월(2010)은 UN 아동권리협약이 지원 및 보호에 관한 참여권을 추가하는 진전을 이루었음을 인정하였다(p. 123). 하지만 인권에 관한 담론에서 어린이를 체계적으로 배제한다고 보았다. 그는(2010, p. 89) 이렇게 서술한다. '주체성, 개성, 자율성 주위에 구축된 세계에서, 아무리 착하더라도 삶에서 상대적으로 덜 독립된 사람은 이류 도덕적 시민으로 가정되는 경향이 있다.' 월은 콜버그의 연구를 다음과 같이 생각했다. [콜버그의 연구는] '본질적으로 어린이와 정확히 반대로 편향되었다. 각 단계는 주로 어린이가 결여한 것의 관점에서 정의된다. 먼저 더 포괄적인 공동체 의식이고, 그 다음은 공평한 추론 능력이다'(2010, p. 80).

월의 연구는 어린이 ─ 우리 모두 ─ 가 어느 정도 도덕적으로 발달하는가의 문제를 제기한다. 독자들의 즉답은 아마 '물론이지'일 것이다. 그러나 합리화보다는 행위의 관점에서 윤리를 보자. 그러면, 도덕 발달이 신체 발달이나 지적 발달과 동일한 방식으로 ─ 혹은 그렇게 매끄럽게 ─ 발생하는지는 분명하지 않다. 혹은 어른이 어린이보다 사심 없이, 친절하거나 정직하게 행위한다는 것도 분명하지 않다. 실제로, 어른은 흔히 지위, 권력, 욕심을 포함한 여러 이유에서 더 이기적으로 행위하기도 한다. 그리고 어른이 어린이로부터 많은 것을 배울 수도 있다.

이 장의 마지막 절에서는 특히 어린이에게 종교, 규칙, 권리에 대한 강조가 지닌 난점을 고려한다. 하지만 지금은 덕 윤리를 논의한다.

## 좋은 삶 살기란?

매킨타이어(1999)는 고대 그리스, 그중에서도 아리스토텔레스의 전통을 살펴본다. 옳은 행위를 알려 주는 기본적인 윤리적 물음은 칸트의 '어떤 규칙을 따라야 하는가?'라기보다는 '나의 삶을 어떻게 살아야 하는가?'와 '나는 어떤 사람이어야/사람이 되어야 하는가?'라는 것을 주장하기 위해서다. 그리고 '무엇이 사람을 덕스럽게 만드는가?'라는 물음이 '무엇이 옳거나 그른 결정을 하도록 하는가?'에 선행한다고 주장하기 위해서다. 이러한 전통, 즉 덕 윤리는 '좋은 삶(a good life)' 혹은 잘 사는 삶에 요구되는 속성 혹은 덕목을 강조한다. 이 절의 후반부에서는, 분명히 과식하고 과음한다는 의미가 아닌, 좋은 삶에 관한 다른 개념도 고려한다.

덕 윤리에서는 윤리를 일련의 단절된, 개인적 결정으로 보지 않는다. 인간을 전인(全人)으로서, 서로에게 책임이 있는 집단의 구성원으로 고려한다. 상호 연결된 일련의 덕들은 시간의 경과 속에서 의식적·무의식적으로 행위 방식에 영향을 미치면서 사람의 인격에 기여한다. 애석하게도, 고대 그리스인은 단지 남자 그리고 실제로는 시민만을 강조했지만, 덕 윤리는 누구에게나 적용될 수 있다.

고대 그리스에서, 덕은 그 폴리스(polis), 그 도시나 그 사회에서 사람의 위치와 밀접하게 연관되었다. 그래서 윤리는 개인적 선택의 문제가 아니라, 개인적 맥락뿐 아니라 사회적 맥락에서 어떻게 적절하게 행위하는가의 문제였다. 아리스토텔레스는 도덕적 행위자를 고독한 개인으로 보지 않고 공동체 생활에 포함되어 서로 연관된 공동체의 구성원으로 본다(Russell, 2007, p. 56 참조). 옳은 행위는 단지 개인의 일시적 변덕의 문제가 아니다. 바로 옆에 있는 사람이건 혹은 지구 반대편에 있는 사람이건 간에, 우리 행위가 타인에게 어떻게 영향을 미치는지에 대한 고려를 포함한다. 그러므로 잘 살기를 구성하는 것은 단지 개인적 관점으로만 볼 수 없다.

덕 윤리는 맥락에 따른 옳은 행위 과정에 관한 안목을 권장한다. 덕은 양극단 사이에서 최선의 행위 과정을 찾는 것으로 구성된다. (West-Burnham과 Huws Jones, 2007, p. 42에서 인용된) 콩트 스퐁빌(Comte Sponville)의 미사여구로는, '모든 덕은 두 악덕 사이의 정점이며, 두 골짜기 사이의 꼭대기이다. 그래서 용기는 비겁과 만용 사이에 있으며, 긍지는 비굴과 이기심 사이에 있으며, 상냥함은 분노와 무관심 사이에 있다.' 더 아동 친화적인 말로 하면, 옳은 것을 행하는 것은 용기 있는 것을 포함하지만, 자신을 위험에 빠뜨릴 만큼의 용기는 아니다. 혹은 관대한 것을 포함하지만, 자신의 모든 소유물을 포기할 정도는 아니다. 적합한 행위의 과정을 찾는 것은 보통 너무 많지도 않고 너무 적지도 않은 소위 골디락스(Goldilocks)[1] 접근을 포함한다.

고대 그리스인은 덕을 통합적 관점에서 보았다. 덕스러운 사람은 삶을 통해 신중, 용기, 절제, 관용 같은 덕목을 실행하고 드러낼 것이라고 주장한다. 그러한 견해는 분명 부정확한 것 같다. 관용을 보여 주는 사람이 반드시 용감한 것은 아니며, 동정심을 드러내는 사람이 반드시 신중한 것은 아니다. 전체적으로 사람이 덕이 있거나 악덕

---

1. 금발 머리 소녀인 골디락스가 숲 속에서 곰 세 마리의 집에 들어갔다가 뜨겁지도 차갑지도 않은 수프를 마시고, 딱딱하지도 출렁거리지도 않는 침대에서 잤다는 영국 전래동화 '골디락스와 세 마리 곰'에서 유래되어 과하지 않고 적당하다는 의미로 사용된다. 출처: [네이버 지식백과] 골디락스[goldilocks](시사상식사전, 박문각): 옮긴이.

하다는 생각은 인격이나 정체성이 일련의 특성으로 구성된다는 현대 서구적 견해와는 상반된다. 각각의 사람은 그 상황에 의존하여 상이한 정도로 이를 나타낸다. 그리고 종종 분명히 모순되게, 혹은 평소답지 않은 방식으로 행위할 수도 있다. 예를 들어, 시간에 대해서는 관대하지만, 돈에 대해서는 아닐 수도 있다. 혹은 어떤 도전에 직면해서는 용감하지만, 다른 도전에 직면해서는 두려워할 수도 있다.

덕목은 상황에 따라 적절한 때 실행하는, 실제로 실행해야 하는 속성이다. 그리고 실천을 통해 계발된다. 아리스토텔레스(Aristotle, 1998)가 주장하듯, 관용에 따라 행위함으로써 관대해진다. 그리고 용감하게 행위함으로써 용감해진다. 이는 이러한 태도와 속성이 각인되고 내면화되는 방식을 설명하는 데 도움을 준다.

카(Carr, 2003, p. 231)는 이렇게 서술한다. '덕 윤리에서 특별히 설득력 있는 것은 그것이 분명한 규준 혹은 도덕적 가치와 덕을 제공한다는 것이다. 그것은 정확히 어떤 그리고 모든 문화에 근거하는 규범적 차이를 관통한다. … 우리는 세계의 다른 편에서 온 사람이 매우 다른 ― 심지어 상반되기도 하는 ― 도덕적 신념을 가진 것을 볼 수 있다. 그럼에도 도덕적 태도나 행위의 이문화 간의 규준을 인식할 수 있다.' 7장에서는 어린이에게 함양되어야 하는 덕목이라는 어려운 문제를 고려한다.

크리스틴슨(Kristjansson, 2013)은 덕 윤리에 관한 열 가지 신화를 제기한다. 거기에는 종교적, 가부장적, 개인주의적, 그리고 전적으로 상황 특수적인 것이 포함된다. 덕목에 우선순위가 매겨짐에 따라, 덕 윤리는 종교적 혹은 비종교적 배경에서 채택될 수 있다. 우리 모두는 적절한 행위를 구성하는 것에 대한 지침을 요구한다. 그러나 토의와 토론이 허용된다면 그러한 지침이 가부장적일 필요는 없다. 덕 윤리는 개인주의와 상대주의의 위험을 감수한다 — 어떤 덕목을 채택할지 고르고 신택할 수 있다. 그리고 행위의 옳음이 특정 문화나 역사적 시간과 무관하지 않을 수도 있다. 개인주의를 피하기 위해, 덕목은 단지 개인적 선택의 문제보다는 사회적 관점에서 보아야 한다. 이것이 안목을 촉진한다면, 덕 윤리에서 상황 특수적이라는 것은 강점이다. 하지만 이것이 반드시 '무엇이든 괜찮다'는 의미에서 도덕적 상대주의를 수반하는 것은 아니다.

크리스틴슨은 도덕교육의 기초로서 덕 윤리에 관한 세 가지 불안감을 분명히 표현한다. 첫째는 덕과 인격은 경험적으로 연구하기 어렵다는 것이다. 나는 극히 단순한 수준이 아니라면 도덕교육에서 어떤 접근법의 효율성을 양적으로 알 수 있다고 믿지 않는다. 하지만 그 효과를 더 직관적으로 '아는 것'을 막지는 않는다. 다른 두 가지는, 이전 개입의 영향에 대해 알려진 것이 거의 없다는 것과 인격교육에 노력한 역사에서 좋은 실적이 없다는 것이다. 크리스틴슨(2013, p. 282)은, '끊임없는 최신 인기 품목(endless flavour-of-the-month varieties)'은 교사들에게 거부의 태도와 '창안의 피로감(initiative fatigue)'을 낳는다고 지적한다. 이는 덕 윤리에 대한 반대라기보다는 '끼워 넣은(bolt-on)' 도덕교육이 가지는 개별적이고, 아마도 피상적인 프로그램에 대한 경고를 제시한다.

황폐한 토지에서 대가족과 살고 있는 편부모는 정기적으로 세상을 유람하는 부유한 사장과 좋은 삶을 구성하는 것에 관해 매우 다른 견해를 가질 수 있다. 마치 미국에서 성공적인 경력을 열망하는 힌두인 컴퓨터 과학자, 수도하는 고독한 삶을 살고 있는 불교 승려, 아프리

카에서 빈곤 구제를 위해 선교 사업을 하는 기독교인의 경우와 같다. 종교적 신앙에 근거한다면, 좋은 삶은 동정, 자비, 타인과 신앙을 공유하려는 결심과 같은 강한 요소를 수반할 것이다. 만약 물질적 안락과 소유에 근거한다면, 경쟁적인 개인주의와 관련된 특질에 높은 우선성이 부여되기 쉽다. 그래서 좋은 삶에 포함되는 것 ─ 그리고 요구되는 특성 ─ 은 문화, 종교, 신념과 같은 요인에 달려 있을 것이다.

아리스토텔레스에게 인생의 목적은 번성하고, 잘 살고, 좋은 삶을 사는 것이다. 그는 덕의 발휘가 에우다이모니아(eudaimonia)와 밀접하게 연관된다고 강조했다. 이 말은 흔히 행복으로 번역된다. 그러나 그레일링(Grayling, 2001, p. 73)이 지적하듯, 이 번역은 본래 '잘하기와 잘 살기, 번성하게 살기 같은 에우다이모니아의 강하고 능동적인 함축을' 간과한다. 에우다이모니아에서는 즉각적 행복과 장기적 행복을 구별한다. 그러므로 일시적 상태보다는 지속적 상태로 보았다. 만족감, 혹은 좋은 기분은 아마 장기적 번성과 연결되지 않거나 심지어 그것을 방해하는 일련의 화학적, 사회적 혹은 개인적 자극을 초래할 수 있다. 실제로, 고대 그리스인은 에우다이모니아가 건강, 부, 혹은 일상생활의 기복과 무관해야 함을 강조했다. 좋은 삶, 진정으로 가치 있는 생활이 그러한 번성하는 상태로 이끈다.

어린이의 잘 살기를 구성하는 것, 그리고 그것을 촉진하는 데 기여하는 요인은 복잡하고 다양하다. 매슬로우(Maslow, 1970)의 욕구의 위계에서 모든 사람은 배고픔과 고통에서 벗어남 그리고 안전감과 같은 일련의 기본적 욕구를 가진다. 그것이 없다면 잘 살기는 불가능하다. 많은 어린이의 잘 살기는 가난과 배제를 포함하여 어린이가 살고 있는 사회적 조건에 의해 위태로워진다. 어른이 이를 개선하는 데는 한계가 있지만, 뭔가는 할 수 있다.

잘 살기를 고무하는 데 기여하고, 정신 건강의 어려움에서 어린이를 보호하는 데 기여하는 요소들이 있다. 예를 들어 신체 활동에 참여하기 그리고 세상과 그 아름다움 의식하기와 같은 요소는 윤리와 밀접하게 연관되지 않는다. 그러나 안전하기, 가족과 친구와 관계 형성하기, 신앙 공동체의 구성원 되기, 이타적으로 행동하기와 같은 다른 요소는 윤리와 더 연관된다. 잘 살기는 어린이가 성장하는 정서적 맥락과 관계적 맥락에 상당히 의존한다. 잘 살기는 흔히 자신 혹은 자신의 행복 혹은 물질적 소유보다는 타인에 대한 관심과 돕기에서 도출됨을 나타낸다. 그러므로 어른은 어린이가 행복하기를 원하는 것이 당연하다. 교육과 윤리의 주요 목적으로 고려되는 행복이 가지는 어려움은 다음 절에서 논의한다.


## 행복 또는 의미 추구란?


사회는 행복 추구를 위해 조직되어야 하며, 삶은 행복 추구에 근거해야 한다는 신념은 공리주의 전통과 연관된다. 그리고 많은 사람에게 강한 호소력을 유지하고 있다. 공리주의에서는 사회가 최대 다수의 최대 행복 성취를 추구해야 한다고 말한다. 레어드(Layard, 2005) 그리고 레어드와 던(Layard and Dunn, 2009)은 사람들이 행복할 수 있도록 사회가 조직되어야 한다고 주장하면서, 이를 신체적 복지와 합당한 삶의 수준에 연결한다. 레어드는 특정 수준 이상의 부가 더 큰 행복을 이끌지는 않으며, 경험과 관계 같은 덜 실체적인 다른 요인에 달려 있다는 것을 인정한다. 윌킨슨과 피킷(Wilkinson and Pickett, 2009)은 행복이 최적 수준 이상에서는 물질적 안락과 연관되지 않으나, 그 이하 수준에서는 밀접한 상관관계가 있다고 제시한다.

나딩스(2003, p. 1)는 행복이 교육의 주요 목적이 되어야 한다고 주장한다. 거의 모든 사람은 행복하기를 원하고, 어린이(와 어른)는 그들이 행복할 때 가장 잘 학습하기 때문이다. 좀 더 구체적으로 윤리와 관련하여 말하면, '행복한 사람이 폭력적이거나, 비열하거나, 의도적으로 잔혹한 경우는 드물다'(ibid., p. 2). 행복에의 호소는 흔히 어린이 및 그들과 함께 일하는 사람에게 강하다. 어린이는 행복하기를 원한다 — 우리 모두도 그렇다. 그리고 많은 부모, 특히 유아가 있는 부모는 '오직 아기가 행복하기를 바랄 뿐이다'라고 말한다. 어린이의 학습 참여와 행복하다는 주체 의식, 혹은 적어도 불행하지 않다는 주체 의식이 연관된다는 유력한 증거가 있다. 그래서 나는 어린이가 행복한 것에 반대하지 않는다. 이를 보는 것, 그리고 가능하게 하는 것은 내게 큰 기쁨을 준다. 그러나 행복 그 자체를 목적으로 보는 것은 심각한 문제를 초래한다. 이것은 이우드(2009)에 의해 논의되었으며, 여기서 간단히 요약한다.

첫째, 어린이는 행복을 만족과 동일시하는 경향이 있는데, 예를 들면 위에서 서술된 더 능동적인 의미의 잘 살기보다 물질적 소유를 통한 만족으로 본다. 스스로 적절하게 행위하기가 흔히 단기적으로는 행복하게 하지 않는다. 그리고 장기적으로도 자신의 이익에 반할 수 있다. 단기적인 쾌락 추구는 번영과 번성이라는 포괄적 의미에서 잘 살기에 방해가 될 수 있다. 비록 집단의 행복이 더 질 높은 적합한 목표가 될 수 있지만, 자신의 행복으로 행위를 합리화하는 것은 어린이 ― 그리고 어른 ― 를 자기 집착과 자기도취로 이끄는 경향이 있다.

둘째, 다른 분야의 학습처럼 윤리의 학습은 즐거울 수도 있지만, 또한 노력을 포함하며 회복 탄력성을 요구한다. 행복에 대한 (과도한) 강조는 어떻게 행위해야 하는가를 결정하는 어려움을 소홀히 취급하는 경향이 있다 ― 그리고 어린이가 그들의 행위 책임을 회피하려는 변명거리를 제공할 수 있다.

셋째, 직접적으로 행복을 얻으려고 애쓴다면, 대개는 행복에 도달하기 어렵다. 밀(Mill, 1909, p. 94)은 '당신은 행복한지 그리고 그렇게 되는 것을 중단하려는지 자신에게 물어보라'고 한다. 대개 더 깊이 있고, 장기적인 잘 살기의 의미는 관계를 살피고, 역경을 극복하고, 동정하거나 관대하거나 이타적으로 타인을 돕는 것과 같은 경험과 활동의 부산물이다.

넷째, 어린이의 행복에 대한 강조는 어른에게 실제로 할 수 없는 것을 더 잘하겠다고 말하도록 자극하는 경향이 있다. 어른이 어린이가 행복하기를 바라는 것은 이해할 수 있다. 그리고 어린이를 보호하려 하고 모든 것이 잘될 것이라고 말하려 하는 강한 경향성이 있다. 하지만 이를 보장할 수 없는 경우도 있다. 어른은 상실, 질병, 죽음 같은 어려운 문제에 대한 논의를 회피하려 할 것이다. 혹은 전쟁, 불공정, 빈곤과 같은 문제를 회피할 것이다. 표면적으로는 어린이가 다루기에 너무 어렵거나 논란의 여지가 있는 논제이기 때문이다. 그러한 문제에 대해 명확한 답을 피하거나 혹은 제시하는 것은 곤란함으로부터 어른을 보호해 준다. 그러나 그것은 어린이를 깔보거나 오도하는 것이다. 하지만 어린이의 나이와 발달에 적합한 방식으로, 어렵고 논란이 되는 논제를 이해해야 한다. 그리고 그렇게 하도록 도움을 받아야 한다. 어린이가 타인에 대한 민감성과 감정이입을 계발하려면 그렇게 해야 한다.

대부분의 종교적 전통은 다음과 같이 주장하고 있다는 점에서 공리주의적 관점과 상반된다.

- 많은 종교적 전통에서, 현재의 삶은 존재의 유일한 혹은 가장 중요한 측면이 아니라, 또 다른 측면을 위한 준비이다.
- 각자의 인생의 가치가 재단되어서는 안 된다.
- 개인의 행복은 사랑이나 정의, 의무나 덕에 근거한 삶보다 덜 중요한 문제이다.

종교는 흔히 의무 윤리와 결합되지만, 덕 윤리의 접근과도 쉽게 조화될 수 있다.

헐(Hull, 2001, p. 171)은 자신의 눈이 멀어지고 있는 것을 언급하면서, 통절하게, '삶에서 가장 중요한 것은 행복이 아니라 의미이다'라고 한다. 듀이(1916)는 '교육의 주된 효과는 풍부한 의미를 가진 삶의 성취(이다)'라고 말한다. 이는 어린이와 관련하여 상당히 원대한 목적일 수 있다. 그러나 (흔히 당혹스러운) 경험을 이해하는 것이 정체성의 뿌리라는 것을 보게 될 것이다. 그리고 어린이는 출발부터 의미와 정체성을 능동적으로 추구한다.

분명한 도덕적 규범이 제공하는 확실성은 매력적이다. 아무리 그렇다 하더라도 어린이는 행위와 상호작용을 위해 보다 내면화된, 내적인 기초를 필요로 한다. 홀러웨이(2004, p. 33)는, '명령적 도덕성은 혼돈의 시대에 대한 향수 어린 호소를 행하는 것 같다. … 도덕성을 드러내는 다른 특성이 무엇이건, 도덕성은 동의의 원칙을 특징으로 해야 한다'고 한다. 유아를 고려한다면, '동의(consent)'라는 말은 문제가 될 수 있다. 하지만 내적 동기를 계발하지 않는 접근법은 장기적으로 성공할 수 없을 것이다.

월이 제안하듯, 어른은 어린이의 권리를 더 고려해야 한다. 그러나 두 가지 위험을 인정할 필요가 있다. 첫째는 실천적 위험이다. 개인의 권리는 타인과 더불어 살면서 수반되는 집단적 책임과 균형을 맞춰야 한다. 그것을 인정하지 않으면, 어린이를 위한 ― 그리고 타인을 위한 ― 권리 강조는 문제가 된다. 그렇지 않으면, 어린이는 집단에서의 위치 그리고 타인에 대한 책임보다는 자신에게 초점을 맞추려 할 것이다.

두 번째 위험은 권리에 대한 강조가 어린이에게 실제로 요구되는 것에 대한 태만을 이끌 수 있다는 것이다. 나딩스는 이렇게 서술한다. 배려 윤리학자는 '권리를 무시하거나 폄하하지 않는다. 오히려 권리는 인정된 욕구에서 발생한다고 믿는다. 관대한 옹호자들이 떠넘긴 권리를 사람들이 원하지 않았던 시대가 있었다. 대신 사람들은 표현된 욕구를 들어주고 인정받기를 원했다'(2005, p. 148). 그 견해는 윌리엄스(Williams, 2000, pp. 92-93)의 통찰에 의해 지지된다. 타인에 의한, 자기 자신의 인간성에 대한 인정이 개인의 권리와 책임에 대한 강조에 선행하고, 또 [그것을] 뒷받침해야 한다.

위에서 서술한 세 가지 전통은 어린이와 관련해서 상당히 추상적으로 보일 것이다. 아무도 그 위험에서 벗어날 수 없지만, 다음과 같은 생각은 도움이 될 수 있다.

- 의무 윤리는 명백한 해결책을 제공하는 규칙을 포함한다. 그러나 맥락 의존적 판단을 계발하고 실행해야 할 필요를 쉽게 소홀히 한다.
- 덕 윤리는 상황에 의존하여 실행되며, 안목을 요구하는 특성을 계발한다. 그러나 상대주의의 위험이 있다.
- 공리주의는 행복을 최고로 본다. 단기적 만족이 잘 살기의 더 깊고, 더 충실한 의미로 오인될 수 있다.

이 책에서는 협의적 의미와 광의적 의미에서, 도덕교육이 발생하는 방식, 그리고 어른이 그것을 가장 잘할 수 있는 방식을 탐구한다. 이를 위해 다음을 살펴본다.

- 특히 관계와 배려에 근거한 윤리적 견해를 형성하기 위한 월과 나딩스의 통찰
- 좋은 삶으로 이끄는 특성과 성향에 근거한 덕 윤리의 전통
- 어른이 이를 할 수 있는 방식의 기초를 제공하기 위한 어린이의 학습 방식에 대한 탐구.

나는 구성주의적 접근을 서술하고자 한다.

- 그것은 어린이에게 상대적으로 간단한 메시지를 제공한다. 반면에, 복잡한 윤리적 결정에 직면했을 때 적절하게 행위하는 학습을 권장한다.
- 부모/보호자 혹은 교사로서 실생활의 혼란에 관계할 수 있도록 한다. 하지만 위에서 서술된 함정을 피하고 딜레마를 해결하도록 돕

는다.

그러한 접근법은 점차 세련된 방식으로 계발되어 어린이가 실제로 행위하는 것, 그리고 행위해야 하는 것에 연결되어야 한다.

나는 종교에 근거하든 아니든 규칙도, 행복 추구도 윤리를 위한 건전하고 장기적인 기초를 제공하지 않는다고 제안할 것이다. 그 토대는 도덕적 정체성 ─ [지금] 존재하는 그리고 되기를 원하는 부류의 사람 ─ 이 되어야 한다. 그것은 인격 및 덕과 연결된 특성과 성향을 함양함으로써 가장 잘 서술될 수 있고 유지될 수 있다. 그래서 장기적인 잘 살기, 혹은 에우다이모니아의 의미에 기여한다.

다음 장부터는 어른에게 지도 받지만 능동적 참여자인 어린이에게 인격과 도덕적 정체성이 형성되고 유지되는 방식을 탐구한다. 이로부터, 좋은 삶을 이끌어 내는 데 요구되는 특성에 근거한 덕 윤리적 접근이 앞으로 가장 유망한 방식을 제공한다고 제안한다. 이에 앞서, 어린이가 성장하고 있는 사회적 맥락과 문화적 맥락을 고려한다.

# 3

# 사회적·문화적 맥락의 변화

---

### 개요

50년간의 회고
사회적·문화적 변화의 탐구
어린이에게 미친 영향의 고려
불확실한 미래의 준비

## 50년간의 회고

정체성은 일생 동안 계속해서 변하겠지만, 5장과 6장에서는 환경과 양육이 어린이의 정체성 형성에 기여하는 방식을 살펴볼 것이다. 우리가 살고 있는 문화와 맥락은 행위하고 상호작용하는 방식에 강한 영향을 미친다. 그리고 어떻게 그렇게 해야 하는지에 대한 신념에도 강한 영향을 미친다.

이 절에서는 내 자신의 환경과 양육 과정을 간단히 서술한다. 이를 통해 독자들은 나의 사고에 미친 영향을 일부 인식할 수 있을 것이다. 그리고 어떤 영향을 미쳤는지 반성할 수 있을 것이다. 하지만 그것은 다른 문화는 고사하고, 같은 영국에서도 아동기에 사회적·문화적 맥락이 얼마나 상이한지에 대한 통찰을 제공한다. 그리고 현재 어린이가 얼마나 더 복잡하고 혼란한 세상에서 성장하고 있는지에 대한 통찰을 제공한다.

나는 1953년에 태어났다. 부모님, 형 그리고 나로 이루어진 중산층 가정에서 성장했다. 우리는 런던에서 그리 멀지 않은 동질적이고, 번창하고 있던 마을에서 살았다. 대부분은 적어도 명목상으로는 기독교인이었다. 극소수가 소수민족 출신이거나 영어가 아닌 다른 언어를 제1언어로 사용했다. 장애를 가진 사람은 매우 드물게 볼 수 있었다. 나는 9살 때부터 극소수의 소년들만 다니는 사립 기숙학교에 다녔다. 그곳은 보호받는 특권적인 세상이었다.

나는 기억력이 좋았으며, 비교적 쉽게 시험에 통과하여, 역사를 공부하기 위해 옥스퍼드 대학에 입학했다. 내가 만났던 대부분의 사람들은 특권층 출신이었다. 그 이후 무엇을 할지 고민하다가, 초등학교 교사가 되기 위한 훈련을 받기 전, 학습 장애를 가진 어린이를 위한 학교에서 근무했다. 나는 6세에서 11세의 어린이를 가르쳤다. 첫 근무지는 교외에 있는 작은 학교였다. 다음은 난민 가정이 많은 큰 신생 학교였다. 나는 1989년에 성공회에서 운영하는 다문화 초등학교의 수석 교사가 되었다. 9년 후, 나는 박사학위 공부를 위해 그곳을 떠났다. 이후에는 학자와 저술가로서 독자적으로 일했다. 하지만 어린이와 어린이를 가르치는 사람들을 계속 교육했다. 내가 저술한 책 중에는 정신적, 도덕적, 사회적, 문화적 발달에 관한 책이 있다 (Eaude, 2008a). 이후, 예를 들어 윤리의 상이한 전통에 관한 보다 포괄적인 인식을 가졌기 때문에, 도덕 발달에 관한 나의 견해는 다소 변했다.

개인적 삶과 직업적 삶에 관한 이러한 간단한 설명은 어린이 도덕 교육에 대한 나의 관심을 설명하는 과정과 이 책에서 그것을 제시하는 방식으로 이어질 것이다. 그러나 더 사적인 문제는 어떨까? 좀 더 자세히 말해 보자.

나는 대부분의 성인기를 독신으로 살았고, 결혼을 하거나 아이를 가져본 적은 없다. 단지 장기간 지속된 관계를 즐기면서 연인의 두 아이에게 의붓아버지로서 행위했다. 하지만 양육의 주된 책임을 맡아본 적은 없다. 나는 다행히 좋은 건강을 누릴 수 있었고, 심각한 어려움이나 빈곤을 경험하지 않았다. 따라서 나는 학교에 대해서는 상당히 폭넓은 경험을 가졌지만 부모로서의 경험은 없으며, 은퇴가 다가오는 백인 중산층 남자로서 저술한다. 비록 교회에 다니는 가정은 아니었지만, 대학에 다니는 동안 기독교인이었고, 종교와 연관된 물음에 지속적으로 관심을 가지고 있다. 그러나 신앙 공동체에 소속되지는 않았다.

이러한 고려 사항은 나의 정체성을 — 나는 누구이며, 어디에 속하는지 — 설명하는 더 많은 맥락과 출발점을 제공한다. 그러나 그것은 태도, 나의 인격, 내가 정말 어떤 사람인지, 혹은 이를 형성하도록 한 체험과 관계에 대해서는 거의 말해 주지 않는다. 이것이 더 어려운데, 왜냐하면 그러한 물음이 점차 민감해지면서, 개인은 자신의 특성을 의식하지 못하거나 개방적이지 않을 수 있기 때문이다. 대부분의 사람들처럼, 나도 어릴 때의 체험을 많이 기억하지 못한다. 하지만 기억해 보자.

어릴 때, 우리 집은 다른 어른이나 아이가 예고 없이 잠깐 들를 수 있는 장소는 아니었다. 대체로 나는 친구들과 행복하게 지냈다. 8세나 9세부터는 운동장에서 놀기 위해 혹은 지역 도서관에 가기 위해 혼자서 사라지곤 했다. 대략 9살 때까지는 텔레비전이 없었다. 휴대폰, 컴퓨터, 인터넷은 아직 발명되지도 않았다.

나는 늘 독서와 역사를 좋아했다. 역사의 경우, 오언(Mr Owen) 선생님이 들려주시는 이야기와 그분의 열정에 고무되었다. 10살이나 11살 때였을 것이다. 특히 아버지가 나를 역사적인 장소에 데려가시곤 했던 것을 — 그 여행이 준 친밀함을 — 기억한다.

나는 정해진 기대 규범에 따라 양육되었고, 학과목과 기분 전환을 위한 놀이를 강조하면서, 열심히 공부하라는 기대까지 받았다. 학교에서는 기본적인 기독교적 기풍과 스포츠가 특히 강조되었다. 얼마 전까지도 많은 학교에서 흔했던 체벌은 거의 사용되지 않았다. 어느 정도의 외로움과 순응하려는 열망, 그리고 어른들의 인식보다는 현실적 보상에 대해서 별로 관심을 갖지 않았다. 다른 이유보다도 들키는 것을 더 걱정했기 때문에 대체로 잘 행위했다. 정서를 드러내는 것이 나약함의 표시로 간주되어서, 많은 소년처럼, 그것을 드러내지 않으려고 했다. 어른이 되어서 이를 바꾸려고 노력했지만, 당시 나는, 그리고 현재도, 여전히 나의 감정을 공개적으로 드러내기를 꺼린다.

이 모든 것은 나의 정체성에, 성인으로서 내 자신을 어떻게 보는지에 영향을 미쳤다. 최근에는 점점 상호 의존성의 중요성을 인정하지만, 나는 나의 독립을 소중히 여겨 왔다. 소속되고 싶을 때도 있지만, 나는 늘 주변인에 가까웠고, 상당히 진지하고 청교도적으로 보였다. 그리고 가까운 친구는 비교적 적지만 아는 사람의 범위는 넓다. 옳고 그른 것에 관해서는 꽤 분명했지만, 최근 10년 동안에는 여러 측면에서 그런 것이 줄었다.

나는 특별히 물질주의적이었던 적은 없었으며, 패션이나 최신 기계장치에 관심을 가진 적도 없었다. 그러나 교수로서의 삶보다는 게임, 퀴즈, 스포츠와 같은 활동에서 더 그렇긴 하지만, 나는 경쟁심이 강하다. (의식적으로는) 어리석다는 것을 알면서도, 나는 늘 권위 있는 인물을 경외하고 경의를 표했다.

나는 17살 때 겪었던 비교적 늦은 하나의 체험을 기억한다. 한 어린이의 집을 방문했을 때, 내게 깊은 영향을 끼친 빈곤을 접했다. 나는 누군가가 그렇게 열악한 상태에서 살고 있을 것이라고는 믿을 수 없었다. 담임교사로서 일하면서, 어린이를 돌보는 교사 및 다른 어른과의 관계가 어린이에게 얼마나 중요한 것인지 느낄 수 있었다. 그리고 나보다 못한 배경을 가진 어린이를 가르치면서 많은 어린이가 성장하는 곤란한 환경에 눈뜨게 되었다. 이후 상이한 문화를 가진 어린이와의 상호작용을 통해 나의 세계관이 대다수 사람들과 공유된다는 순진한 가정을 바꾸었다.

지금쯤, 독자는 이러한 상세한 사항에 대해 관심이 없을 수도 있고, 혹은 더 알고 싶을 수도 있을 것이다. 혹은 이러한 개인적 서사가 도덕교육과 무슨 관계가 있는지 묻고 싶을 수도 있을 것이다. 이 책에서는 많은 주제들이 나타날 것이다. 간단히 문화, 배경, 양육 — 그리고 여기에 포함된 어른 — 은 어린이가 자신과 세상을 이해하는 방식에 — 출발부터 — 깊은 영향을 미친다. 그러나 우리의 정체성 — 혹은 보다 정확하게는 정체성들 — 은 늘 유동적 상태에 있다.

## 사회적 · 문화적 변화의 탐구

### 사례 연구 — 상이한 문화적 가정

내가 교장을 맡은 첫 학기 때, 좋은 친구이자 무슬림인 8살 된 두 소년의 사이가 틀어졌다. 아자즈는 임란이 '맥주를 마셨다'고 하며 투덜거렸다. 임란은 반대로 말했다. 우선, 나는 '자, 그게 그렇게 심각한 문제는 아니지, 그렇지?'라고 했다. 하지만 나는 그들에게 그것이 심각한 문제라는 것을 깨달았다. 내게 일상생활의 평범한 부분이 그들에게는 금지된 것이었다. 그리고 그들의 종교적·문화적 전통에 대한 배신의 상징이었다.

내가 자랐던 세상은 임란과 아자즈가 성장한 세상과는 매우 달랐다. 그들은 파키스탄에서 영국으로 이주한 무슬림 부모의 아이였다. 많은 사람들이 다른 나라와 문화에 익숙하겠지만, 이 절에서는 내가 살아가는 시대의, 특히 영국에서 사회적 · 문화적 변화를 서술한다. 보다 분명하게 도덕성과 관련된 것도 있고, 덜 관련된 것도 있다. 이러한 변화는 어린이의 성장, 그들의 양육과 연관된 부모나 교사 등이 해야 할 일에 대한 조망이 크게 바뀐 것과 결합된다. 그 과정은 점진적이고 미묘했다. 사람에 따라서는 이롭게도 혹은 그렇지 않게도 볼 수 있는 요소가 있다. 이는 지난 수년간 인근 지역이 어떻게 변했는지와 비슷하다. 낡은 집이 허물어지거나 수리되고, 장기간 거주한 주민이 이사 가면 새 주민이 이사 온다. 상점, 단체, 활동의 형태가 모두 변한다. 옛것이 사라진 것을 애석해하는 사람도 있고, 아마 요소별로 새것의 활력을 환영하는 사람도 있을 것이다. 어린이에게 끼친 영향을 분석하기에 앞서 이러한 변화를 고려해 보자.

케임브리지 초등교육 리뷰(Cambridge Primary Review)(Alexander 2010, pp. 53-55)[1]에서 밝힌 최근의 주요한 사회적·문화적 변화는 다음과 같다.

- 핵가족과 대가족 그리고 공동체 형태의 변화
- 정신 건강에 대한 염려는 더 커졌지만, 훨씬 더 개선된 신체적 건강 수준
- 전부는 아니지만 대부분의 [가정에서] 가용 수입과 재산 수준의 향상
- 기술 유형과 이용도에서의 급격한 변화
- 권위에 덜 기대는 접근

더불어, 대부분의 산업국가에서 예배 참석은 급속히 줄었지만, 종교와 관계 맺는 형태는 더 다양해졌다. 대부분의 어린이에게 신앙 공동체의 일원이 되는 것은 줄어들었다. 하지만, 상당수의 소수자에게 종교적 소속은 정체성을 표시하고 형성하는 것으로 중요하게 남아 있다.

지난 수십 년 동안 공동체와 인근 지역은 주요한 변화를 보였다. 이는 도시 지역에서 가장 뚜렷하지만, 도시에만 한정된 것은 아니다.

---

1. 케임브리지 초등교육 리뷰(Cambridge Primary Review)는 영국 초등교육 상황과 미래를 연구하기 위해 2006년 10월에 착수되었다. 이 연구는 알렉산더(Robin Alexander) 교수가 이끌었으며, 2010년 최종 보고서가 발간되었다(https://en.wikipedia.org 참조): 옮긴이.

어린이가 친부모 모두와 함께 살지 않거나 친족과 가까이 살지 않는 가정의 수는 실제로 증가했다. 그러한 경향은 이혼율의 증가와 성인 관계의 달라진 유형과 일부 관련 있다. 그리고 지리적 이동의 확장에 따른 국내외 이주에서도 일부 비롯되었다. 따라서 공동체는 민족적, 문화적, 종교적 다양성을 더 크게 드러낸다. 이는 새로운 집단의 등장, 태어나고 일했던 곳과 더 멀리 떨어진 곳에서 살아가는 많은 성인들의 생활 형태와 같은 요인에서 비롯된다. 언어와 민족의 다양성은 나의 어린 시절보다 훨씬 더 두드러지게 나타난다. 비교적 단일문화적 공동체에서도 마찬가지다.

더 오래 앉아 있는 생활 습관에서 비롯된, 비만에 대한 최근의 우려가 일부 있지만, 대부분의 어린이는 신체적으로 더 건강해졌다. 내가 소년일 때 흔했던 많은 질병은 훨씬 더 줄어들었다. 공중 보건, 백신 접종 캠페인, 개선된 생활 조건과 영양 같은 요인 때문이다. 그러나 대부분의 산업국가에는 어린이의 정신 건강, 행복, 복지에 대한 우려가 더 커졌다. 이는 유니세프(Unicef, 2007)의 보고서 및 파머(Palmer, 2006) 그리고 레어드와 던(2009)의 책에서 예시된다.

지난 35년간 대다수의 삶의 수준은 더 높아졌다. 예를 들어, 내가 젊었을 때 중앙난방, 해외 휴가, 식기세척기는 드물었지만, 이제는 흔하다. 대부분 재정적으로는 더 나아졌지만, 아동기의 빈곤은 높은 수준이다. 그리고 불평등은 더 커졌다. 상당히 많은 수의 어린이가 다음과 같은 조건에서 자라고 있다.

- 어린이는 가정생활에서 결핍을 초래하는 많은 상이한 요인을 경험한다.

- 어린이의 삶에는 구조와 순서가 거의 없다.
- 어린이 공동체에서, 예를 들어 갱이나 불법 약물이 흔해지면서, 폭력 및 반사회적 행동의 빈도가 높아졌다.

일부 사례에서, 어린이는 이 범주 중 하나 이상에 포함된다. 어떤 이유에서든 이는 많은 어린이가 압박을 받고, 경우에 따라서는 혼돈 속에서 산다는 것을 의미한다.

과학기술의 변화 속도는 매우 빠르다. 이는 50년 전에는 상상하기도 어려웠던 것을 가능하게 했다. 예를 들어, 의학에서 체외수정, 장기이식, 질병에 대한 새로운 치료법이 가능해졌다. 20년 전에는 컴퓨터와 휴대폰을 통해 정보, 음악, 게임에 접근하는 게 상상하기도 어려웠지만, 지금은 당연하게 여긴다. 그 활동은 어린이의 삶에서 점점 더 중요한 역할을 한다. 많은 어린이는 대개 자신의 컴퓨터나 TV 화면 앞에서 하루에 몇 시간씩 보낸다.

성공은 점점 더 물질적 소유와 명성이라는 관점에서 제시된다. 무엇이 성공을 구성하는지는 항상 가정과 문화적 배경에 따라 다양했다. 예를 들어, 우리 집과 같은 일부 가정에서는 대학 진학이 기대되었다. 다른 가정에서는, 지금도 그렇지만, 부모나 어린이가 꿈꿀 수 없는 것이었다. 많은 가정에서, 남자아이는 아버지의 발자취를 따를 것으로 기대되었다. 그리고 여자아이에게 가능한 기회는 지금보다 훨씬 적었다. 오늘날, 광고와 TV에서 성공은 부와 동일한 것으로 나타난다. 그리고 명성과 행복에 이르는 길은 미모, 운동 기술, 일회적 사건 — 모델이나 축구 선수처럼 되기, 장기 자랑 쇼에서 잘하거나 복권에 당첨되기 같은 — 을 통해 제시된다. 나아가, 세련된 광고는 점점 어린이 소비자를 목표로 한다. 월은 '미디어가 어른처럼 어린이에게 도 끝없는 욕구를 낳게 할 뿐 아니라, 특히 어린이를 대상으로 "평생 동안 상표에 대한 충성심"을 심으려고 한다'(2010, p. 98)고 말한다.

그러한 경향은 비교적 확인하기가 쉽다. 다른 경향은 그렇게 쉽지 않으며, 견해 차이가 더 크다. 특히 권위적 인물에 주목해야 하는지, 그리고 누구를 흉내 내야 하는지와 같이 파악하기 어려운 측면에 연관된 경향이 있다. 내가 어렸을 때, 의사, 성직자, 교사와 같은 사람은 그 자체로 — 옳든 그르든 — 존경을 받곤 했다. 오늘날 이는 다양한 이유에서 흔치 않은 일이다. 그 이유로는 그런 사람의 나쁜 행동을 드러내는 미디어의 역할, 특히 인터넷을 통해 쉽게 접근하고 이용할 수 있는 정보 수준의 증가가 포함된다.

이러한 경향은 학교에서 쇼핑에 이르는, 미디어에서 의학에 이르는 영역에 걸쳐, 개인이 더 많은 선택을 해야 한다는 기대와 연관된다. 그리고 이는 언제나 개인과 사회에 바람직하고 모두에게 열려 있어야 한다는 기대와 연관된다. 그러한 변화는 서비스가 기대 수준에 미치지 못하는 경우, 소비자로서, 자신이 불평할 권리를 가진 사람이라고 생각하게 되고, 자신을 보는 근거가 되기도 한다. 이는 선택의 범위가 더 좁았던 나의 아동기와 상반되는데, 그때는 소수의 사람만이 그러한 선택을 기대했다. 이러한 변화가 많은 이익을 가져왔지만, 몇몇 상반된 결과도 있다는 것을 살펴볼 것이다. 특히 선택이 혼란스러운 사람 그리고 표면적으로는 매력적이지만 장기적으로 이익이 되는지를 잘 구별하지 못하는 사람에게 그렇다.

(좋든 나쁘든) 윤리적 틀을 제공했던 대가족을 포함한 가정, 공동체, 종교 같은 많은 구조는 더 느슨해졌다. 흔히 물질적 소유 및 소비와

연결되는, 오락과 행복한 존재를 더 많이 강조하는 사회는 더 개인주의적이다.

위에서 개괄한 많은 변화는 심각한 영향, 그리고 경우에 따라서는 급격한 영향을 미치고 있다. 개선된 건강과 영양 표준 같은 것을 반기지 않는 것은 이상할 것이다. 혹은 빈곤 수준을 줄이는 진보의 결여를 애석해하지 않는 것도 이상할 것이다. 많은 것이 어떤 방식에서는 유익하며, 다른 방식에서는 유해할 수 있다. 그리고 그 영향은 누적되는 것 같다. 그리고 다양한 방식으로 상이한 어린이에게 영향을 미치는 것 같다. 예를 들면, 텔레비전은 정보라는 관점에서는 어린이의 시야를 넓혔지만, 앉아서 생활하는 양식이 늘어나도록 했다. 문화적으로 그리고 민족적으로 다양한 공동체에서의 삶은 다른 문화에 대한 어린이의 지식을 풍부하게 할 가능성이 있다. 하지만 특히 차별의 희생자에게는 어려움이 있을 수 있다. 그러나 내가 자랄 때보다 오늘날의 어린이는 더 강하고 미묘한 외적 영향을 가진 복잡한 세상에서 성장하고 있다는 것은 의심의 여지가 없는 것 같다.

다음 절에서는 위에서 개괄한 변화가 어린이에게 자신이 어떻게 보이고 자신을 어떻게 보는지에 미친 영향을 탐구한다. 어린이의 행동과 도덕의 기준에 대한 함의를 이해하려고 할 때, 향수와 지나친 일반화의 위험을 정확히 인식해야 한다. 구세대는 늘 도덕적으로 타락했다고 한탄하는 경향이 있다. 이러한 변화는 어른들, 특히 종교적 신앙을 가진 어른들에게, 도덕성을 음악이나 패션처럼 대체로 취향이나 의견의 문제로 보는 상대주의에 대한 두려움을 퍼뜨렸다. 그리고 이는 규율이나 정해진 행위 규칙이 없다면 어린이는 야생적인 방식으로 행위할 것이라는 신념으로 들린다.

사고가 아닌 어린이의 죽음, 혹은 2011년 영국의 도시 폭동과 같은 무서운 사건이 발생하면, 흔히 '도덕적 공황(moral panic)'을 초래한 도덕적 타락을 말한다. 가족의 붕괴, 종교적 영향의 감소, 규율의 결여가 그 원인으로 보이기도 한다. 그리고 부적절한 양육, 약물 사용의 증가, 범죄율 증가와 연결된다. 금융 윤리, 도청의 도덕성, 공인의 부끄러운 행동에 관해 우려를 낳은 많은 사건은, 미디어의 포괄적 주시 때문에, 더 널리 알려졌을 뿐이다. 그러나 도덕성의 기준이 사회에서 혹은 어린이와 관련해서 더 광범위하게 하락했는지를 알기는 어렵다. 혹은 이를 어떻게 판단할 것인지도 알기 어렵다. 과거에도 이기적이고 폭력적인 아이와 젊은이가 있었고, 오늘날에도 사려 깊고 책임감 있는 젊은이가 많다. 그리고 예전이나 지금이나 사회는 거칠고 온정적이지 않다는 증거도, 사람들이 서로 지원하며 돕는다는 증거도 많이 있다.

나는 화이트(White)(in Smith and Standish, 1997, p. 19)의 주장에 동의한다. 그는 '문제는 도덕적 타락이 아니다. 어떻게 행위해야 하는지 그리고 무엇을 믿어야 하는지에 관한 어떤 신뢰 부족(lack of confidence)이 문제다'라고 말한다. 이는 많은 요인에서 비롯된다. 그 중에는 어떻게 행위하고 상호작용해야 하는지에 관해 강한, 혹은 종종 갈등하는 메시지와 압력이 있다. 이는 특히 감수성이 예민한 어린이에게 영향을 미친다. 그래서 '망가진 영국(broken Britain)' 같은 구절이 신문 표제 작성자에게 얼마나 매력이 있든, 우리는 도덕적 공황을 경계해야 한다.

## 어린이에게 미친 영향의 고려

케임브리지 초등교육 리뷰(Alexander, 2010)에서는 이전 세대와 비교해, 어린이가 성장하고 있는 세상은 다음과 같다고 주장한다.

- '더 바쁘다(busier).' 그래서 어린이는 테크놀로지 사용을 제외하고는, 자율적 방식으로 놀 수 있는 신체적·정신적 여지가 거의 없다. 그리고 특히 집단 속에서 일정 시간 동안 집중을 지속하지 못하는 것은 거의 틀림없다.
- 예를 들어 음악과 스포츠 같이, 더 광범위한 영역을 접할 수 있다. 그러나 대개 어른의 감독을 받는다. 그래서 여가와 놀이는 점차 어른의 통제 하에 있다.
- 개인주의, 소비주의를 강조한다. 특히 여자아이에게는 그 목적이 무엇인지, 그리고 그것을 어떻게 달성해야 하는지가 뒤섞인 메시지를 제공하는, 성적 매력 부각 및 신체 이미지 같은 측면을 강조한다.

파머(2006)는 오늘날의 많은 서구 사회가 소위 '중독된 아동기(toxic childhood)'를 특징으로 한다고 본다. 거기서 어른은 어린이에게 시간과 관심을 덜 준다. 어린이에게는 비디오게임, TV, 소비주의, 광고에 의한 즐거움이 더 강조된다. 그것은 물질적 소유 및 다른 외적 요인에 근거한 성공이라는 관점을 조장한다. 파머의 견해는 긍정적일 수 있는 기회를 소홀히 취급하는 것 같다. 하지만 유니세프(UNICEF,

2007)의 증거는 어린이 복지에 관한 많은 우려가 충분히 근거 있음을 지적한다. 많은 나라에서 게하르트(Gerhardt, 2010)가 말한 이기적 사회가 나타나고 있다. 이는 모든 사람이 이기적이라는 것은 아니지만, 이기적이고 자기도취적인 방식으로 행위하려는 강한 압력이 있음을 의미한다. 의미 있는 소수의 어른과 어린이는, 일부 어린이에게만 해당되는 '무엇이든 허용된다'는 사례를 가지고, 사회적 상황에서 행동 규범을 의식하지 못하기도 하고, 혹은 즉각적으로 수용하기도 한다.

이어지는 장들에서 보게 되듯이, 최소한 부분적으로는 자신의 삶, 그리고 놀이 공간과 시간을 통제하는 주체 의식은 확고한 정체성을 만들고 유지하는 데 있어 기본이다. 과잉 통제보다는 권한을 부여하는 어른과 함께, 어린이는 타인과 관계할 기회와 혼자 있을 기회를 모두 필요로 한다. 일의 증가나 다른 관여 때문에 너무 바쁘다고 불평하면서도, 부모는 과잉보호하고 위험을 기피하는 경향이 있다. 그래서 역설적으로, 어린이가 혼자 있을 기회는 더 늘었지만, 집 밖에서 독립적으로 놀 기회는 줄었다. 메이올(Mayall, 2010, pp. 61-2)은 학교 및 학교 관련 활동이 더 강조되면서 어린이의 삶은 점점 학구적으로 되어 가고, 여가와 놀이에 대한 강조는 줄었다고 서술한다. 히스(Heath, 2010, p. 115)는, '아동기의 관객성이 장기적으로 확장되는' 위험이 있다고 말한다.

테크놀로지는 어린이, 특히 중기 아동기에 해당하는 어린이에게 관계를 형성하고 유지하는 새로운 방식을 제시한다. 예를 들면, 인터넷과 소셜 미디어(social media)를 통해서이다. 이 모든 ― 그리고 다른 많은 ― 편익을 위해 테크놀로지는 다음과 같은 경향을 갖는다.

- 즉각적 반응을 조장하고 '즉시성의 기대(expectation of imme-diacy)'를 유도한다. 여기서는 오락을 즐기는 방식이 항상 기꺼이 활용된다.
- 사용자는 수신자의 요구에 대한 고려를 소홀히 한다. 테크놀로지를 통한 의사소통에서 비롯된 익명성이 그 부담을 줄였다. 사람들은 면대면 상호작용보다 더 불친절하기 쉽다.

이용 가능한 많은 오락물은 윤리적 차원을 고려하더라도, 거의 미미한 수준에서 그러한 것 같다. 타인에 대한 존중을 결여한, 무례한 미디어 문화가 일반적이다. 예를 들어, 흔히 유머의 원천으로 버릇없고 공격적인 행동이 제시된다. 이에 관한 불만은 '그냥 웃어(just laugh)'라는 말로 무시된다 — 그래서 그런 불만을 가진 사람은 지나치게 진지하거나 독선적이라는 평가를 받는다. 어린이에게 나타난 폭력의 양과 정도에 관한 염려도 대개 마찬가지다. 그러나 6-12세 어린이에 관한 스윙 등(Swing et al. 2010)의 연구에서, 텔레비전 시청과 비디오 게임하기로 보내는 시간은 주의력 문제 증가와 연관된다고 결론짓는다. 앤더슨 등(Anderson et al.)은 폭력적인 비디오 게임에 대한 노출은 공격적 행동을 증가시키고 공감 및 친사회적 행동을 감소시키는 위험 요인이라고 결론짓는다. 일반화는 주의해야 하지만, 테크놀로지에 지배되는 삶은 개인주의를 강조하는 것 같다. 그리고 적어도 일부 어린이에게는 잘 자라는 데 필요한 친밀한 대인 관계 계발을 더 어렵게 만드는 것 같다.

예를 들어, 놀이할 게임, 읽을 잡지, 입을 옷이 더 많아지면서, 선택은 어린이에게 환상적인 기회를 주었다. 그러나 많은 어린이는 그러한 선택 범위를 다루기에는 준비가 덜 된 것 같다. 그리고 보통 청소년기에 관련된 많은 압력과 걱정이 더 어린 아이에게도 점점 더 영향을 미치기 시작했다. 또래 집단을 따라야 한다는 압력, 가장 유행하는 옷이나 최신 휴대폰에 대한 바람은 더 강해지고 있으며, 그 나이는 더 어려지고 있다. 특히 여자아이에게 패션이나 신체 이미지의 강조는 성적 매력에 대한 의식을 더 크고 빠르게 했다. 유명인에 대한 추종은 내적 특성보다는 외적 특성에 근거한 역할 모델을 채택하도록 조장했다. 특히 광고에서 비롯된, 현재의 자신과는 다른 누군가가 되기를 열망하는 — 현재의 자신에 대한 불만족스러운 감정이 내면에 형성될 때 — 압력에 의해 중기 아동기의 안정성이 약화되고 있다.

브루너(Bruner, 1996, p. 38)는 '주체성, 정체성, 자존감의 제공자로서 학교는 우리가 인식하는 것보다 더 많은 형태의 "학교 반대론(anti-school)"과 경쟁하고 있다 — 중산층이 많이 사는 교외의 산책로는 유대인 거주 구역(ghetto) 거리와 다를 바 없다'라고 말한다. 지금까지 서술한 변화는 어린이에게 타인의 필요를 고려하기보다는 자신의 기대를 강조하는 소비자가 되고 그런 소비자로 보이도록 할 여지를 주었다. 나를 포함한 많은 어른들은 최근 유행 품목이나 최신 장치 같은 외적 표식이 어린이의 정체성과 자존심이 형성되고 유지되는 방식에 얼마나 문제가 되는지를 깨닫지 못했다.

별개로 보이는 이러한 많은 영향들이 무해할 수도 있다. 하지만 그것은 미묘하고 유혹적인 방식으로 작용한다. 거기에는 '왜소화(trivialization)'의 위험이 있다. 그것은 '물질적 추구(material pursuit)'와 함께 어린이의 정신성을 저해하는 두 요인 중 하나라고 하이드(Hyde, 2008)가 확인했다. 역설적으로 또래 집단의 압력이 더 강해졌지만, 나는 어떻게 행위해야 하는지는 대체로 개인적 선호의 문제라는 메시지가 [어린이의 정신성을] 훨씬 더 부식시키고 있다고 생각한다.

윌리엄스(Williams, 2012, p. 268)는 '우리는 굉장히 많은 신호들이 감정이입과 자아 성찰, 그에 따라 정서적 인식을 억제하는 환경 속에 살고 있지만, 자기 몰입 습관을 계발해야 한다'고 제시한다. 특히 어린이에게, 그러한 압력은 사려 깊게 행위하고 상호작용하기에 필수적인 타인의 필요에 대한 인식과 관심보다 자신을 더 강조하도록 유도한다. 2장에서 살펴보았듯이, 아리스토텔레스는 복지, 에우다이모니아를 단순한 만족보다는 번성하는 능동적 상태로 보았다. 그러나 오늘날 개인주의와 (특히 소유를 통한) 행복 추구에 대한 강조는 '당신이 선하다면, 당신은 아마도 조금 "슬플(sad)"것이고, 당신이 행복하다면, 이는 아마도 당신이 선하지 않기 때문일 것이다'라는 메시지를 낳는 경향이 있다. 부와 소유에 근거하여 성공과 행복을 보는 것은 힘든 일과 회복 탄력성의 중요성을 소홀히 한다.

그러한 영향은 모든 어린이에게 상이한 방식으로 작용한다. 일반화는 위험하지만, 압력의 유형은 사회경제적 지위에 따라 상당히 다양하다. 예를 들어, 비교적 유복한 환경을 가진 어린이는 더 과보호되고, 최신 패션을 더 살 수 있고, 소유에 관해 더 소리 높이게 될 것이다. 빈곤한 환경의 어린이는 사실상 더 배제될 수 있으며, 가난에 수반되는 스트레스를 받을 수 있다. 그리고 5장에서 설명하듯, 그것은 자기 조절을 더 어렵게 한다.

가정 및 학교 같은 공적 환경은 대부분의 어린이를 돕지만, 소속된 모든 어린이를 돕지는 않는다. 신앙 공동체와 자발적 모임이 이를 일부 제공한다. 그러나 어딘가에 속해 있다고 느끼지 못하는 어린이는 다른 곳에 소속되기를 기대할 것이다. 그래서 어린 나이에 성적 매력을 부각시키는 방식으로 자신을 드러내거나, 곤경에 빠뜨릴 수 있는 사람과 교제하려는 유인은 소속된 곳에서 안성을 찾을 수 없는 어린이에게 더 강할 것이다. 그리고 어른이 이에 대한 통제를 보여 주거나 실행하지 않는 곳에 속한 어린이에게 더 강할 것이다.

이상에서 개관한 사회적 변화의 결합은, 그렇게 할 의욕과 자신이 없는 어린이와 어른에게 지침을 제공하는 가족과 자발적 모임이라는 관점에서, 구조를 낳지 못했다. 결과적으로, 많은 어린이는 가정, 학교, 지역 공동체, 더 넓은 문화 사이에서, 그리고 그 안에서 이러한 다름을 갖는다. 그리고 어떻게 행위해야 하는지에 대한 혼재되고, 혼란스러운 메시지를 받는다 — 그리고 어떻게 행위할지를 결정할 때 지지 받지 못한다. 8장에서는 학교의 포괄적인 도덕적 질서가 모든 어린이에게 배려와 상호 존중에 근거한 환경에 속할 수 있는 기회를 제공한다고 주장한다.

어린이가 성장하는 사회적·문화적 맥락은 50년 전과는 크게 다르다. 그리고 특히 그 압력이 가장 큰 환경에서 살고 있는 어린이에게는 여러모로 더 어렵다. 오늘날 어린이는 더 복잡하고 혼란스러운 세상에 직면하고 있다. 더 커진 사회적·문화적 다양성, 많은 전통적 구조의 붕괴, 개인주의에 대한 강조, 소비 및 명성과 연결된 성공의 개념 때문이다. 다음 절에서는 어린이가 지속적으로 변하는 미래에 어떻게 대비해야 하는지를 논의한다. 이것은 불확실성에 대처하기 위해 깊이 자리 잡은 특성, 태도, 성향의 함양에 근거해야 함을 제안한다.

## 불확실한 미래의 준비

알렌산더(2010, p. 53)는 '이따금, 오늘날 영국에서 성장하고 있는 어린이는 승리할 수 없을 것만 같다'고 한다. 그들의 삶과 열정은 '흔히 너무도 전형적'이라고 보고된다. 그리고 '어둡고 위험한 세상에서… 고통 받고 있는 순결한 사람' 혹은 '어른의 통제를 벗어나 행동하는 작은 악마'처럼 보인다. 아동기를 순결의 시기라고 믿기는 쉽지 않다. 그러나 커닝햄(Cunningham, 2006, p. 45)은 다음과 같이 서술한다.

> 과거에 어린이는 오늘날의 어린이가 가지고 있다고 생각하기 어려운 능력을 가진 것으로 여겨졌다. … 우리는 어린이에게 길고 행복한 아동기를 제공하는 데 너무 집착한 나머지, 그들의 능력과 회복 탄력성을 경시하게 되었다. 보호가 필요한 잠재적 희생자로 어린이를 생각하는 것은 매우 현대적인 관점이다. 그리고 그 관점은 아마 아무에게도 도움이 되지 않을 것이다.

하그리브스(Hargreaves, 2003, p. xi)는 '어린이에 대한 요구와 그에 직면한 도전은 과거와는 크게 다르다'라고 밝힌다. 그리고 이는 또한 어린이의 요구에도 해당된다. 오늘날 어린이는 좋든 나쁘든 나의 아동기보다 확실성이 적은 세상에서 성장하고 있다. 그리고 그들의 태도와 행위에 대해 더 강하고, 종종 상충하기도 하는 영향과 어떻게 행위해야 하는지에 관해 혼재된 메시지를 가진 세상에서 성장하고 있다. 나의 아동기부터 지금까지 50년은 고사하고, 지난 20년 동안에 세상은 급격히 변한 것 같다.

앞 절에서 논의된 어린이에 대한 압력은 되돌려질 것 같지 않다. 아마 더 심해질 것이다. 세계화는 계속해서 지리적 이동을 초래할 것 같다. 그리고 점점 더 언어적으로, 문화적으로, 종교적으로 다양한 공동체로 이끌 것 같다. 아마도, 안전한 가정과 지역 공동체에 기반을 둔 어린이는 줄어들 것이다. 그리고 더 많은 어린이가 다중적 정체성을 가지고 성장할 것이다. 분명 테크놀로지의 변화는 계속될 것이다. 점점 빠르고 쉽게 정보에 접근할 수 있겠지만, 변화의 방식과 속도와 결과는 우리가 상상하기 어려울 것이다. 환경 파괴와 기후변화 같은 문제는 그 영향이 보다 분명해진다면 더 문제가 될 것이다. 하그리브스(2003, p. 29)는 점점 세계화되고 해체되는 사회는 더 큰 불안을 유발할 것이라고 주장한다. 다양성은 더 늘고, 합의는 줄고, 불안은 커지는 세상이 될 것이다.

하그리브스(2003, p. xviii)는 소위 지식 경제를 진정한 학습 사회로 서술한다. 그에 의하면, 이를 위해 준비한다는 것은 어린이가 '지식 경제의 경계를 넘어선 일련의 가치, 성향, 범세계적인 책임감'(2003, p. xix)을 필요로 할 것이라는 의미이다. 학습은 단지 정보를 기억하고 기술을 습득하는 것이 아니라, 점점 낯선 상황에 적합한 방식으로 이를 적용할 수 있는 것이 될 것이다. 변화하는 세상에 준비되어 있다는 것은 유연하고, 창의적이고, 회복 탄력성이 있고, 협동 작업 같은 특성이 깊이 자리 잡는 것을 포함한다(CBI 2012 참조). 이것들 중 일부는, 비판적으로 생각하고 논의하고 협상할 수 있는 것처럼, 일반적이고, 민주적이고 변화하는 사회의 시민에게 필수적인 것이다. 사려 깊음, 감정이입, 신뢰성과 같은 것들은 보다 직접적으로 윤리와 연관된다. 7장에서는 이러한 특성이 인격이라는 포괄적 용어 아래 포함되는 방식을 고려한다.

특별히 윤리와 관련된 특성과 관련되지 않은 특성 사이의 경계는 불분명하다. 이를 설명하기 위해, 소위 클랙스턴(Claxton, 2002)의 '학습력 수립(building learning power)'에서 필수 요소인 4Rs — 호혜성(reciprocity), 회복 탄력성(resilience), 풍부성(resourcefulness), 반성성(reflectiveness) — 를 고려해 보자. 이것들이 뚜렷하게 도덕적인 것은 아니다. 하지만 호혜성은 타인에 대한 배려에 필수적이다. 그리고 회복 탄력성은 다른 선택지가 더 매력적일 때 자신이 옳다고 믿는 것을 하기 위해 요구된다. 그리고 풍부성과 반성성은 모두 어떤 행위 과정이 가장 적합한지를 평가할 때 필요하다.

클랙스턴과 카(Claxton and Carr, 2004)는 어린이의 학습 능력이 어떻게 수립되는지를 서술하면서, 다음에 의한 학습 기회에 가치 있는 반응 강화를 강조한다.

- 빈도와 견고성 높이기
- 영역 넓히기
- 복잡성과 능숙도 심화하기

그들은 다음과 같이 말한다. '우리는 학습 경향, 경우에 대한 민감성, 그리고 기능의 조합이라는 면에서 이 목표를 분명히 하고자 했다. 우리는 학습과 유익하게 관련되도록 준비하고, 하고자 하고 또 할 수 있도록 그것을 서술했다'(p. 87).

클랙스턴(2007)은 **확장하고**(*broadening*), **강화하고**(*strengthening*),

심화하는(*deepening*) 학습 성향을 강조한다. 그 결과, 어린이는 폭넓고, 낯설고, 도전적인 상황 영역에 그것을 적용한다. 그리고 그 진행이 여의치 않을 때에도, 점점 깊고 정교하게 그것을 사용한다. 이를 가능하게 하기 위해, 학습 환경은 클랙스턴과 카가 증강(potentiating)이라고 서술한 것이 되어야 한다.

> 특정 성향의 표현을 권유할 뿐 아니라, 실제로 그것을 '늘리고(stretch)'나서 계발한다. 증강 환경은 공동 활동에 자주 참여하는 것을 포함한다. … 거기서, 어른과 마찬가지로, 어린이나 학생은 그들 활동을 지휘하는 책임감을 갖는다. (2004, pp. 91-2)

이러한 견해는 학습 일반과 관련되지만, 특히 어린이가 적합하게 행위하고 상호작용하는 방식의 학습에 적절하다. 구체적 방식 ― 타인에게 정직하기 또는 사려 깊게 행동하기 같은 ― 으로 행위할 수 있게 하는 것으로는 불충분하다. 어린이는 단지 처벌에 대한 두려움이나 보상에 대한 약속 때문만이 아니라, 다른 상황에서도 그렇게 행위하도록 준비해야 하고 기꺼이 그렇게 하려고 해야 한다. 8장에서는 증강 환경이 무엇과 같은지 보다 상세히 고려한다.

디킨 크릭과 골드스핑크(Deakin Crick and Goldspink, 2014, p. 29)는 학습 성향이 정체성이나 자기 이야기와 밀접하게 연결된다고 주장한다. 그리고 이는 학생이 학습자로서 자신에 관해 말할 때 사용하는 언어에서 분명히 표현된다. 특히 어린이에게는, 어른이 어린이의 학습자로서의 자아감을 강화하도록 돕는 방식이 매우 중요하다.

헤이든(Haydon)에 의하면, 소위 가치 교육은 '윤리적 환경 유지하기,' '어떻게 살아야 하는지 생각하는 주변 분위기,' '그것을 벗어나 살 수 없는 윤리적 환경이 항상 있다'는 것 관찰하기로 보아야 한다 (2004, p. 118). 그는 물리적 환경에 비유한다. 건강한 물리적 환경에서의 생물 다양성과 유사하게, 다양성은 환영받아야 한다는 것이다. '사람 사이의 다양성 … 다른 관점, 다른 덕목, 다른 관여는 — 심지어, 아마, 다른 편견까지도' — 환영받아야 한다(2004, p. 125). 특히 다양성을 지닌 급변하는 세상에서, 어린이는 낯선 것에 대비하고, 다양성을 경험하고 환영하도록 학습해야 한다.

어린이 — 우리 모두 — 는 당연히 가까운 가족과 또래 집단에 가장 관심이 있지만, 세계화된 사회는 다른 점이 있는 사람을 이해하는 학습을 요청한다. 그리고 다양성을 유지하고 환영하는 것을 요청한다. 푸트남(2000)은 자본의 두 형태를 구별한다 — 집단을 응집시키는 **결속**(*bonding*)과 모든 사회적·문화적 단절을 붙여 주는 연계 (*bridging*). 어린이는 유사성과 차이를 모두 학습해야 한다. 분리하는 것뿐 아니라 결합하는 것도 학습해야 한다. 어른은 어린이의 문화적 시야를 확장시켜야 한다. 특히 나이 든 어린이에게는 단순한 가정과 전형에 도전하게 해야 한다. 그래서 우리가 그렇듯, 당연히 어린이도 익숙한 사람과 우선 가장 쉽게 결속한다. 하지만 다르게 보이는 사람과도 점차 연계할 필요가 있다.

어른은 당연히 유해한 영향으로부터 어린이를 보호하길 강하게 원한다. 그러나 변화와 불확실성의 수준이 의미하는 것은, 어린이는 어릴 때부터 도착 지점과 그 도달 경로를 정확히 알려 주는 정밀한 방향, 방위, 혹은 GPS 지점에 의존하기보다, 미지의 영역을 통과하는 경로를 찾도록 준비하게 할 필요가 있다는 것이다. 모든 사람이 그렇듯, 어린이는 유연성과 복잡성을 가지고 살아가는 것을 학습해야 한다.

이 장에서는 사회적·문화적 변화가 — 도덕적 붕괴나 퇴보라기보다는 [우리를] 지지해 주던 전통적인 도덕성의 토대와 구조와 활용이 [이전보다] 덜한 상황에서 — 행위하고 상호작용하는 방식에 더 큰 불확실성을 유발했음을 제시했다. 어린이는 적어도 의식적으로 고려된 선택을 할 수 있는 나이가 되면, 점점 더 강한 영향력과 혼재된 메시지를 받는다. 그 메시지는 자아, 흔히 매진해야 하는 것으로 제시되는 개인적 행복, 물질적 소유라는 관점에서 주로 판단되는 성공에 대한 강박관념을 조장한다. 점점 더, 어린이는 변화와 복잡성의 세상에 대처할 수 있는 특성과 성향을 갖출 필요가 있다. 복잡하고, 해체되고, 변화하는 사회에서 도덕교육은 더 어려워졌지만, 점점 더 중요해지는 것 같다. 그러나 모든 행위와 상호작용의 도덕적 측면은 종종 인식되지 못하기도 한다. 그리고 많은 교육자는 도덕교육을 그들의 책임으로 보지 않는다. 그 이유를 검토하기 위해, 현재의 교육적 맥락 및 이것이 제시하는 도전과 기회를 고려해야 한다.

# 교육적 맥락

---

**개요**

도덕적 실천으로서의 교육
최근 교육 정책 및 실천 경향
어린이와 교수 학습에 관한 기본 가정
도덕교육에 대한 함의

## 도덕적 실천으로서의 교육

이 장에서는 교육 정책과 실천, 나아가 학교교육이 어린이를 가르치는 교사의 일을 조망하는 데 미친 영향을 고려한다. 하지만 이는 다른 어른들과도 관련된다. 그 추세는 학습에 관한 어른과 어린이의 가정에 모두 영향을 끼친 것으로 확인되었기 때문이다.

전통적으로, 교육과 도덕성은 밀접하게 연결되었다. 1840년대에, 본국 및 식민지 유치원협회(the Home and Colonial Infant School Society)[1]는 다음과 같이 보았다.

---

1. 본국 및 식민지 유치원 협회(The Home and Colonial School Society)는 1836년 메

조기교육의 우선 목표는 종교적 원리와 도덕감을 함양하는 것이다. 일상생활에서 악덕과 교류하여 냉담하게 되기 전, 사악한 성향과 습관적 결함을 느끼는 것에서 다정한 마음을 일깨우기 위한 것이다. (Lawson and Silver, 1973, p. 282에서 인용.)

오늘날 그 진술은 시대에 뒤지거나 불쾌하기까지 하다. 하지만 프링 (2001)은 교육이 가치중립적이어서도 안 되며, 실제로 그럴 수도 없다고 주장한다. 워녹(Warnock, 1996, p. 53)은 '교수는 본질적으로 도덕적 교류이다'라고 한다. 그리고 나딩스(2013, p. 179)는 '교사로서 … 우리가 하는 모든 것은 도덕적 함축을 갖는다'고 한다. 잭슨, 부스트롬, 핸슨(Jackson, Boostrom and Hansen, 1993, p. 277)은 교사가 믿고 바라는 것을 행위할 자유는 제도적·사회적 힘에 의해 제한되기도 한다고 인식하면서도, 교사를 다음과 같이 본다.

단지 토론을 잘 진행하는 방식을 알고 있거나 초보 독자에게 표현 기능을 가르치는 기술자가 아니다. 그보다는 수업에서 전개된 모든 것에 포함되는 교사의 인생관이 기술적 기능만큼이나 장기적 영향을 미친다고 전제하는 사람이다.

그러한 견해는 교사뿐만 아니라 부모/보호자, 성직자, 그리고 다른

---

이요(Elizabeth Mayo), 메이요(Charles Mayo), 그리브스(J. P. Greaves), 레이놀즈(J.S. Reynolds)에 의해 설립되었다. 특히 그 당시 페스탈로치(Pestalozzi)에 의해 제안된 새로운 방법에 따라 어린이를 교육하고 교사를 훈련시키기 위해 런던의 그레이스 인 로드(Gray's Inn Road in London)에 위치했다(출처:https://en.wikipedia.org/wiki/Home_and_Colonial_School_Society): 옮긴이.

어른들에게도 해당된다. 그리고 그들의 행위 — 그리고 그들의 부작위의 행위 — 가 좋을 수도 있고 나쁠 수도 있다.

대부분의 기관 — 학교, 종교 단체, 스포츠클럽 — 은 자신들의 일에 대해 윤리적 요소를 갖고 있다. 그래서 읽기, 종교, 럭비 기술만 가르치는 것이 아니라 가치, 신념, 태도도 가르친다. 그러므로 읽기를 가르치는 것이 단지 시험 성적에만 관련된 것도 아니며, 종교교육이 일련의 신앙적 소속에만 관련된 것도 아니며, 스포츠가 승리에만 관련된 것도 아니다. 그보다는 독서에 대한 사랑, 인생을 살아가는 방식, 품위 있게 이기고 지는 방법에 관한 것이기를 희망한다. 어린이와 함께 일할 때, 어른들의 역할의 일부는 더 좋은 사람이 되도록 — 그 의미가 무엇이든 — (노력)하는 것이다. 좀 더 학술적인 언어로 말하면, 교육은 기술적 규범과 윤리적 규범이라는 관점을 모두 포함하며, 그 관점에서 판단된다.

교육은 단지 인지적, 학업적 발달에 관한 것이 아니라, 전인적 어린이와 관련된 훨씬 더 포괄적인 목적을 갖는다. 탤벗과 테이트(Talbot and Tate)는, '우리들 중 누가, 결국, 자기 아이가 졸업장만 움켜잡고, 어떤 사람이 되어야 하는지 전혀 생각도 하지 못한 채 학교를 떠나길 바라겠는가?'라고 한다(Smith and Standish, 1997, pp. 1-2). 그러한 견해는 법률과 정책에서 인정된다. 일련의 영국 교육법에서는 포괄적이고 균형 잡힌 교육과정 제공을 학교에 요청한다. 그리고 교육의 핵심 목적에 정신적, 도덕적, 사회적, 문화적(SMSC) 발달(혹은 유사한 목록)을 포함시켰다. 장학사는 제공된 교육의 질을 판정할 때 SMSC를 고려해야 한다. 대부분의 학교는 학업적 관점보다 더 포괄적으로 교육을 제시하는 진술을 그 목적에 포함시킨다. 정신적, 도덕적, 사회적,

문화적 범주 — 그리고 인지적, 정서적, 신체적, 미적 등의 범주 — 가 분리된 것이 아니라 상호 연관된 전인적 측면이라는 것을 인식한다. 그 논증은 5-7장에서 전개된다.

유아에게는 목가적 측면과 보살핌이 훨씬 더 강조되는 경향은 있다. 하지만, 다른 나라에서도 대부분 유사한 고려가 적용된다. 예를 들어, 알렉산더(2000)는 러시아의 체계에서 보스피따니에(vospitanie)[2] (강한 도덕적 요소를 포함하는 양육)를 어떻게 중시하는지 기술한다. 미국에서는 그 측면을 공민과, 사회과, 인격교육을 통해 가르친다. 학교에서 종교를 가르치는 것이 헌법으로 금지되어 있기 때문이다. 호주에서 가치 교육은 2005년부터 광범위하게 도입되었다(National Framework for Values Education in Australian Schools, 2005 참조). 몇몇 극동 국가에서는 학업적 성취가 강조됨에도 불구하고, 인격교육이 높은 우선성을 갖는다. 예를 들어, 중국에서는 매우 경쟁적인 학업 체계에도 불구하고, 교사가 강한 도덕적 목적의식을 갖고 있다.

교육은 항상 다양하고 복합적인 목적을 갖지만, 본질적으로 교육된 사람이 의미하는 것에 대한 신념에 근거한다. 그러한 신념은 논란이 되는 문제이다. 학업적 측면에 더 강조점을 두는 사람도 있고, 실천적인 것, 혹은 종교나 인격에 더 강조점을 두는 사람도 있다. 혹은 개인적 성취에 초점을 맞추는 사람도 있고, 함께 작업하는 것과 연관된 기술에 초점을 맞추는 사람도 있다. 케임브리지 초등교육 리뷰에서 제안하듯(Alexander, 2010, 특히 12장), 초등교육의 목적은 단지 학교교육이나 취업보다는 다양하고, 경쟁력 있고, 장기적인, 삶을 위한 준비이다.

---

2. 러시아어로는 воспитáние이다: 옮긴이.

해럴드와 앤 벌락(Harold and Anne Berlak, 1987, pp. 22-3)은 모든 교사의 행위 방식에 내재하는 16가지 딜레마를 개괄한다. 다음은 통제와 관련된다.

- 어린이가 '학생으로(as student)' 고려되는지 혹은 '전인적 어린이 (whole child)'로 고려되는지
- 누가(어린이 혹은 교사) 시간, 작업, 표준을 통제하는가

두 번째 부분은 교육과정과 관련된다.

- 지식을 공적 혹은 사적인 것으로, 내용 혹은 과정과 관련된 것으로, 정해진 혹은 문제적인 것으로 보는지
- 학습을 개인적 혹은 사회적인 것으로, 전체적 혹은 (작은 단편으로) 분자화된 것으로 이해하는지
- 어린이가 특유한지 혹은 공유된 특성을 갖는지, 개인적 필요를 갖는지 혹은 공통적 자격을 갖는지, 내적으로 동기화되는지 혹은 외적으로 동기화되는 것으로 생각하는지.

세 번째 부분은 사회적이다.

- 아동기가 연속적인 것으로 보이는지 혹은 상이한 단계로 보이는지, 그리고 문화적 신념과 실천을 공유하는지 혹은 갈등하는 것으로 보이는지
- 자원을 할당하고 규칙을 적용할 때, 모든 어린이를 동일하게 취급

해야 하는지 혹은 누군가를 감안해야 하는지.

이는 교수를 지나치게 복잡하게 만든다고 생각할 수 있다. 하지만 벌락과 벌락은, 모든 교사가 의식적이든 아니든, 이 딜레마에서 소위 '해결책의 유형(patterns of resolution)'을 찾고 행해야 한다고 제안한다. 이는 실제로 '기본 과목(the basics)' 혹은 여타 과목, 창조성 혹은 순응성, 자유 혹은 통제 — 그리고 더 많은 것 — 에 주어지는 강조에서 나타난다.

알렉산더(1995, p. 67)의 '교수는 본질적으로 일련의 타협'이라는 말은 딜레마와 선택을 피할 수 없음을 드러낸다. 교사는 각 딜레마에 대한 최적의 해결책을 찾아야 한다. 예를 들어, 특정 집단에 어느 정도의 시간을 할당하고, 어떤 집단에 할당할지, 어느 정도로 명확한 기대를 설정하고 얼마나 어린이에게 자신의 판단이나 창의성을 허용할지 등이다. 그러나 교사는 또한 상이한 딜레마에서 균형을 잡아야 한다. 그래서 행실이 나쁜 아이에게 반응할 때, 교사는 정책과 절차뿐 아니라, 어린이의 배경에 대한 교사의 이해, 다른 어린이와 특정 상황에 미치는 영향 같은 요인도 근거해서 판단해야 한다. 경우에 따라 공적으로 질책하는 것이 적절할 수도 있고, 조용하게 말하는 것이 최선일 수도 있다. 그리고 교사가 상이한 상황에서 동일한 개인에게 어떻게 반응하는 것이 옳은지는 다양하다. 이우드(2012)에서 논의되듯, 초등학교 담임교사의 전문성은 다양하고 갈등의 여지가 있는 목적에 직면하여 많은 딜레마와 긴장을 균형 있게 해결하는 것에 달려 있다.

정책 수립자는 더 넓은 캔버스에서 작업하지만 유사한 딜레마에 직면하고, 정책은 해결책의 유형이 개인적 선택의 문제라는 정도로 제한된 구조만 제공한다. 예를 들어, 지난 20년 동안 '표준(standard)' 및 행동 관리에 대한 강조는 어린이와 교사 모두에게 기대되는 바를 형성하기 위해 고안되었다 ─ 그리고 그렇게 했다.

많은 정책의 정당화는 사회에서 지각된 이익과 사회적 정의에 관련된다. 그래서 이는 보통 논란의 여지가 없다고 가정되는 바람직한 결과와 더불어 부분적으로 도덕적 관점에서 수립된다. 예를 들어, 대부분의 나라에서 교육은 더 큰 평등과 사회적 이동을 위한 핵심 기제로 보였다. 국가교육과정(The National Curriculum), 필수과목(Common Core), 통합을 위한 움직임은 자격과 불이익의 순환 파괴라는 개념에 근거한다. 이는 어린이에게 가능한 기회, 그리고 특히 읽기, 쓰기, 수학에서 성취 수준의 상당한 불균형을 개선하려는 시도에서 고안되었다. 분명 많은 정책은 사회경제적 결핍 혹은 제2언어로서 영어 말하기와 같은 요인으로 인해 불리한 어린이에게 기회와 결과를 개선할 수 있도록 하기 위해 고안되었다. 풀란(Fullan, 2003a)은 '학교 리더십 중에서 도덕적 명령(moral imperative)'이라는 부분은 불이익을 줄이는 더 포괄적인 체계에 기여하려는 것이라고 주장한다. 하지만 언뜻 논란의 여지가 없어 보이는 그러한 견해는 세 가지 이유에서 문제가 있다.

첫째, 도덕성은 단지 의도의 문제만은 아니다. 어떤 행위나 정책이든 그 결과로 발생한 것에 의해 판단되어야 한다. 사람들은 '그럴 생각은 아니었어요'라는 7살 아이의 설명만으로 [아이의 행위를] 유해한 게 아니라 어리석은 것으로 받아들이지는 않을 것이다. 그 아이가 가능한 결과를 고려할 것으로 기대되기 때문이다. 어떤 정책이든 그 영향은 거의 항상 다면적이다. 그리고 상이한 정책은 상이한 방향을 이끈다. 그래서 정책을 계획하고 평가하는 것은 의도와 결과 모두에 대한 관심을 요구한다.

둘째, 교육의 목적은 복합적이므로, 강조되는 것은 ― 측정할 수 없는 [교육의 목적의] 그 측면들을 위협하지 않고 ― 측정될 수 있는 것으로 환원될 수 없다. 그중에서 이것들은 정신적, 도덕적, 사회적, 문화적 발달이고, 정말로 삶의 가장 중요한 측면들의 많은 부분이다.

셋째, 교육은 개인적 발달과 특정 유형의 사회 형성을 모두 고려한다. 목적이 다양하기 때문에, 그것에 도달하는 방식은 불가피하게 논란이 될 수밖에 없다. 이는 읽기를 어떻게 가르쳐야 하며, 그 교과에 얼마나 시간을 할애해야 하는지의 문제에도 해당된다. 그리고 도덕과 윤리에 관련된 것과 같은 훨씬 더 개인적이고 논란이 되는 논제에도 해당된다. 교육은 단지 '효과적인 것(what works)' 하에서 논의되는 개념의 문제가 아니다. 도덕교육은 권장되어야 할 목적 및 사람과 사회 유형에 밀접하게 연관된다.

그러므로 정책의 근거도 그리고 그 결과도 보기처럼 간단한 것은 아니다. 예를 들어, 장학은 단지 학교의 효율성을 판단하기 위해 고안된 것은 아니다. 부모의 선택을 권장하고 가능하게 하도록 고안된 것이었다. 그리고 그 결과는 뜨거운 논란을 초래했다. 여기서 그 논쟁에 참여하려는 것은 아니다. 단지, 얼마나 잘 의도되었건, 정책은 흔히 더 포괄적이고, 때때로 예상치 못한 결과를 초래한다는 것에 주목한다.

프링(2001, p. 102)은 교육적 실천은 '촉진하려고 의도한 가치와 도덕적 목적을 구현하는 더 광범위한 활동과 (화합)해야 한다'고 주장한다. 교육의 목적, 그리고 이것을 성취하는 방식은 가능한 공조되어야 한다. 그러나 프링이 지적하듯, 최근 정책의 추세는 '추구하는 이상도 통합하는 이상도 없이, 일관된 가치 체계도 없이,' 도덕적 관점과 분리된 채 실제 교육적 실천을 이끌었다(p. 102). 다음 두 절에서는 이것이 어린이, 그리고 그 기저에 있는 가정들과 관련하여 어떻게 나타나고 있는지를 논의한다.

## 최근 교육 정책 및 실천 경향

이 절에서는 지난 20여 년간의 교육 정책 및 실천에서 주요한 국제적 경향과 그 이론적 근거를 정리한다. 대부분의 사례는 영국의 맥락에서 가져왔지만, 유사한 경향은 다른 여러 나라에서도 분명하다.

1994년 유네스코의 살라만카 선언(Salamanca Declaration)에 따라, 일반 학교에 특별한 교육적 필요와 장애를 가진 학생들을 더 많이 배정함으로써 통합하는 것이 하나의 경향이었다. 최소한 부분적으로, 이 정책은 그런 어린이가 다른 어린이와 동등한 교육적 권리를 받을 수 있도록 하려는 것이었다. 명시적인 도덕적 의도는 분명하다. 그러나 통합은 철학적으로도, 실천적으로도 논란이 있는 것으로 입증되었다. 예를 들어, 통합은 학문적으로, 잠재적으로 다른 어린이의 희생으로 해당 어린이가 혜택을 받을 수 있다. 반면, 예를 들어 다른 사람의 필요를 이해하려는 학습에서 몸이 튼튼한 어린이에게 다른 형태의 혜택을 줄 수도 있다. 특별한 교육적 필요와 장애를 가진 어린이를 포함시킨 것이 시험에서 특정 성취 수준에 도달한 학생 수를 극대화하려는 교사 및 학교의 기대와 긴장 관계에 있을 수도 있다. 장애 아동을 대표하는 단체들은 통합이 적합한지, 그리고 어떤 장애가 해당하는지의 여부에 의견을 달리한다. 그리고 많은 교사는 철학적으로 통합을 선호하더라도, 가능한 자원과 지원 수준을 우려한다. 이 사례는, 아무리 좋은 의도라도, 한 정책의 영향은 흔히 혼재되며, 정책을 개별적으로 볼 수 없음을 설명한다.

케임브리지 초등교육 리뷰(Alexander, 2010, 특히 pp. 241-3)에서는 소위 교육과정 1(Curriculum 1) — 영어(혹은 수업의 주 언어), 수학과 과학 — 에 대한 역사적이고 지속적인 우선성을, 그리고 나머지, 교육과정 2(Curriculum 2)에 대한 관심 결여를 조명한다. 이러한 구분은 최근 영국의 국가교육과정에서 '핵심(core)' 교과 지정에 의해 강화되었다.[3] 그리고 이는 공식적 평가 기제, 장학, 시간표에서 강조되었다. 미국에서도 공통 핵심 과목에 대한 유사한 강조는 분명하다. 호주에서, 국가시험은 유사한 영향력을 미쳤다. 어린이 교육은 점점 수행성(performativity)(Ball, 2003)과 교육과정 1의 시험에서 측정 가능한 성취에 초점을 맞추는 것이 대세이다. 그 체계에 대해, 교육이 장기적 탐험이기보다는 단거리 달리기와 같다는 견해에 근거한 우려가 퍼졌다.

수행성에 대한 강조는 국제학업성취도평가(PISA, Programme for

---

3. 영국의 초등교육에 해당하는 핵심 단계 1(Key Stage 1: 5-7세, 1-2학년), 핵심 단계 2(Key Stage 2: 7-11세, 3-6학년)에는 핵심 교과(Core subjects)와 기초 교과(Foundation subjects)가 있다. 핵심 교과에는 영어, 수학, 과학이 포함되며, 기초 교과에는 미술과 디자인, 컴퓨팅, 디자인과 기술, 외국어, 지리, 역사, 음악, 체육이 포함된다(영국 정부 통합 사이트 홈페이지 참조: https://www.gov.uk/government/uploads/system/uploads/attachment_data/file/425601/PRIMARY_national_curriculum.pdf): 옮긴이.

International Student Assessment) 및 수학과학성취도국제비교연구 (TIMSS, Trends in International Mathematics and Science Study)와 같은 국가 수준의 비교 연구 순위표에 대한 관심에서 비롯된다. 그리고 지역적으로 학교 간 그리고 학교 내 학급 간 비교 연구가 있다. 등급에 대한 집착은 국가, 학교, 개인으로서 '낙오(falling behind)'를 걱정하도록 했다. 잦은 검사는 어린이와 교사의 수행을 더 면밀히 관찰하도록 한다. 그러한 접근은 교육에서 학업 측면에 우선순위를 둔다. 특히 읽기, 쓰기, 계산하기 같은 좁은 범위의 교과에서 '표준'에 강조점이 두어진다. 그리고 비교적 쉽게 측정할 수 있는 명제적, 사실적 지식이 강조된다.

그 결과, 점점 어린 나이부터, 교육과정 1에 훨씬 더 초점을 맞추게 되었다. 그래서 인문학과 예술, 교육과정 2, 창조적이고 실천적인 활동에 대한 기회는 줄고 있다. 어린이가 읽고, 쓰고, 유창하게 계산하도록 학습해서는 안 된다고 주장할 사람은 없다. 그러나 교육과정 1 및 측정 가능한 결과에 초점을 맞추는 것은 밧줄의 두 실타래처럼 서로를 강화하기보다는, 실제로 학습의 학업 측면과 정서 측면의 분리를 낳았다.

이러한 경향은 측정 가능한 결과에 초점을 맞춰 학교와 교사가 그렇게 하는지를 점검하는, 고부담 평가와 장학에 의해 강화된다. 그러한 경향은 흔히 학교와 교사를 시험 결과로 판단하려는 부모에 의해 지지된다. 그리고 원한다면, 항의하거나 다른 학교를 선택할 수도 있다. 그래서 교사와 어린이는 덜 현실적인 다른 측면을 희생하여, 측정할 수 있거나 측정할 것에 더 초점을 맞춘다. 그 결과, 사실적 지식과 내용에 초점을 맞추게 되었다. 그로 인해 교사에게는 수업, 속도,

순종을 강조하도록 했다. 그리고 창조적, 추론적, 비판적이고자 하는
어린이를 좌절시켰다.

이러한 강조는 다음 이야기에서 예시된 행동 관리에 수반된다.

---

**사례 연구 ― 행동 관리**

그날 하루를 시작할 때 나는 잘 몰랐던 새로운 9세 학급을 가르치고 있
었다. 톰은 누군가 잘못했을 때의 절차를 내게 설명했다. 먼저 경고하고,
이어 '잠깐 중지(time out)'하고, 필요하다면 교장 선생님이 개입한다는
것이다. 나는 그 아이에게 고맙다고 했다. 하지만 학급에서 나는 모두가
서로 사려 깊게 대하는 그런 분별 있는 학급과 함께 하고 있음을 확신
한다고 말했다. 그리고 잘못한 것보다는 잘한 것에 주목하는 사람이 되
기를 바란다고 말했다.

---

행동 지침은 어른에게는 분명한 경계와 일관성을, 어린이에게는 순
응을 강조하는 경향이 있다. 유아에게조차 스티커와 웃는 얼굴과 같
은 보상 및 단계적 수준의 제재를 광범위하게 사용하면서, 선택의 실
행(그리고 잘못된 선택 결과 인정하기)을 기대한다. 흔히 이는 지나치게
많은 계속된 칭찬에 의해 뒷받침된다. 그러한 지침은 흔히 (적어도 이
론적으로는) 어린이에게 동의 받고, 긍정적 관점에서 수립되기도 하지
만, 대개 어른이 기대하는 것을 반영하고, 협상 불가능하다. 알고 있
듯이, 그러한 행동 관리 접근은 순종을 조장할 수 있다. 그러나 어린
이의 주체 의식과 독자적 선택 능력의 계발은 저해할 것이다.

대부분의 나라에서 또 다른 경향은 형식적 교육과정에 대한 강조
이다. 그 교육과정은 교과목 및 학업적·사회적·정서적 기술을 계발

하기 위해 의도된 소규모의 특정 프로그램으로 조직된다. 그중 일부는 10장에서 논의된다.

　그러한 정책 경향은 무엇을 어떻게 가르쳐야 하는지를 상세히 규정하는 편람화(manualization) 지향과 연결된다. 편람화는 다음을 의도한다.

- 기법을 규정한다.
- 교사의 자율성을 축소한다. 소여(Sawyer, 2004, p. 13)가 말한 '훈련된 임기응변(disciplined improvisation)'의 여지를 거의 남기지 않는 '대본화된 수업(scripted instruction)'을 기대한다.
- 교사의 판단의 중심성을 소홀히 한다. 수업 체계를 따르는 강사 같은 역할을 더 많이 한다.

이러한 경향의 배경에는 '효과성(effectiveness)'과 '효과적인 것(what works)'에 대한 추구가 있다. 그러한 생각은 목적보다는 방법에 초점을 맞춘다. 이는 교육의 다양하고 논란이 되는 목적에 관한 고려를 막는다. 그리고 윤리적 측면을 희생하면서 기술적 측면을 강조한다. 그러나 '효과적인 것'은 목적 및 성취하고자 하는 것과 관련될 때만 의미가 있다. 목적에 대한 분명한 견해가 없다면 방법상의 문제가 있다 — 이 책의 마지막 부분에서 이를 고려한다. 그것이 어떻게 목적을 달성할 수 있는지 알기는 어렵다. 예를 들어, 어떤 간섭 때문에 어린이가 시험에 통과했지만, 그 어린이가 그 과목을 더 이상 공부하지 않겠다고 마음먹게 했다고 해보자. [이것이] 어떤 의미에서 효과적이었다고 할 수 있는가?

특히 윤리와 관련하여, 단기적으로 행동 통제에 작용한 것이 장기적으로는 내적 동기를 조장하지 않을 수 있다. 절도에 대한 벌은 즉시 그 행농을 반복하지 않도록 할 수 있다. 하지만 훔치려는 동기를 변화시키지 못하거나, 잡히지 않는 데 더 큰 관심을 갖게 할 수도 있다. 동기 및 그 계발 방식에 관한 문제는 6장에서 보다 깊이 고려된다.

이러한 정책 경향은 어른과 어린이가 생각하는 방식에 깊은 영향을 미쳐 왔다. 많은 측면에서, 그것은 흔히 은폐되고 보편적으로 공유되지 않는 가정에 의해 지지되는 '하향식(top-down)' 접근법을 나타낸다. 다음 절에서는, 이러한 정책과 가정을 고안한 사람의 의도가 무엇이든, 그것이 어린이 도덕교육을 위한 최선의 맥락을 제공하는지 질문하면서, 이에 대해 생각해 본다.

## 어린이와 교수 학습에 관한 기본 가정

위에서 논의된 정책 이면의 가정 중에는 분명한 것도 있고 아닌 것도 있다. 그 가정을 살펴보는 논의는 더 논란이 되는 영역을 향한다. 다수는 '상식(common sense)'과도 같아서 광범위하게 수용되어 왔다. 하지만 나는 이것이 어린이가 학습하는 최선의 방식에 근거한 것은 아니라고 주장할 것이다. 그리고 잘 사는 것을 학습한다는 의미의 도덕교육을 열외로 취급하도록 했다고 주장할 것이다. 이는 세상의 변화를 위한 도덕교육은 다른 가정을 채택할 필요가 있으며, 현재 유행하고 있는 것과는 다른 측면에 집중할 필요가 있다는 주장의 근거를 제공한다.

채택된 언어는 학습에 관한 많은 가정을 드러낸다. 예를 들어, '표준(standards)'이라는 말은 '기초 교과(the basics)'에서 성취를 언급하기 위해 광범위하게 사용된다. 하지만, '기초(basic)'와 '표준'이 무엇인지에 관한 정당한 의견 차이를 인정하지 않는다. '표준' 혹은 '기초 교과' — 예를 들어, 행위의 표준 혹은 기초로서 타인의 감정 고려를 포함하는 — 의 의미를 다시 정의하는 것은 현재의 우선순위를 변경하도록 한다. '전달(delivery)'이라는 말은 지식이 상자에 담겨 도착하는 상품과 같다는 것을 함축한다. 수업과 결과에 대한 강조는 교육이 대체로 사실적 지식에 관한 것이라고 전제하는 경향이 있다. 나는 (Eaude, 2011, pp. 62-65) 명제적, 절차적, 그리고 개인적/대인 관계적인 것으로 보이는 지식을 주장했다. 이는 사실, 과정, 사람에 관한 지식이라고 간단히 말할 수 있다. 깊이 있는 학습 — 진정으로 각인된 형태의 학습 — 은 이 모든 지식 유형의 결합을 포함한다.

이를 설명하기 위해, 정원 설계에 요구되는 것을 생각해 보자. 그것은 그 토양에서 번성하는 식물의 유형, 그것을 언제, 어디에 심는 것이 가장 좋은지에 관한 사실적 지식을 필요로 한다. 그러나 그것을 심고, 물과 비료를 주는 최선의 방법에 관한 절차적 지식도 요구된다. 마찬가지로 그 정원이 누구를 위한 것이고, 그 사람이 보고 사용하고 싶어 하는 방식을 이해하는 것도 중요하다.

윤리와 더 밀접하게 연관된 사례를 들어 보자. 괴롭힘을 어떻게 알리는 것이 최선인지를 결정하는 어린이 집단은 괴롭힘에 포함되는 것, 어떻게 알려야 하는지 그리고 관련된 모든 사람이 그것을 막도록 어떻게 권유할 수 있는지 생각할 필요가 있다. 이 경우, 규칙은 명제적인 것으로, 이를 어떻게 시행할 것인지는 절차적인 것으로, 그리고 전체 집단과 어떻게 관계 맺을 것인지는 개인적/대인 관계적 지식으로 볼 수 있다.

'효과적인 것'에 대한 추구는 교육의 목적이 단순하며, 대개 당연한 것으로 간주될 수 있다고 가정한다. 오늘날, 목적에 대한 진정한 토의는 닫혀 있다. 즉, '기초 교과'에서 향상된 시험 점수, 중등학교를 위한 준비, 직장 생활의 (가정된) 요구가 목적이다. 목적은 쉽게 측정할 수 있는 것을 반영하기 위해 단순화되었다. '옳은 것을 행하기 (doing the right things)'보다는 기법적인 것 ― '제대로 하기(doing things right)' ― 을 선호하면서 교육의 윤리적 측면이 간과되었다. 결과적으로, 어른과 어린이 모두 인간의 성취와 잘 살기라는 포괄적 관점보다는 협소한 관점에서 교육을 이해하게 되었다.

수행성을 강조하면서 어린이는 단지 '기초 교과'만 알 필요가 있다는 암묵적 가정을 초래했고, 그것을 강화시켰다 ― 그리고 이 과목에서 표준을 향상시키는 최선의 경로에 고집스럽게 초점을 맞추도록 했다. 문식성과 산술 능력에만 협소하게 초점을 맞추는 것은 예술, 인문, 그 외의 더 실천적이고 실험적인 학습은 주변적이라는 것을 함의한다. 그러나 누스바움(2010)은 예술과 인문학이 민주주의가 번영하는 데 있어 본질적이라고 제안한다. 그리고 케임브리지 초등교육 리뷰(2010)에서는, 어린이는 광범위하고 균형 잡힌 경험 영역을 가져야 한다고 강력하게 주장한다. 부분적으로, 그 이유는 교육된 사람은 광범위한 경험, 활동, 지식을 요구하기 때문이다. 또한 광범위하고 균형 잡힌 식단이 어린이의 흥미를 끌기 때문이다. 교육과정 1에 대한 고집스럽고 협소한 초점보다 문식성과 산술 능력의 더 높은 표준에 이르는 더 좋은 과정을 제공하기 때문이다. 나아가, 어린이가 특별한 관심이나 재능을 가진 영역을 확인하도록 한다 ― 그리고 이를 계발한다.

위에서 기술된 검사와 그 경향에 연관된, 의심 없이 받아들여지는 네 가지 가정이 있다.

- 수학처럼, 학습은 선형적이고 누적적이다.
- 지식은 전체적이기보다는 작은 부분으로 학습된다.
- 학습 목표, 목적, 대상이 어린이의 동기 유발을 위한 최선의 방식이다.
- 학습은 주로 개인적 수행의 문제이다.

윤리와 관련하여, 적어도 이러한 가정은 도전받아야 한다. 그렇지 않다면 다음을 믿게 될 위험이 있다.

- 윤리는 전체 교육과정과 삶을 통해 어린이가 생각하고 행위하는 방식의 모든 측면에 연관되고 영향을 미치는 실마리라기보다는 하나의 과목 같은 것이다.
- 윤리 학습은 주로 교사가 어린이에게 지식을 전달하고, 어린이가 상세하게 외적으로 설정된 목표에 근거해서 자신의 성공을 위해 노력함으로써 발생한다.
- 윤리를 가르치는 것은 대체로, 단지 잘 듣고 행위할 것으로 기대되는 어린이와 함께하는, 수업 내용이어야 한다.

'상식'적인 측면에서 보면, 교수나 직접적인 초점은 어린이가 학습하는 최선의 방법이다. 그러나 데포르주(Desforge, 1995, p. 129)는, '직접적인 교수는 … 심층적인 이해, 문제 해결이나 창의성을 보장하는 데 있어 그 자체로는 결코 충분하지 않다'고 말한다. 그리고 카츠(Katz, 2003, p. 368)는, '형식적인 교수가 너무 성급하게, 너무 강하게, 너무 추상적으로 도입되면, 어린이는 교수된 지식과 기술(skill)을 학습할 것이다. 그러나 그것을 사용하려는 성향을 희생해야만 그렇게 할 수 있다'라고 주장한다. 분명하고 직접적인 길이 항상 최선은 아닐 수 있다. 그리고 흔히 누군가의 목적은 간접적인 수단으로 접할 수 있다. 예를 들어, 읽기에서 더 높은 성취 같은 학업 성과나, 행복 같은 보다 정서적인 것에 너무 강하게 초점을 맞춤으로써, 의도된 것을 성취하는 데 실패할 수 있다. 실제로, 그러한 접근은 역효과를 낳기도 한다.

개인적 진전에 대한 측정은 필요하다. 하지만 어떤 측면에선 이에 대한 과도한 강조는 학습이 협력적이고 사회적이기보다는 주로 경쟁적이고 개인적인 수행이라는 견해를 가정하고 촉진하는 경향이 있다. 특히 인격 및 윤리와 연관된 영역에서 그 견해는 어린이가 학습하는 방식에 관해 다음의 세 장에서 논의된 많은 연구와 상반된다.

나아가, 대체로 나이가 많은 어린이에게 사용되는 교수는 나이가 어린 아이에게도 적합하다고 암암리에 가정된다. 예를 들어, 공식적인 교육과정 및 시간표는 흔히 비교적 짧은 시간 단위로 분리된 개별 교과에 근거해서 조직된다. 이는 프뢰벨(Froebel)에서 몬테소리(Montessori)에 걸친 사상가의 연구에 근거하는 유아기 관련 교육과정 모형과는 상반된다. 그들은 교과 경계를 넘어 어린이가 활동에 들일 시간을 더 [길게] 조절할 것을 강조한다. 최근의 변화는 개인적, 사회적, 정서적, 도덕적 측면이 분리된 교과 영역이나 프로그램처럼 시간표로 편성되는 것을 의미하는 경향이 있다. 그리고 지속적인 놀이, 이야기 듣기, 어린이가 학습하는 방식에 필수적인 모든 측면을 위한 기회는 더 줄어들고 있다.

공식적인 교육과정에 초점을 맞추는 것은 어린이의 경험과 흥미, 특히 학교 학습과 연관되지 않은 경험과 흥미가 대체로 무시되도록 했다. 이는 위에서 인용한 것과 같은 어린이 교육 전통과는 상반된다. 그 교육의 전통은 어린이가 경험하는 전 범위를 고려하고, 그들의 흥미를 이용하고, 학교 안팎의 학습을 연결할 필요성을 강조한다.

최근 정책의 또 다른 기본 가정은 교사, 특히 어린이와 함께하는 교사는 (상대적으로) 간단한 방식으로 일하는 것이 최선이라는 것을 모르므로, 그것을 제시하고 채택할 필요가 있다는 것이다. 이는 교사가 판단할 범위를 축소하면서 편람화하려는 경향과 연결된다. 볼(Ball, 2003)의 주장에 의하면, 수행성에 대한 강조는 교사에게 대상, 지표, 평가에 반응하여 자신을 조직할 것을 요구한다. 그리고 개인적 신념이나 관여를 한쪽으로 제쳐 둘 것을 요구한다. 그러나 '교사가 어린이에게 말한 것처럼 행위할 것으로 기대되지 않으면, 학생은 스스로 생각하는 것을 배우지 못할 것이다'(Alexander, 2010, p. 308). 어린이가 동기를 내재화하는 데 요구되는 심층 학습을 발전시키려면, 스스로 생각하기는 필수적이다.

따라서 현재 교육 정책과 실천은 어린이, 학습, 교수에 관해 흔히 내포된 가정에 근거한다. 어린이는 채워져야 하는 '텅 빈 그릇(empty vessels),' 통제되어야 할 잠재적인 파괴적 힘으로 간주된다. 학습은 달려야 하는 경주, 조금씩 먹이는 음식, 탈맥락적 기술에 근거한 진지한 과업, 측정을 통해 평가되는 것으로 간주된다. 그리고 교수는 대체로 외적으로 규정된 방식으로, 어린이에게 명제적 지식을 전달하는 관점에서 보게 된다.

이러한 논의는 몇몇 근본적인, 흔히 의심 없이 받아들인 가정을 조명한다. 그것은 교육의 다양한 목적에 관한 인식의 결여, 폭과 균형의 상실, 교사의 판단에 대한 신뢰의 결여를 반영하고, 유도해 왔다. 흔히 이러한 가정이 당연한 것으로 간주되더라도, 유일하게 가능한 것은 아니다. 실제로, 초기의 실천, 1970년대와 1980년대 영국에서 초등교육에 관한 많은 기본적인 생각은 상이한 가정에 근거한다. 이어지는 장에서는 잘못된 향수라는 위험을 인식하면서, 다른 가정이 필요한지를 고려할 것이다. 예를 들어, 나는 다음을 주장할 것이다.

- 어린이는 의미의 능동적 창조자로 간주되어야 하며, 그들의 학습은 전체적, 맥락적, 그리고 흔히 발견적 능력이 있는 것으로 간주되어야 한다.
- 교사는 광범위한 교수 전략 목록, 실행하는 데 필요한 판단과 안목을 요구할 것이다. 교수는 본래 일련의 딜레마와 타협을 포함하기 때문이다.

## 도덕교육에 대한 함의

이 절에서는 지금까지의 논의가 도덕교육에 함의하는 바를 조명한다. 살펴본 바와 같이, 도덕교육은 서로 연결되기는 하지만, 두 가지 상당히 다른 방식으로 이해될 수 있다.

- 교육의 모든 측면의 한 차원으로서
- 보다 협소하게 보면, 좋은 삶을 살도록 하는 것으로서

예를 들어, 표준과 같은 정책적 수사는 어린이의 배경이 낮은 성취 수준에 있거나 혹은 교사가 높은 기대를 갖지 않는 것의 변명이어서는 안 된다. 원칙적으로 의견을 달리하기 어렵지만, 이것은 많은 어린이들이 성장하는 맥락에 따라 직면하는 어려움을 거의 고려하지 못한다. 어린이는 공평한 경쟁의 장에서 출발하지 못한다. 지적한 바와 같이, 표준과 수행성에 초점을 맞춘 것은 교육과정을 협소하게 했다. 그리고 학습과 지식에서 보다 실천적 형태를 희생하면서 학업적인 것을 강조했다. 이는 학교 학습에 참여하는 것을 가장 어려워하는 어린이 그리고 광범위한 경험을 가장 필요로 하는 어린이에게 불이익이 될 것이다. 풀란(2003b, p. 69)은 '만약 시험 점수는 높아졌지만 깊이 몰입하지 않았다면, 개선은 피상적이고 유지될 수 없을 것이다'라고 서술한다. 보다 근본적으로, 웨스트-버넘과 휴스 존스(West-Burnham and Huws Jones, 2007, p. 89)는 '그 체계는 더 좋아지기보다는 더 공정해질 필요가 있다. 개선의 초점이 실제로 평등에 반하여 작용했다'고 주장한다. 그러한 결론은 논란의 여지가 있지만, 이는 성공을 구성하는 것이 단순하지 않음을 예시한다. 더 공정하게 되기는 더 좋아지기의 필수적인 부분이다.

위에서 논의된 가정들이 도덕교육자가 어린이와 함께 일하는 방식

에 어떤 영향을 미치는지, 포괄적으로 윤리와 관련된 두 예를 고려해 보자. 첫 번째, '전인적' 어린이나 '학생으로서' 어린이 교육하기라는 딜레마는 교사가 시험 점수를 개선하기 위해 교육과정을 좁히려고 할 때 아주 분명해진다. 초등교육의 목적은 '기초 교과'에서 좋은 결과를 낳는 것이라는 가정에 입각하는 정책 경향이 있다. 그러나 대부분의 부모와 교사는 더 광범위한 경험, 활동, 결과에 가치를 둔다. 유아와 관련해서 특히 그렇다.

두 번째 예는 좋은 행동을 조장하기 위한 순응과 준수 그리고 외적 동기에 대한 강조가 내적 동기 계발을 방해하는가이다. 많은 어린이는 대부분의 시간을 사려 깊고 적절하게 행위하며, 서로 돌보고, 반사회적으로 행위하며 끝내지 않는다. 그러므로 위에서 서술된 행동 관리를 위한 접근이 성공적이며, 필수적이기까지 하다고 생각할 수 있다. 그러나 그 가정은 습관화를 강조하며, 보상과 제재에 의해 지지되는 행동주의에 근거한다. 행동주의는 독립적 실체가 아니다. 그것은 항상 어떤 사람의 가치, 삶과 학습에 관한 태도와 신념, 자신을 발견하는 맥락에서 생겨난다(Deakin Crick and Goldspink, 2014, p. 29 참조). 이후의 장들에서 다룰 논의는 다른 접근법이 내적 동기를 더 조장할 수 있으며, 그 접근법은 어린이에 따라 다양하다고 제안한다.

대규모의 다면적 연구 프로젝트인 교수·학습 연구 프로그램(The Teaching and Learning Research Programme, TLRP, 2006)의 결론은, '학습된다는 개념은 학교와 연관된 교육과정 및 과목이라는 개념을 넘어 확장될 필요가 있다.' 그리고 '학습하는 관계의 중요성이 더 부각될 필요가 있다.' 첫 번째 진술은 교육이 학교교육이라는 등식, 공식적 교육과정이 반드시 가장 중요한 것이라는 등식에 도전한다. 두 번째는 5장에서 논의된 이유에서 특히 어리고 미숙한 학습자에게 중요하다. 관계, 호혜성 그리고 학습 과정은 흔히 수행, 순응, 측정 가능한 결과를 강조하는 분위기에서 간과된다.

3장에서는 사회적·문화적 맥락이 어떻게 어린이가 자신에게 초점을 맞추고, 물질적 소유의 관점에서 성공을 보고, 즉각적인 만족을 추구하도록 조장하는지 살펴보았다. 협의적 의미에서, 도덕교육은 이 중에서 많은 것들이 잘 살기에 이르도록 하는지, 혹은 신중하게 행위하는 방식의 토대가 되는지를 어린이가 검토하고 질문하도록 돕는 것을 포함한다. 잘 살기와 성취라는 장기적인 의미의 달성은 개인주의와 이기주의보다는 상호 의존성과 봉사에 대한 강조를 요청한다.

자율적으로 행위할 때 행위자의 행위를 안내하는 속성을 내면화하도록 돕는 일련의 학습 기제를 살펴볼 것이다. 그리고 장기적 관점에서, 행위는 보통 외적 요인보다는 신념과 사고방식에 더 영향을 받는다. 매력적이지만 부적절한 방식으로 행위하려는 외적 압력에 저항하기 위해, 어린이는 인격 및 덕과 연관된 속성을 깊이 내면화할 필요가 있다. 따라서 어른은 행동 관리와 순종보다는 이러한 특성과 신념을 함양하는 데 더 초점을 맞추어야 한다.

윤리는 두 가지 의미에서 사려 깊게 행동하기를 포함한다. 자신보다 다른 사람 생각하기 및 반성적으로 행위하기이다. 역설적으로, 이는 많은 시간을 '생각하지 않고(unthinkingly)' 행위하기를 수반한다. 그리고 필요할 때 사려 깊게 반성할 수 있기를 수반한다. 이러한 역설은 두 형식의 도덕적 삶이 있다는 오크쇼트(Oakeshott)의 주장으로 파악된다(Erricker and Erricker, 2000, pp. 98-102 참조). 첫 번째는 행위 가능성을 반성하는 시간, 기회, 혹은 경향성에 의존하는 것이 아니라, 습관적으로 행위하는 것에 의존한다. 그것은 견고한 것도 불안정한 것도 아니고, 그 역사는 계속해서 변하는 것이다. … 그것은 일상생활에 노출됨으로써, 모방에 의해, 따라서 습관에 의해 자신의 모국어를 학습하는 것과 똑같이 어린이에 의해 학습된다. (Erricker and Erricker, 2000, p. 98)

두 번째는

더 익숙한 것, 혹은 최소한 명백히 '도덕적(moral)'이라고 인정하는 것이다. 이는 '도덕적 준거의 반성적 적용'을 특징으로 한다. (오크쇼트는) '그것은 두 가지 공통적 변형으로 나타난다. 즉, 도덕적 이상의 자의식적 추구, 그리고 도덕 규칙의 반성적 관찰이다'라고 주장한다. (Ibid. p. 101)

도덕적 삶의 이 두 형식은 이상적으로는 상호적으로 강화되지만, 무의식적 과정이 기본적이다. 여기서 의식적 측면은 상대적으로 작은 부분 — 대부분이 빙산의 일각 — 일 뿐이다. 이는 직관적 코끼리 위에 탄 합리적 기수 같다는, 하이트(2012)의 도덕성의 의미에 관한 은유로 예시된다. 기수가 꾹 찌르지만, 코끼리가 대부분 그 방향을 통제한다.

이렇게 생각되는 도덕적 삶은 '내면으로부터 살아가는(lived from the inside)' 행위와 사고방식이다. 과학이나 벽돌 쌓기에 관한 지식을 상점에 쌓아 두기보다는 — 비록 도움이 되더라도 —, 과학자가 되는 것은 과학자처럼 행위하기를 포함하고, 벽돌공이 되는 것은 벽돌공처럼 행위하기를 포함하는 것과 마찬가지다. 본질적으로 좋은 삶을 산다는 것의 의미는 좋은 과학자나 벽돌공이 되는 것보다 더 논란이 된다. 잘 살기 위한 학습은 철자나 왕과 왕비 이름 기억하기보다는 말하기, 수영 혹은 운전하기를 학습하는 것과 더 유사하다.

학습과 수영의 유비를 고려해 보자. 요구되는 지식은 명제적 ― '내용 알기(know that)' ― 이기보다는 대체로 절차적 ― '방법 알기(know how)' ― 이다. 수영에서는 안전, 속도, 영법을 목적으로 할 것이다. 그리고 이 요구가 서로 상충할 수도 있다. 그리고 아마 몇 가지 상이한 발차기를 배울 수도 있다. 수영에 관한 이론보다는 주로 살펴보기, 사례, 실제 수영하기, 자신과 코치의 피드백을 통해 학습한다.

명제적 지식 ― 정보 ― 과 세부 사항에 초점 맞추기가 도움이 되기도 하지만, 방해가 될 수도 있다. 특히 자신감이나 경험이 부족한 학습자를 불안하게 한다면, 이것은 방해가 된다. 예를 들어, 내가 운전을 배울 때 그랬다. 긴장하지 않고, 전반적인 상황을 보면서, 사소한 모든 움직임에 반응하지 않게 되기 전까지, 나는 도로에 지나치게 집중하면서 과하게 조작했다. 좀 더 자신 있고 유능하게 되는 것에는, '사례 지식(case knowledge)'의 체계 키우기, 유사한 상황의 이전 경험에 근거하여 특정 상황에 반응하는 방식에 관한 감각 키우기가 포함된다.

대부분의 어린이는 대체로 스스로 행위하는 방식을 '안다(know).' 종종 어린이는 해야 하는 것(의무)처럼 행위하지 않는다. 그러나 이에 대한 도전은 초기에는 어른의 지지에 의해, 점차적으로 어른의 지원 없이도 어린이가 그렇게 할 수 있도록 하고, 그렇게 하도록 권장하는 것이다. 단지 아주 소수만이 너무 혼란스러워서 어떻게 행위하고 상호작용해야 하는지 잘 모른다. 그런 어린이에게조차, 어른의 과제는 보여 주고 지지하기 위해 너무 많이 밀하지 않는 것이다.

이 장에서는 교육이 강한 도덕적 측면을 가진다고 주장했다. 그리고 비록 관습적 의미의 '옳음과 그름을 가르치기'는 아니더라도, 모든 교육자의 역할은 도덕적 요소를 포함한다고 주장했다. 특히 더 큰 사회적 정의 만들기를 추구할 때, 최근 교육정책의 기저에 있는 이론적 근거는 최소한 부분적으로는 도덕적이라고 인정하더라도, 표준, 수행성, 효과성에 대한 강조는 어린이의 전인적 발달에는 충분하지 않은 범주를 제공한다. 그리고 다양성과 일정한 변화의 세상에서 [살아갈] 어린이를 거의 대비시키지 못한다.

어린이를 교육하기 위한 일관된 접근법은 학습의 상이한 차원과 그들이 학습하는 다양한 방식에 대해 현재보다 더 많이 고려해야 한다. 그리고 협의의 도덕교육을 위한 포괄적 접근은 다음과 같이 되어야 한다.

- 계발되어야 할 특성을 충분히 확인할 수 있을 정도로 상세화하기
- 도덕성에 관한 상이한 견해가 포함될 정도로 포괄적이기
- 다른 배경에서도 채택 가능하기

이하 장에서는 이를 더 상세히 탐구할 것이다. 그러나 우선 어린이가 학습하는 방식의 특수한 측면을 고려한다.

II부

# 도덕 발달의 뿌리

I부에서는 다음을 주장했다.

- 사회적·문화적 맥락은 어린이가 도덕적 혼란의 시대에서 성장하고 있음을 의미한다. 그리고 변화의 시대에 적절하게 행위하고 상호작용할 수 있는 내면화된 특성과 성향에 근거한 내적 동기화를 요구한다.
- 협의의 도덕교육을 위한 포괄적 접근은 이러한 특성이 무엇인지 충분히 확인할 수 있을 정도로 구체적이어야 한다. 그리고 서로 다른 도덕성에 관한 견해 및 종교적·문화적 배경을 가진 어린이에게 적용 가능할 만큼 유연해야 한다.
- 학업 성과에 매달리고 있는 현재의 교육적 맥락은 교육의 윤리적 측면과 어린이의 전인적 발달을 간과하고 있다.

II부에서는 어른의 역할을 고려할 것이다. 하지만 먼저 어린이가 학습을 시작하는 방식부터 탐구해야 한다. 이를 이해하지 못한다면, 도덕과 윤리라는 관점에서 어린이가 학습하는 방식을 알 수 없기 때문이다. 5장과 6장에서는 어린이의 학습에서 특징적인 것을 고려한다. 이를 위해 특히 신경 과학과 심리학을 도입한다. 정서와 인지가 어떻게 연결되는지를 강조한다. 내적·외적 요인이 정체성의 발달에 어떻게 영향을 미치는지를 강조한다. 7장에서는 윤리와 인격교육에 관련된 논제를 보다 상세히 살펴본다.

어린이가 적절하게 행위하고 상호작용하는 방식을 뒷받침하는 많은 것들이 옳고 그름을 구별하기라는 의미의 도덕성과는 밀접하게 연관되지 않을 수 있음을 보게 될 것이다. 나무의 뿌리처럼, 흔히 윤리의 뿌리는 뒤엉켜 있다. 모든 구조와 마찬가지로, 보이지 않는 이러한 토대가 곤경과 불확실성의 시대에 힘, 양분, 안전을 제공한다.

# 5
# 어린이의 학습 방식

---

**개요**

신경 교육학적 연구의 교훈
애착, 불안 그리고 주체성
모방, 피드백 그리고 습관
자기 조절과 선택

## 신경 교육학적 연구의 교훈

뇌에 관한 연구에서 배울 수 있는 것을 고려할 때에도 인정해야 하는 것이 있다. 첫째, '신경 과학이 학습에 관해 가치 있는 통찰을 제공할 수 있지만, 그 한계를 인식하는 것도 중요하다. 교육자는 통제된 실험실 상황을 복합적인 교실로 전환할 때 주의해야 한다'(OECD, 2007, p. 148).

둘째, 블레이크모어와 프리스(Blakemore and Frith, 2005, p. 88)는 '뇌 연구의 중요한 교훈 중 하나는 표면적으로 관찰한 행동이 매우 상이한 원인을 가질 수 있음'을 강조한다. 특히 뇌 연구는 정서보다는 인지에, 정상적 뇌 작용보다는 장애에 관해 더 확고한 증거를 제공하는 것 같다. 그래서 '자연과학'이 결정적 증거를 제공한다는 주장에는 주의해야 한다. 그리고 널리 알려져 있지만 부정확한, 뇌에 관한 속설을 믿는 것도 주의해야 한다. 즉, 소위 '뇌 과학'에 근거한 주장이라도 연구에 의해 뒷받침되지 않아서 지나치게 단순하거나 명백히 오도된 주장에는 주의해야 한다.

셋째, 신경 과학은 많은 통찰을 제공할 수 있지만, 다른 영향도 받는 마음이 뇌와 동일한 것은 아니다. 마음은 전 생애에 걸쳐 발달에 작용하는 다른 영향 — 특히 문화와 경험으로부터의 영향 — 도 받는다. 신경 과학은 마음, 그리고 인격이 발달하는 방식의 제한된 측면에 대한 설명을 시작할 뿐이다.

넷째, 뇌의 가소성을 강하게 제시하는 증거가 있다. 즉, 뇌는 전 생애에 걸쳐, 특히 아동기 동안 지속적으로 변한다. 대체로 초기 아동기가 가장 영향력이 큰 시기로 가정된다. 하지만, 오늘날의 연구(예, Blakemore and Frith, 2005, pp. 111-22)에서는 청소년기에 뇌가 유의미하게 변하는 방식을 강조한다. 따라서 초기 경험의 영향력이 크더라도, 이후의 발달에 미치는 영향을 과도하게 추정하는 것은 경계해야 한다.

기크(Geake, 2009, p. 86)가 지적하듯, '구조보다는 뇌 기능이 교육적 신경 과학 연구와 더 연관된 측면'이지만, 뇌 구조에 관한 정보도 어느 정도는 필요하다.

## 뇌 구조와 기능에 관한 간단한 정리

어른의 뇌는 1000억 개의 뇌세포 혹은 뉴런(neuron)을 포함한다. 각각은 세포체를 구성한다. 거기에 수상돌기(dendrite)와 축색돌기(axon)가 연결된다. 이는 신경세포의 시냅스(synapse)에 의해 다른 뉴런과 연결되어 복잡한 신경망을 형성한다. 초기 뇌 발달은 시냅스 수의 증가 및 그에 따른 연결 증가를 포함한다. 이 과정은 어른보다 어린이에게 더 빠른 속도로 발생한다. 하지만 시냅스 가지치기(pruning)도 발생하며, 거기서 자주 사용되지 않는 연결은 제거된다. 그래서 '사용하지 않으면 잃어버린다'라고 표현할 수도 있다.

이 연결은 축색돌기를 통해 전기 신호를 보낼 수 있다. 하지만 시냅스를 통해 신호를 보내는 과정은 신경전달물질(neurotransmitter)로 알려진 화학물질(chemical)에 의존하다. 상이한 화학물질이 학습 기제를 자극하거나 억제하는 방식은 매우 복잡하다. 하지만, 그 역할에서 정서 상태의 중요성을 강조한다. 만약 신체적·정서적 고통이 완화되지 않으면, 그것이 뇌 기능을 지배할 것이다. 높은 수준의 불안은 자기 행동의 의식적 통제를 더 어렵게 한다. '맞섬 도피 반응(fight or flight),' 즉 공격과 후퇴를 유발할 것이다. 격한 정서는 의식 과정이 잘 작동하지 못하게 하며, 작업 기억(working memory)을 손상시킨다. 특히 자신의 정서 조절이 어려운 사람에게 해당된다. 어느 수준의 스트레스는 뇌가 효과적으로 기능하도록 돕는다. 하지만, 빈번하고 지속적인 스트레스는 반응을 규제하는 뇌의 억제 기제와 능력을 저하시킨다. 정기적인 활동, 휴식, 수면 양식은 회복뿐 아니라 장기 기억의 통합 학습 같은 과정을 돕는다. (주로 TLRP, 2007에서 인용)

뇌 영상 연구는 정서와 사고가 상이한 신경망 내에서 작용함을 보여준다. 패튼(Patten, 2011)에 의하면, 정서는 사고보다도 훨씬 많은 뇌 시스템을 포함한다. 그리고 정서는 유입 자극에 대한 일차 수준의 평가를 수행한다. 패튼은 다음을 구분한다.

- 대체로 선천적이고 본능적인 슬픔, 공포, 분노, 혐오, 놀람 등과 같은 **기본 정서**(*basic emotions*)는 발생에서도 인지적 발달에 의존하지 않으며, 그 활성화를 위해서도 인지적 평가에 의존하지 않는다.
- 수치, 죄의식, 질투, 자부심 등과 같은 **감정**(*feelings*)은 기억, 지식, 자아감에 관련된 유입 자극의 상세한 분석에 의존한다. 이것은 인지적 요소와 문화적 요소를 가진다. 그래서 학습될 필요가 있으며, 어린이에게는 잘 발달되지 않는다.

기크(2009, p. 115)는, '정서가 신경 수준에서 학습에 비판적으로 관여된다는 원리는 몇 세기에 걸쳐 교사의 행동 관찰을 뒷받침해 왔다. 거기에는 양방향적 의존이 있다. 즉, 정서 측면은 인지에 의존하고, 인지 측면은 정서에 의존한다'고 서술한다.

에반스(Evans, 2001)는 약 200년 전에 낭만주의가 발생하기 전까지는 정서와 이성이 서로 다투기보다는 상호 지원하는 것으로 보였다고 지적한다. 그 후 정서를 경계하고 믿지 않으면서 합리성에 의존하게 되었을 뿐이다.

정서와 인지가 밀접하게 연결되지만, 정서는 행동을 규제하는 의식적 기제를 사용하여 보다 직접적 수준에서 작용한다. 무의식적 과정은 의식적 과정보다 더 빨리 작동한다. 보통 인지적 과정은 성숙하면서 정서적 과정을 넘어선다. 그러나 어린이에게는(그리고 종종 강한 정서를 가진 어른에게는) 정서가 더 강한 파트너이다.

뇌 구조는 위계적이다. 즉, 뇌간(brain stem)은 먼저 아동기 및 그 이후에 걸쳐 발달하는 대뇌피질(cortex) 같은 다른 영역을 사용하면서 발달한다. 이는 어떤 과업이 어린이에게 어렵거나 불가능한 이유를 설명할 수 있게 한다. 예를 들어, 블레이크모어와 프리스(2005, p. 145)는 기억 검사에서 그 수행이 전두엽 대뇌피질(prefrontal cortex)의 발달에 연결됨을 밝힌다. 뇌간은 정서 처리에 결정적이다. 그리고 좌뇌 반구(hemisphere)가 주로 언어와 관련되고 우뇌 반구가 공간 처리와 관련되는 반면, 대부분의 학습은 많은 뇌 영역의 상호작용을 요구한다. 클라크(Clark, 2006, p. 373)는, '다소의 영향력이 광범위하고 병렬적으로 연합된 뇌의… 전개가 우리 각자에게 현재의 자기 존재를 생각하게 한다'고 서술한다. 고스와미와 브라이언트(Goswami and Bryant, 2010, p. 163)는, 학습은 '전체 뇌에 분산된 신경망의 다감각적 발달에 의존한다'고 말한다. 그래서 '좌뇌와 우뇌'라는 개념은 지나친 단순화이다.

고스와미와 브라이언트(2010, pp. 142-4)는 뇌 기능에 대한 개관과 초등학교 시기에 대한 함의를 제시하면서, 네 가지 주요 학습 기제를 확인한다.

- 소위 '통계적 학습(statistical learning),' 이는 신경망이 형성되고, 유사성에 근거하여 시각적 자극과 청각적 자극을 범주화하고, 전 생애에 걸쳐 지속되는 무의식적 과정
- 모방
- 유비
- 인과적 학습, 설명과 이유가 의식적으로 산출된다.

일부 의식적 기제는 필요한 뇌 구조가 발달해야만 효과적으로 작용할 수 있지만, 이러한 학습 기제들은 모든 연령에서 작용한다. 예를 들어, 자기 정서에 관해 (의식적으로) 자기 반성적이 되는 것은 반응을 조절한다. 그러나 그러한 의식적 기제는 단지 점진적으로 발달하고, 중기 아동기까지는 상당히 초보적 수준에서만 작동한다. 그리고 종종 강한 정서에서는 잘 작동하지 않는다. 이것은 유아와 자기 조절을 못하거나 할 수 없는 사람에게 특히 중요하다. 그러나 많은 학습은 무의식적이고 자동적인 과정을 통해 발생한다.

고스와미와 브라이언트(2010, p. 143)는 '사회적 상호작용이 지각적 학습에서 결정적 역할을 수행한다'고 강조한다. 언어적 매개를 지속하는 것으로는 불충분하다. '공유 활동(shared activity)'은 어린이의 새로운 내용 습득, 숙달, 내면화를 중재하기 위해 요구된다. 도널드슨(Donaldson, 1992, p. 20)은 다음과 같이 서술한다.

인간 마음의 발달을 논의할 때 우리는 자기-변형(self-transformation) 과정을 언급한다. 즉, 자신을 다른 존재로 전환하는 과정이다. 그러나 … 이것은 혼자 노력하는 것이 아니다. 우리는 가장 중요한 방식으로 타인의 도움에 의존한다. 그리고 다른 사람이 방해하거나 강요할 수도 있다. 이는 초기 유아기 이후에 해당된다.

어린이 — 우리 모두 — 는 경험을 이해하기 위한 설명 체계를 수립한다. 경험을 표상하는 것은 장기 기억에 그것을 깊이 새기도록 한다. 경험이 표상되는 방식은 그것이 얼마나 효과적으로 발생하는지에 영향을 미친다. 표상이란 다음과 같다.

- 첫 번째의, 그리고 가장 깊은, 고유 감각적, 행위 및 규정
- 그래서 우상적(iconic), 모방적, 관찰적, 회화적이며
- 특히 언어를 통해, 점차 상징적이 된다. (Bruner, 2006, p. 23 참조)

어른은 이 모든 것을 사용할 수 있다. 하지만 유아는 그럴 수 없고, 언어를 통해 점차 효과적으로 학습할 뿐이다.

브루너(1996, p. 79)는 '우리는 생각하는 방식에 따라 분명하게 행위기보다는 행위하는 방식에 따라 생각하기가 더 쉬운 것 같다'고 관찰한다. 삶을 통해, 월(2010, p. 75)은 '구체화가 언어보다 더 근본적이다'라고 진술한다. 언어가 점점 더 중요하게 되더라도, 유아는 처음에는 언어보다는 행위와 그림을 통해 학습한다. 중기 아동기 및 그 이후에도, 언어는 필요하지만 학습을 위한 제한적 도구로 남아 있다. 이는 흔히 토의에 근거한 접근법이 어른이 희망하고 기대하는 것보다 어린이의 행위 방식에 더 적은 영향을 미치는 이유를 설명한다. 9장에서 언어의 역할을 보다 자세히 고려한다.

## 애착, 불안 그리고 주체성

무엇을 어떻게 학습하는지는 많은 요인에 의해 결정된다. 그것은 유전적 요인, 이전 경험 및 현재 상황과 연관된 요인 등이다. 예를 들어, 케이건(Kagan, 1994)은 대체로 유전적이라 할 수 있는 기질의 역할을 강조한다. 행위는 어느 정도 유전자와 문화에 의해 통제된다. 하지만

인격 특질 중에는 자연적인 것도 있을 수 있고, 경험에 의해 학습되거나 촉발되는 것도 있을 수 있다. 이전 경험은 상당한 차이를 낳는다. 그래서 아기가 울 때 무시되었다면, 더 울거나 덜 울 것이다. 혹은 결과에 따라 다르게 반응할 것이다. 그리고 동일한 아기가 편안하거나 만족할 때는 축축하거나 야단맞았을 때와 다르게 반응할 것이다. 육아와 교수라는 목적에서, 가장 중요한 문제는 영향을 미칠 수 있는 요인들과 그 정도이다.

작은 아기를 생각해 보자. 아기의 울음은 흔히 아기가 주요한, 생물학적 욕구에 얼마나 휩싸여 있는지를 나타낸다. 아기는 자신의 일부, 분리된 것, 알쏭달쏭한 감각의 범위, 우연한 경험을 탐색하면서, 감각, 정서, 외적 사건에 반응한다. 최초의 초점은 자신이며, 단지 자신이 직면한 환경 속에서만 탐구할 수 있다. 그러나 출발부터 의미의 탐구자이며, 의미를 형성하는 능동적 참여자이다. 지난 50년에 걸친 연구에서는, 이전에 가정되었던 것보다 아기가 훨씬 더 능동적인 학습자임을 제시한다. 유아는 '훨씬 더 똑똑하며, 수동적이기보다는 인지적으로 더 진취적이며, 이전에 추정되었던 것보다 주위에서 직면한 사회세계에 더 관심이 있다. … 출발부터 예측 가능한 안정성을 추구하는 것 같다'는 브루너(1996, pp. 71-2)의 말은 이를 반영한다.

게하르트(2004, 특히 1장)는 아기의 발달이 어떻게 양육의 영향을 받는지를 제시한다. 대개가 어머니인 주요 양육자는 도움을 받지 않으면 충족될 수 없는 아기의 욕구 — 영양, 온기, 안심 — 충족을 보장하는 데 필수적이다. 예를 들어, 아기가 배고플 때, 대부분의 어머니는 욕구 인식하기와 적절하게 반응하기를 조정한다. 아기와 유아가 수행하게 되는 한 가지 핵심 과제는 사회적으로 적절한 방식으로 정서적 반응 조절을 학습하는 것이다. 로고프(Rogoff, 1990, pp. 155-6)는 부모가 유아에게 이미 존재하는 관심의 초점을 사용하는(그리고 유도하는) 법을 강조한다. 응시하기, 미소 짓기, 대화하기, 접촉하기 — 그 목록은 끝이 없다 — 를 통한 아기와 어른 사이의 상호작용은 경험을 이해하기 위해 아기가 학습하는 방식이다.

애착 이론은 아기가 잠재적으로 괴로운 경험에 어떻게 상이하게 반응하는지에 관한 볼비(Bowlby, 예를 들면, 1965)의 연구에서 비롯된다. 간단히 말해, 여기서는 아기가 계발하는 내적 작업 모형을 제시한다.

- 그것은 주요 양육자와 아기의 관계를 통해 초기 유아기 동안 불안에 대한 반응으로 형성된다.
- 그것은 아기가 정서를 조절하는 방식에 영향을 미친다.
- 그것은 아기가 타인과 행위하고 상호작용하는 방식에 강한 영향을 미친다.

애착 모형은 안정적이거나 혹은 불안정적일 수 있다. 후자는 보통 회피, 불안(혹은 저항) 그리고 무질서로 구분된다. 안정적 애착 모형을 가진 어린이는 역경을 더 잘 극복할 수 있다. 그 어린이는 정서적 지지를 제공하고, 모험심이 더 강해지고 위험을 감수할 수 있는 '안정적 토대'를 이용할 수 있기 때문이다. 회피 모형을 가진 유아는 어머니를 탐색하지만 주목하지는 못한다. 그리고 종종 낯선 사람에게 더 붙임성을 보이면서, 어머니가 떠나거나 돌아오는 것을 걱정하지 않는다. 어머니에게 의존하지 않고 위안을 찾도록 학습했기 때문에, 정서 표현을 잘하지 않는 경향이 있다. 불안 모형을 가진 유아는 어머니가 나타나면 탐색을 주저하고, 떠나면 괴로워한다. 재회는 그 아기에게 접촉을 시도하도록 하지만, 위안을 제공하려는 어머니의 조치에 저항한다. 화를 내거나 수동적으로 반응한다.

불안정적 애착을 가진 소수의 어린이는 회피 및 불안 반응을 모두 보인다. 이 중 어떤 범주에도 들어맞지 않는 무질서한 애착으로 서술되는 경우, 이는 역설적 행동으로 이어진다. 예를 들어, 큰 소리로 울지만 어머니의 위안을 회피하거나, 위안이나 지원을 찾을 수 없는 어머니에게 접근한다. 그 어린이는 안정을 추구하는 전략을 가지고 있다고 생각되지만, 그 전략을 실행할 수 없다. 그 전략이 예상대로 작동하지 않음을 학습했기 때문이다.

아기의 욕구와 반응 조정에 근거한 호혜적인, 예측 가능한 관계는 아기가 자기 행동에 반응하고 조절하는 학습 방식에 영향을 미친다. 어린이가 더 자라면, 어머니에게 제시되는 욕구는 줄어들지만, 불안에 포함된 욕구는 남아 있다. 예측 가능한 관계와 반응을 사용하는 어린이에게는 상대적으로 쉬운 것이 무질서한 애착 모형을 가진 어린이에게는 어려울 것이다. 안정적 관계와 예측 가능한 반응은 이를 최소한으로 경험한 대부분의 어린이에게 문제가 된다. 그 어린이는 가장 도발적인 어린이가 될 수도 있다. 사랑받기를 가장 필요로 하는 그 어린이는 가장 사랑받지 못하는 방식으로 사랑을 추구하기도 한다.

드 소우자(De Souza, 2004, p. 62)의 연구에 의하면, 참여자의 양육 요인이 '자아감, 가치와 소속감, 그리고 삶의 의미와 목적을 찾고 추구할 때, 아주 어린 시기부터 형성한 관계와 분명히 연관되었다'고 한다. 더 일반적으로, 잘츠버거-비텐베르크 등(Salzberger-Wittenberg et al., 1983, p. ix)은 '유아기와 상당 기간 동안, 학습은 타인과의 의존적 관계 속에서 발생한다. 그 관계의 질이 새로운 경험에 대한 호기심과 열린 마음을 유지하는 데 요구되는 희망, 연결을 지각하고 그 의미를 발견하는 능력에 깊은 영향을 미친다'고 한다.

애착 모형과 유전 요인의 상대적 중요성 및 그 영향이 얼마나 지속되는지는 논란의 여지가 있다(Goldberg, 2000, p. 247 참조). 그러나 다음과 같은 세 가지 중요한 교훈이 드러난다.

- 정서가 처리되고 행동 유형이 나타나는 방식은 유아기에 학습된 내적 작용 모형, 혹은 애착 모형에 (적어도 부분적으로) 의존한다.
- 이러한 모형은 정서적 조정에서 핵심적인 어머니의 정서적 조정(대체로 아기의 정서 상태에 대한 민감성)에 따른, 아기와 어머니 사이의 상호작용 유형에서 호혜적으로 발생한다.
- 불안은 지속적으로 어린이의 반응에 깊은 영향을 미친다. 그리고 움츠러듦이나 공격성을 피하고 의식적 기제를 작동하기 위해서는 불안이 억제되어야 한다.

대부분의 의식적 학습은 문제에 참여하고, 문제를 선별해 해결하고, 적극적이고 구성적으로 그렇게 하는 것에 근거한다. 이는 주체성(agency) — 브루너(1996, p. 93)가 제시하듯이, '진취적, 문제 지향적, 집중적, 선별적, 구성적, 목적 지향적 마음을 가진' — 으로 기술된다. 주체 의식(sense of agency)은 현재 하고 있는 활동과 과업에 참여하여, 자주 몰두하는 것을 포함한다. 아기의 주의력이 짧다 하더라도, 참여하지 않고는 경험을 능동적으로 이해할 수 없을 것이다.

출발부터 학습은 호혜적이고 상호작용적이며, 어린이의 욕구에 대해 예측 가능하고 조정된 반응에 의해 강화된다. 흔히 행위자에게 개인적 노력을 요구하지만, 주체 의식은 집단적일 수 있다. 1살이나 2살짜리에게 부모가 어떻게 말하는지를 생각해 보라. 끊임없이 대상을 가리키고, 이름을 부르고, 아이에게 주목하고 반응하게 한다. 그리고, 점차, 그 아이가 세상을 이해하는 것을 어떻게 배우는지 생각해 보라. 과도하게 참여하거나 과도하게 집중하게 되고, 많은 학습이 의식적 사고 없이 발생할 수도 있다. 하지만 주체 의식과 참여는 필수적이다. 어린이가 자신감, 유능감, 창조감을 느끼고, 적어도 어느 정도 그 과정을 통제할 수 있다고 느낄 것을 요구하기 때문이다. 그것은 결국 안정감에 달려 있다. 살펴보겠지만, 흔히 주체 의식은 생활 환경과 그로 인한 권력의 부족에 의해 제약된다. 특히 어린이와 배제되거나 배제되었다고 느끼는 사람에게 제약된다.

어린이 — 우리 모두 — 는 배려 받아야 한다. 이는 자신의 욕구를 최소한으로 충족할 수 있을 때 명백하다. 앞에서 논의되었듯, 나딩스(2013)는 타인에 대한 배려가 윤리에서 근본적이라고 주장한다. 누스바움(2010, p. 31)은 자기도취와 지배하려는 경향이 보다 생산적인 방향으로 도전받을 수 없다면, 나약함과 결핍은 윤리적 기형과 잔인한 행동을 낳을 수 있다고 서술한다. 예측 불가능한 초기 관계와 위협적인 현재적 맥락 같은 외적 요인, 특히 그 결합은 어린이의 적합한 선택 능력에 영향을 미친다.

유아기 및 그 이후의 안정적인 관계의 결여는 타인에 대한 배려를 매우 위태롭게 하고, 어린이의 주체 의식을 훼손할 것이다. 결과적으로, 특히 어린이가 걱정하거나 두려워하는 경우, 선택하기는 훨씬 더 힘들어진다. 이는 어른이 어린이에게 적절하게 행위하거나 상호작용하기를 기대해서는 안 된다는 의미는 아니다. 오히려 그 반대이다. 하지만, 특히 불안을 가진 어린이의 경우, 다른 어린이보다 더 많은 지지를 요구한다는 것을 의미한다. 그리고 의식적 과정에 의지하는 것은 비효과적이며, 궁극적으로 어린이의 주체 의식을 줄일 수 있다는 것을 의미한다. 안정과 신뢰 관계에 익숙하지 않은 어린이는 더 많은 양육, 더 적은 비난, 더 큰 예측 가능성과 관계의 지속성을 필요로 할 것이다. 초기 경험과 현재 환경은 어린이가 '공평한 경쟁의 장'에서 출발하지 않는다는 것을 의미한다.

이 절에서는, 어린이는 유아기부터 능동적 학습자라는 것을 지적했다. 그러나 정서를 적절하게 다루고 처리하도록 돕기 위해서는 예측 가능하고 배려하는 관계에 의해 지지되어야 할 필요가 있다. 게하르트(2004, p. 24)는 '무의식적으로 획득된, 비언어적 형태와 기대는 … 유아기에, 의식적 인식[과 관계된 영역] 밖의 뇌에 각인되고 … 평생 동안 우리 행동의 토대가 된다'고 말한다. 이는 어떤 어린이가 왜 다른 어린이보다 더, 혹은 덜 회복 탄력적이고 반응을 조절할 수 있는지를 설명할 수 있게 한다. 그리고 무의식적 과정의 지속적 중요성과 의식적 과정에 대한 의존의 한계를 밝힌다.

## 모방, 피드백 그리고 습관

이 절에서는 앞에서 언급한 다른 학습 기제들을 논의한다. 그중에서도 특히 모방, 유비, 습관화, 피드백을 사용한 그것들의 연결, 그리고 역할 모델을 논의한다.

우리가, 특히 어린이가 배울 때, 강력하고 섬세한 한 가지 학습 방식은 사례와 역할 모델을 통해서이다. 극작가 제임스 볼드윈(James Baldwin, 1991, p. 60)은 '어린이가 연장자에게 듣는 것은 매우 서툴지만, 연장자를 모방하는 것은 결코 실패하지 않는다'라고 말한다. 말하기보다는 어른의 행위가 더 영향력 있다. 유아조차도 매우 신뢰하는 어른을 살펴보면서 자신이 본 것을 이해하려고 노력한다. 예를 들어, 최근 의붓딸의 두 살 반 된 아들은 내가 애정 어린 손길로 자기 할머니를 쓰다듬을 때, 왜 할머니를 때리느냐고 물었다.

흔히 우리는 어린이가 어른의 행위에 주목하는 정도를 과소평가한다. 교장일 때, 내가 자전거 헬멧을 착용하는지 확인하기 위해 물어보려고 온 어머니가 있었다. 나는 그것이 불쾌한 행위라고 항의했다. 하지만 그 어머니는, 내가 착용하지 않는다면, 부모가 아이에게 헬멧을 착용하라고 설득하기는 훨씬 어렵다고 (타당하게) 주장했다. 우리는 자신이 인정하는 것보다 더 중요하며, 말하는 것보다 행위하는 것이 (훨씬) 더 문제가 된다. 물론, 어린이가 항상 우리의 희망처럼 반응하지는 않을 것이다. 그리고 나이가 더 많은 어린이에게 더 강한 다른 압력이 영향을 미치게 되면 본보기의 효과는 줄어들 것이다.

모방 과정이 작용하는 방식은 논란의 여지가 있다. 일련의 연구 (Rizzolatti and Craighero, 2004 그리고 Parker-Rees, 2007과 같은)는 거울 뉴런(mirror neurons)이 원숭이에게 중요한 역할을 하듯, 인간의 학습에서도 중요한 역할을 수행할 것이라고 제시한다. 거울 뉴런은 행위가 수행될 때 그리고 타인에게서 그 행위가 관찰될 때 모두 촉발된다. 그래서 블레이크모어와 프리스(2005, p. 161)는 '행위를 관찰함으로써, 우리 뇌는 이미 그것을 복제할 준비를 한다'고 말한다. 이는 어린이가 흔히 언어적 기술보다는 관찰로부터 더 쉽게 학습하는 이유를 설명한다. 하지만 인간에게도 거울 뉴런이 존재하는지는 논란의 여지가 있다.

정신분석가 라캉(Lacan)은 다른 설명을 제시한다. 그는 정체성이 형성되는 방식에서 결정적 요소로 거울 단계(mirror stage)를 서술한다. 이는, 생후 6개월부터 유아는 자신을 거울(혹은 이와 유사한 것)로 인식한다는 믿음에 근거한다. 그것은 유아에게 자신을 자기 외부에서 조망할 수 있는 대상으로 보도록 한다. 하지만 어린이는 약 15-18개월이 될 때까지는 그 이미지가 자기 신체의 반영이라고 인식하지 못한다. 그 아이가 자신의 반영에 매료될 때, 일관성 있는 자아, 합쳐져서 어느 정도 하나로 통합된 어떤 자아를 본다. 하지만 그것은 자신의 내적 부정합성 및 조절되지 않은 신체적 기능과 조화하지 못하는 자아감이다. 이미지와 주체 사이의 이 불일치는 흔히 이미지를 선호하여 해결된다. 그것은 자신이 누구인지 생각하는 방식을 통제하는 근원이 된다. 라캉은 이 과정을 유아의 삶에서 하나의 단계가 아니라 우리가 자신을 보는 방식의 영구적인 구조를 나타내는 것으로 고려한다. 어떻게 정체성이 형성되는지는 6장에서 다시 살펴본다.

타인의 행위를 보고 따라하는 것은 유력한 학습 방식이다. 하지만 이는 사진 찍기 같은 것이 아니다. 말하기 학습과 같이, 모델링, 실천, 피드백의 순환에 근거한 상호작용 과정이다. 어린이는 어른이 더 주시하는 것을 하고, 어린이가 신뢰하는 어른의 더 긍정적인 강화에 반응하는 경향이 있다. 이는 특정 행위의 모델링과 강화에서 어른의 중요성을 보여 준다. [아이에게] 시달리는 부모나 교사는 이를 어렵게 생각할 수도 있지만, 조부모나 보조 교사는 그렇게 할 수 있는 더 나은 입장에 있다.

어린이는 탈맥락적인 추상적 개념을 사용하는 데 어려움을 느낀다. 비고츠키(1978)는 사회적 학습이 개인적 학습에 선행한다고 주장한다. 그 과정은 학습자의 근접 발달 영역(Zone of Proximal Development) 내에 있는 활동과 경험에 의존한다. 하지만 개념이 내면화되기 전에는 협동적으로 발달된다. 근접 발달 영역이란 학습자의 현재 이해 수준을 막 지난 것이다. 어떤 형태든 기능은 학습자가 참여하고 기능 적용이 문제가 되는 맥락 속에서 가장 잘 학습된다. 그래서, 예를 들어 어린이는 그들의 전략에 맞지 않아서 전략을 수정한 모형을 통해 구성 기능을 학습한다. 그리고 친절하게 행위할지, 혹은 규칙에 복종할지 결정한다. 이는 그렇게 하거나 하지 않는 경우에 기대되는 것에 달려 있기도 하고, 그 결과에 달려 있기도 하다.

피드백은 생물학에서 기원한 용어로, 유기체가 변화하는 환경에 반응하는 과정을 서술한다. 어른의 피드백은 동기화와 강화, 특정 반응을 조장하거나 억제하는 중요한 근원을 제공한다. 이는 어린이에게 그들의 행위가 적합한지 알도록 한다. 우리는 피드백을 발화된 언어와 연결시키려 한다. 하지만 그 형식은 다양하다 — 미소나 시인의 표시, 꾸중이나 보상, 손가락 흔들기나 걱정스러운 표정 등이다. 그러나 특정인으로부터의 특정한 유형의 피드백은 내적 동기를 더 계발한다. 양보다 질이 더 문제이다.

안심시키는 끄덕임이나 몸짓의 영향을 과소평가해서는 안 된다. 하지만 가장 명백한 긍정적 피드백 형식은 언어적 칭찬이다. 그러한 피드백은 인정과 강화를 제공하고 어른의 기대를 분명히 한다. 그러나 알렉산더(1995, p. 206)는 '칭찬은 보기와 다를 수 있다. 우선, 칭찬이 너무 흔하게 구별 없이 사용된다면 그 가치는 떨어진다. 다음으로, 공공연한 칭찬의 사용은 교사가 전하고 어린이가 기꺼이 선택한 어린이의 일에 대해 다른 메시지와 상충하게 할 수 있다'고 한다. 전자는 유아에게 문제가 될 수 있다. 어른은 칭찬하기를 원하지 비판하기를 원하지 않는 경향이 있기 때문이다. 그리고 가장 중요한 메시지는, 어른이 무의식적으로 행위하고 생각하는 것에 비해, 말하는 것을 통해서는 잘 전달되지 않는다.

피드백은 두 방향에서 작용한다. 해티(Hattie, 2009, p. 4)는 '학생에 대한 피드백보다 더 유력한 것은 교사에 대한 피드백이다. 그것은 학생이 할 수 있는 것과 할 수 없는 것에 관한 것이다'라고 말한다. 그러므로 교사 — 그리고 다른 어른 — 는 학습을 강화하기 위한 기회로서 실수에 주의 깊은 관심을 보이고 반겨야 한다. 그리고 어린이가 실수하는 것을 두려워하지 않도록 조장하거나 모르는 것을 분명히 하도록 해야 한다. 이는 안정적인 정서적 분위기를 요구한다. 거기서

- 어린이는 반향을 두려워하지 않고 적합하고 사려 깊은 방식으로, 서로에게 그리고 어른에게 도전하는 것을 편안하게 느낀다.
- 어른은 관찰하고, 듣고 반응하고, 그리고 특히 개인과 집단의 정서적 상태에 따라 조정될 수 있다.

너무나 자주, 어른은 어린이의 생각과 질문, 기쁨과 걱정을 알아차리지 못한다. 어른은 단기간의 결과에 미친 듯이 달려들어 이를 무시하기보다는, 어린이에게 듣고 주의를 기울여야 한다. 이어지는 장들에

서는 다른 종류의 피드백을 언급한다.

뇌 영상은 다양한 결합 발생을 제시하면서, 유비가 만들어질 때 뇌의 많은 영역이 활성화됨을 보여 준다. 기크(2009, p. 26)는 '지적 행동의 본질은 통찰력 있는 은유와 유비를 만드는 데 있다'고 한다. 이어 '통찰력 있는 유비는 광범위한 교육적 노력의 성공을 위해 필수적이다. 거기에는 형태 재인식, 음악적 변주의 작곡, 유머의 생산과 평가, 언어 간의 번역, 시, 교실에서의 연습, 많은 일상적 담화가 포함된다'고 한다. 유비는 상상과 이미 아는 것의 연결을 소환하고 조장한다. 그리고 더 이해하기 어려운 추상적 개념에서는 사례, 유비, 은유의 이점을 강조하고 있다.

학습의 사회적 측면은 소위 수학보다는 윤리에서 더 분명하다. 특정 사회적 맥락에서 수용 가능한(혹은 불가능한) 것 찾기는 더 경험이 많고 지식이 있는 사람으로부터 학습하는 것에 달려 있기 때문이다. 이는 어린이 자신의 경험에서 도출되거나, 최소한 경험과 관련된 유비와 구체적 사례가 추상적이고 난해한 윤리적 언어 이해의 유력한 도구가 되는 이유를 설명한다. 그리고 어른과 어린이의 관계가 도제 관계처럼 보이는 이유를 설명한다.

반복은 자동적, 무의식적 반응을 유도하는 신경망을 형성한다. 습관화는 의식적 사고 없이 이차적 본성처럼 특정 방식으로 행위하는 '근육 기억(muscle memory)'과 유사한 것을 계발한다. 그래서, 예를 들어 나는 (보통) 단지 제한된 의식적 사고를 사용하여, 무거운 가방을 들고 힘들어 하는 사람을 돕기 위해 문을 열어 준다. 혹은 새치기하지 않고 줄을 선다. 클랙스턴(1997)은 소위 숙고적 사고와 직관적 사고를 구분한다. 직관적 사고는 의식적 사고를 건너뛰지만 학습되어야 하는 것이다. 의식적 기제는 정서적 기제보다 더 천천히 숙고적으로 작용한다. 그래서 그 순간에 적절한 행위는 대체로 직관에 의지하고, 규칙적 연습에 의해 학습되고, 긍정적 피드백에 의해 강화된다. 그 결과, 그 행위는 자동적으로 된다.

암기식 학습(rote learning)은 특정 행위 형태를 습관화한다. 이는 어린이를 특정 반응 유형으로 연습시켜야 한다는 것을 함의한다. 그러나 연습이 완벽을 낳는다는 속담은 옳은 방법으로 연습할 때만 해당된다. 그렇지 않으면, 나쁜 습관이 강화될 것이다. 카츠와 래쓰(Katz and Raths, 1985, p. 303)가 '마음 없는 습관이 아니라, 마음의 습관(habits of mind, not mindless habits)'으로 본 성향을 계발할 필요가 있다. 비고츠키(Claxton, 2007, p. 118 참조)는 '마음의 습관(habits of mind)'은 전염된다고 한다. 그래서 어린이의 행동 학습은 제대로(*in the right way*) 강화되어야 한다. 해티(2009)의 용어로는, '과도하게 학습되어야(over-learned)' 한다.

윤리는 어떤 경우에 휘말리게 되더라도 스스로 적절하게 행위하는 것을 수반한다. 그래서 어린이는 외적으로 부과된 행동 규범에 주로 의존하기보다는, 자신의 행위 기준을 설정하고 충족하는 것에 근거하여 학습해야 한다. 이는 보다 경험 많은 사람의 안내를 요청한다. 점점 더 의식적인 이해와 내면화된 이유에 의해 지지되는 안내를 요청한다. 따라서 윤리의 관점에서 '좋은 습관(good habit)'이란 단지 규칙 체계에 순응하거나 두려움이나 복종으로 행위하는 것 이상을 수반한다.

## 자기 조절과 선택

이 절에서는 학습과 도덕성을 함께 생각할 때 강조되는 의식적 학습 기제를 고려한다. 이는 정서를 조절하고, 숙고된 선택을 하고, 개인적 책임감을 갖는 보다 큰 능력을 가능하게 한다. 도덕성과 연관된 수치심, 죄의식, 양심 등과 같은 많은 감정은 강한 인지적 요소를 갖는다. 하지만 위에서 논의되었듯, 정서와 인지가 밀접하게 결부되면, 어린이의 의식적 학습 기제는 효과적으로 작용하지 못하기도 한다.

매슬로우(Maslow, 1970)의 욕구의 위계에서 고차적인 정신적 기능은 보다 기본적인 욕구 충족에 의존한다. 따라서, 예를 들어 창조적, 집중적, 생산적으로 되는 것은 다음에 의존한다.

- 소속감 갖기 그리고 타인에게 수용되고/평가되는 감정.
- 그것은 안전감에 의존하며
- 그것은 배고픔이나 고통 같은 신체적 욕구에 지배되지 않는 것에 의존한다.

정서와 인지는 밀접하게 연결된다. 하지만 정서는 특히 흥분된 정서에 압도되는 경향이 있다. 인지적 과정이 성공적으로 작용하려면 불안은 억제되어야 한다. 어른은 흔히 메타 인지적으로 이를 억제할 수 있다. 예를 들어, 더 흥분하게 되면 자신에게 멈추거나 늦추라고 말한다. 혹은 자신의 정서적 반응을 흥분시킨 자극으로부터 멀어지려 한다.

어린이는 이를 더 어려워한다. 어린이는 (보통) 직면한 상황에서 물러나는 것에 익숙하지 않기 때문이다. 그래서 더 충동적으로 행위한다. 예를 들어, 유아는 괴롭거나 좌절할 때, 비난하거나 울거나 소리친다. 대체로 더 나이 든 어린이는 대부분의 시간을 어른의 기대에 부합하게 행위할 수 있다. 하지만 흥분된 정서는 이를 더 어렵게 하거나, 심지어 불가능하게 할 수 있다. 나는 평상시에 잘 행동하던 8살 어린이가 갑자기 요청 받은 것을 상당히 타당하게 거부했던 것을 기억한다. 여러 차례 조용히, 그리고 내 생각에 대립적이지 않게 요청했지만, 그 아이는 점점 더 신경질적으로 웃었고, 회피했다. 결국 진정시키기 위해 그 방에서 나가도록 한 지 몇 분 후에 아주 정상적으로 행위하며 돌아왔다.

우리 모두는, 예를 들어 분노나 질투를 느낄(feel) 때, 적절하게 반응하는 방식을 학습해야 한다. 이는 그 정서를 부인하거나 감추는 것을 포함하지 않는다. 불공정에는 분노하는 것이 합당하며, 질투하는 것은 자연스러운 것이다. 문제가 되는 것은 우리가 그러한 감정을 처리하는 방식과 그 결과물로서 행위하는 방식이다. 어린이에게 분노나 질투를 느끼지 말라고 말하는 것은 도움이 되지 않는다. 그러한 정서를 느껴서는 안 되고 행복해야 한다고 말하는 것(말로든 암시적이든) 역시 도움이 되지 않는다. 합리적인 토의가, 때때로, 제한적인 도움이 된다. 신뢰하는 사람의 직접적인 안심과 지지는 충동적 반응을 억제하고 최선의 행위 방식을 고려할 수 있도록 한다. 장기적으로, 단순히 즉각적으로 반응하기보다 행위를 조절하도록 배우는 것은 실행 기능, 즉 억제적 통제와 자기 조절에 의존한다. 그래서 감정과 행동에 관한 의식적인 통제를 획득한다. 자신과 타인의 정서에 관한 어린이의 정서적 인식을 계발하도록 어른이 어떻게 도울 수 있는지의 문제는 9장에서 더 논의한다.

실행 기능은 작동 기억 ― 일시적으로 정보를 저장하고, 조직하고, 처리하는 ― 을 강화한다. 그리고 그 사용의 효율성을 강화한다. 실행 기능은 나이가 들면서, 즉 대부분의 어린이가 더 쉽게 자기 조절을 하는 시기인 중기 아동기에 발달한다. 그 시기에는 어린이가 올바르게 덜 충동적으로 행위하고, 행위 영향에 관해 더 고려하는 것이 기대된다. 이는 메타 인지 ― 자신의 학습 과정을 의식하고 어느 정도 통제하는 ― 를 포함한다. 그러나 인지적 과정뿐 아니라 정서적 과정을 규제하는 방식도 언급한다.

윤리에 관한 담론은 해야 하는 것 혹은 하지 말아야 하는 것 사이에서 의식적 선택을 하는 결단을 강조한다. 혹은 적어도 더 나쁜 선택보다는 더 좋은 선택을 하는 결단을 강조한다. 윤리의 필수적 측면은 자신의 행위에 책임을 지는 것이다. 그리고 어린이가 점차 그렇게 할 수 있도록 격려하고, 그렇게 할 때 어린이를 지지하는 것이 어른의 역할이다. 우리는 나쁜 행위를 한 어린이가 변명하게 해서는 안 된다고 합리적으로 생각할 수 있다. 그러나 많은 어린이에게 행위를 조절하고 선택을 실행하는 것이 쉽지는 않다. 그리고 특히 더 많은 배려를 필요로 하고 지시보다는 지지될 필요가 있는 소수 어린이에게 더 어렵다.

한 가지 중요한 도전은 어린이가(그리고 어른이) 어떻게 행위해야 하는지를 단지 '아는(know)' 것이 아니라 실제로 부합하게 행위하는 것이다. 다음 사건을 생각해 보자.

스티브(Steve)는 늘 곤경에 처했던 힘든 배경을 가진 9살 아이였다. 왜 유치한 짓을 하는지 물었을 때, 보통 그렇게 하라고 들었다고 답했다. 그 아이를 밖으로 데리고 나와서 길에 앉으라고 말했을 때, 그럴 수 없다고 했다. 그것은 바보 같고 위험하기 때문이라는 것이다. 다른 아이가 유치한 짓을 하라고 했을 때 그렇게 말했어야 하지 않을까 하고 넌지시 말했다. 하지만 늘 그랬듯, 적어도 이전과 다르게 행동해야 할 때, 실제로 그것을 연관시키지 못했다.

스티브가 자신의 행동이 유치했다는 것을 의식했을 수도 있지만, 그것이 그 행위를 막지는 못했다. 이 이야기는 의식적 지식이 문제되지 않는다는 의미가 아니다. 누스바움(2010, p. 81)은 '지식이 좋은 행동을 보증하지는 않지만, 사실상 무지는 나쁜 행동을 보증한다'고 기술한다. 하지만 압력을 받고 있을 때, 의식적 기제는 사람이 스스로 행위하는 방식을 바꿀 정도로 충분히 강하지 않을 것이다. 나는 스티브가 자신의 행위에 책임감을 가지고 단순히 다른 어린이를 따라하지 않도록 그를 고무하는 데 성공하지 못했다. 그것은 그에게 행위의 가능한 결과를 생각할 수 있는 적절한 수준으로 이끌지 못한 나의 무능에서 (부분적으로) 비롯되었다.

어떤 의미에서, 우리(그리고 어린이)는 늘 선택하지만, 이것은 법과 같은 일련의 요인에 의해, 금기에 의해, 관례에 의해, 문화에 의해, 또래 집단의 압력에 의해, 권력에 의해 강제된다. 영향력, 자원, 권력을 가진 사람은 더 큰 수준에서 선택과 실행을 할 능력을 갖는다. 윌리엄스(2000, p. 102)는, '의지력이라는 교리 그리고 정체성을 구성하고 유지하는 지략의 풍부함은 … 정체성 수립을 위해 제공되는 다양한 상품에 사람들이 총체적으로 불평등하게 접근한다는 전반적 사실을 왜곡하고 감춘다'고 말한다.

그래서 많은 어린이가 — 중기 아동기의 어린이조차 — 스티브가 그랬듯, 진정한 선택 수행이 매우 어려워 보이는 위치에서 출발한다. 다른 더 강한 영향력이 작용했다. 근육처럼, 적절한 선택을 하는 능력은 규칙적인 연습을 통해 강화된다. 하지만 너무 강하게 선택을 제한하는 것은 어린이에게 신중하게 선택하기 위한 학습을 제한할 위험이 있다. 자신의 정서적 반응을 조절하고, 충동적으로 행동하지 않도록 학습하는 것은 시간, 연습, 지지가 요구될 뿐만 아니라, 거절이나 창피의 걱정 없이 적절한 반응이 강화되고 부적절한 반응이 수정될 기회를 요구된다.

역설적으로, 적합한 선택을 하는 주체성 및 그 능력을 계발하기 위해서는 구조가 필요하다. 과도한 선택은 대처하기가 어렵다. 특히 어린이와 회복 탄력성이 아주 적은 사람에게, 명시적으로도 암시적으로도, 규칙과 구조는 불안을 줄인다. 그리고 특정 상황에 적합한 의도적 선택의 실행을 계발하고 가능하게 한다. 어린이는 점차 반응과 행위를 조절하고 의식적 선택을 학습해야 하지만, 그것은 어떤 형태의 행동이 수용 가능한지를 학습하는 경계 검토를 포함한다. 이는 8장에서 보다 상세히 고려된다.

많은 어린이의 삶의 맥락이 어떤지에 대한 인식 없이 어른이 선택과 결과를 강조하는 것은 그 선택을 하는 것이 얼마나 어려운지를 간과하는 것이다. 일부 어린이는 학교의 기대와 가정 및 사회의 메시지가 상충하면, 쉽게 낙담하거나 참여하지 않을 것이다. 이런 결론이 불편할 수도 있다. 하지만 문화 충돌 혹은 실패한 내력과 학교에 대한 부정적 인식을 가진 가정 출신의 어린이에게 학교는 '맞는 것(fit it)'을 찾기가 어려운 장소이다. 8장과 10장에서는 그것이 함의하는 것을 보다 상세히 논의한다.

윌리엄스(2000, p. 51)는 '아동기의 상상적 공간의 보호'를 옹호한다. 그래야 어린이는 실제 선택의 현실적 결과에 직면하지 않고도 선택과 결과를 학습할 수 있다. 추상적 사고 능력과 실행 기능은 점진적으로만 발달하며, 불안할 때는 잘 작동하지 않는다. 어린이는 흔히 선택과 결과와 수반된 행위 사이의 연결을 어려워한다. 그래서 어린이, 특히 이전 경험이 자기 조절을 어렵게 하는 어린이는 그들의 불안을 방지하는 환경이 유익하다. 실제로 선택하는 것에 대한 걱정 없이 선택할 수 있는 환경이 유익하다. 9장에서는 특히 놀이, 드라마, 이야기 같은 몇몇 활동이 어떻게 어린이에게 이를 제공하는지 고려한다.

선택과 결과를 이해하고 실행하는 것은 어린이의 반응을 조절하는 학습에서 중요하다. 하지만 의식적 결정과 가장 밀접하게 연관된 뇌의 부분은 가장 늦게 발달한다. 이는 청소년기에도 지속된다. 초기 경험의 중요성은 어른이 특정 어린이가 의식적 선택을 어느 정도로 실행할 수 있는지를 인식하는 데 필수적이다. 그 능력은 점진적으로만 계발된다. 그리고 항상 다른 사람보다 더 어려워하는 어린이가 있다. 일부 어린이에게, 특정 맥락에서, 이것은 불가능할 수도 있다. 많은 지지를 하지 않으면서 그 어린이에게 그렇게 하기를 기대하는 것은 낙담과 불참을 유도할 것이다. 예측 가능하고 배려하는 관계는 불안을 제한하여 어린이가 더 쉽게 주체 의식을 유지하도록 한다.

이 장에서는 어떻게 일련의 학습 기제가 연결되어 작용하는지를 조명했다. 다음 장에서는 어린이의 정체성과 동기화가 형성되고 유지되는 방식에서 문화와 경험의 영향을 고려한다.

# 6

# 문화, 정체성, 그리고 동기부여

- - - - - - - - - - - - - - - - - - - - - - - - - - - - - - - -

개요

사회화와 정체성
타인에 대한 이해와 반응
보상과 제재
사고방식, 목표 그리고 관계

## 사회화와 정체성

정체성 발달은 보통 청소년기와 관련되어 있다고 하지만, 그 근원은
아주 어릴 때 확립된다. 이 과정은 1장에서 기술한 콜버그의 도덕 발
달 모델과 유사하며, 대체로 피아제의 견해를 고려한 순차적 발달 단
계를 보인다(예를 들어 Erikson, 2000; Harter, 1999). 정체성이 상당히
유동적이고, 그 발달이 보다 덜 선형적이라는 것을 예시하기 위해, 일
반적으로 피아제 모델의 타당성 및 신념과 태도의 발달을 간략히 생
각해 본다.

　도널드슨의 연구(Donaldsons, 1992)는 연속적, 선형적 단계로 진행

되는 위계(구조)라는 개념에 이의를 제기한다. 그녀는 아이들이 그녀가 새로운 '유형'이라고 부르는 것에서 발달적으로 능력을 발휘할 수 있는 반면, 신뢰를 갖게 하는 관계의 맥락 내에서 과제가 친숙하고 의미가 있을 때에는, 다른 사람의 관점에서 상황을 이해하는 것과 관련해서 유아조차도 예상보다 높은 수준의 수행을 할 수 있다고 결론지었다. 그 결과, 어린이와 어른은 과제의 성격과 상황에 따라 유형 사이를 이동한다. 이는 아동이 일상적인 상황에서 가장 잘 학습한다는 것을 시사하며, 발달이란 것이 선형적 형태로 이루어지는 것인가라는 의문을 이끌어 낸다. 정서, 행동 및 신념이 매우 중요한 윤리보다는 수학이나 논리와 같은 영역에서 발달에 대한 선형적 관점이 더 적합해 보인다.

피아제로부터 오랜 기간 동안 이어져 온 두 가지 관점은, 어린이는 스스로 자신의 이해를 구성해야만 하며, 또 필요한 발달상의 단계에 도달해야만 그렇게 할 수 있다는 것이다. 행위자와 참여는 필수적이나, 비고츠키(1978)가 보여 주듯, 학습은 문화에 편입되고 도구를 사용할 수 있는 능력을 포함하며, 개인적일 뿐만 아니라 호혜적이고 사회적이다. 발달이 일어나는 방식은 다른 사람들의 개입에 의해 결정된다. 브루너(1996, p. 120)가 관찰한 것처럼, '어린이의 마음은 조수가 밀려들듯 더 높은 추상화의 수준으로 옮겨지지 않는다.'

폴라드(Pollard, 1985, p. x)의 말에 따르면, '개인은 자신의 행위에 대한 다른 사람들의 반응을 해석하면서 '자아'라는 개념을 발전시키는 것으로 생각된다. 자아감은 어린 나이에 먼저 발전하지만, … 나이 들어서도 계속 개선된다. 그리고 … 생각과 행동에 바탕을 제공한다.' 월(2010, p. 41)이 기술하듯이, 세계-내-존재는 단지 수동적으로 받아들이기만 하는 것이 아니라, 능동적으로 건설되는 것이며, 평생 동안 점진적으로 구축되는 것이다. 더 정확히 말하면, 동시에 이 세 가지를 모두 포함하기도 한다. 우리가 의식적인 선택을 하는 것처럼 보일 때조차도, 그러한 선택은 우리의 신념과 과거 경험의 결과로부터 항상 제약을 받는다.

버거와 루크만(Berger and Luckmann, 1967)의 용어를 빌리면, 1차 사회화는 유아기 동안, 특히 가정 내에서 일어난다. 이는 어린이가 특정 문화의 구성원으로서 개인에게 적합한 태도, 가치 그리고 행위를 학습하는 시기이다. 이후 더 넓은 사회적 상호작용은 2차 사회화로 이어진다. 그러나 1차 사회화에서 내면화된 세계는 2차 사회화에서 내면화된 세계보다 의식에 더욱 확고히 자리 잡는다(1967, p. 154). 애착과 관련하여 우리가 살펴보았듯이, 초기 경험은 매우 깊이 각인된다. 예를 들면, 심지어 중년 남성인 나는 모친과 함께 있을 때 의식적으로 달리 행동하고자 시도함에도 불구하고, 다른 비슷한 상황에서의 행동과 다르게, 더 걱정스럽게, 때로는 더 방어적으로 반응하는 경향이 있다.

1차 사회화를 논의할 때, 버거와 루크만(1967, p. 151)은 다음과 같이 강조한다. '(어린이에게) 세상을 중재하는 의미 있는 타인이 세상을 중재하는 과정에서 그것[세상]을 수정하고,' '그 어린이는 의미 있는 타인의 역할과 태도를 취하고, 즉 그것들을 내면화하고 자신의 것으로 만든다. 이러한 의미 있는 타인과의 동일시를 통해 어린이는 자신의 정체성을 가질 수 있게 되며, 주관적으로 일관성 있고 타당할 것 같은 정체성을 얻을 수 있게 된다'(pp. 151-2). 그렇게 정체성은 개인적으로·사회적으로 구축된다. 다시 말해, 우리는 누구이며 어떤 사람이 되고 싶은지 선택할 수 있지만, 우리의 정체성은 사회적 힘과 영향에 의해 형성되고 제약받게 된다.

문화와 사회화는 우리가 어떻게 접근하고 반응해야 하는지 결정하는 데 도움이 되지만, 새로운 경험, 자아 정체성 또는 자아감은 주어지거나 고정된 것이 아니라 창조되고 유동적(가변적)인 것이다. 러셀이 말한 대로(Russell, 2007, p. 54), '우리의 자아 개념은 태어날 때부터 주변 사람들에게 우리를 연결시키는 이야기로부터 얻어진다.' 우리 각자는 많은 다양한 그룹과 문화에 속하고, 그것들과 우리의 관계는 끊임없이 변화하므로, 정체성이란 시간이 흐름에 따라 창조되고 바뀌는 하나의 이야기이기 때문이다. 테일러(Taylor, 1989, p. 47)의 말에 따르면, '우리가 누구인지에 대한 의식을 가지기 위해서, 우리는 어떻게 형성되어 왔고, 어디로 가야 하는지에 대한 생각을 가지고 있어야만 한다.'

정체성은 자신이 누구인지 뿐만 아니라 무엇이 될 수 있다는 것도 동시에 기술하는, 회고적이면서 다가올 미래에 대한 것이다. 이는 우리 자신뿐만 아니라 다른 이들에게도 (언어나 다른 방식을 통해) 말하는, 우리가 누구이며 무엇이 될 수도 있는지에 대한 이야기이다. 매킨타이어는 다음과 같이 말하고 있다(1999, p. 221).

내 삶의 이야기는 내 정체성을 이끌어 낸 공동체의 이야기 안에 항상 포함되어 있다. 나는 과거를 지니고 태어난다. 그리고 개인주의적인 방식으로 내 자신을 과거로부터 자르려고 노력할 것이고, 내 현재 관계들을 변형하려고 할 것이다. 역사적 정체성의 소유와 사회적 정체성의 소유는 동시에 일어난다.

우리는 개별적이 아니라 상호 의존적이다.

따라서 정체성은 소속감과 밀접하게 관련되어 있으며 전통, 지역 사회, 우리가 속한 그룹이 우리를 정의하는 데 도움이 된다. 단체 소속은 흔히 정체성의 표지로 제시된다. 십자가나 머릿수건, 혹은 교복처럼 가시적이거나 '의견이 맞는' 팀을 지원하거나 최신 유행을 입는 것과 같은 무형의 방식이다. 그러한 표지들은 보통 소속감과 자부심을 나타낸다. 예를 들면, 종교적 전통이나 스포츠 팀이나 청년회 같은 단체와 관련되는 경우가 그렇다. 종교, 모국어, 젠더, 민족성, 정체성에 특히 중요한 근원들 같은 요소들에 의해 이러한 정체성 중 어떤 것은 비교적 피상적이거나 일시적이지만, 다른 경우는 더 본질적이다.

우리 모두 수많은 집단에 속한다. 결과적으로, 각 개인은 다중 정체성 혹은 정체성의 여러 측면들을 동시에 갖는다. 소년은 힌두교 신자, 영국인, 좋은 축구 선수 혹은 장난꾸러기 소년으로 보일 수 있거나 자신을 그렇게 볼 수도 있다. 소녀는 한국에 사는 누군가이거나 여동생, 친구들 그룹의 리더, 어려움에 처한 이들에게 친절한 누군가로 보일 수 있거나 혹은 자신을 그렇게 바라볼 수 있다. 요구들의 추구 방향이 서로 다를 때, 충성심이 상충할 수 있고, 아동에게 혼란의 근원이 될 수 있다.

정체성은 겉모습과 상표 같은 피상적이고 부서지기 쉬운 측면에 쉽사리 의존해 왔다. 흔히 '적절한' 옷을 입거나 최신 유행 음악을 좋아함으로써 소속감을 느끼고자 하는 압박은 아주 강렬하다. 그러한 정체성에 대한 외부적 표지가 어린이에게 점점 더 중요해진다. 새 운동화나 휴대전화기를 가지는 것은 하찮아 보일 수 있다. 그러나 어떤 어린이에게는 고통이나 왕따의 원인이 될 수도 있다. 많은 어린이, 특히 가장 어려움을 겪고 있는 어린이에게 정체성을 찾는 것은 매우 어렵다.

하이트(2012, pp. 84-86)는 평판이 원칙보다 훨씬 더 강한 동기부여 요인이 된다고 주장한다. 혼과 토마셀로(Haun and Tomasello, 2011)는 유치원에 다니는 어린이에게도 사회적 인정과 동료 승인의 효과를 확인하고 획득하고자 하는 인간적 욕망이 있음을 강조했다. 믿을 만한 성인과의 관계 그리고 그에 대한 반응, 대중의 칭찬은 유아에게 있어 동기부여의 주요 원천이다. 그래서 바로 앉아 있거나 다른 사람 말을 주의 깊게 듣는 아이들을 지목하는 것은 보통 다른 아이들도 그렇게 하도록 독려할 것이다.

3장에서 논의한 바와 같이, 대중매체와 또래로부터 받는 압력은, 만약 소속감을 느끼고자 한다면, 어떻게 행동해야 하는지에 대한 강력하고 호소력 있는 메시지를 전해 준다. 하터(Harter, 1999)는 어린이의 자아상 발달에 있어서 또래 그룹의 필수적인 역할을 강조한다. 그녀는 청소년기로 다가가는 중기 아동기에 또래가 자아 존중감의 가장 중요한 원천 중 하나가 된다는 점을 강조한다. 어른, 특히 그들을 돌보는 사람과 그들이 존경하는 사람의 인정을 받는 것은 중요하지만, 공개적으로 인정받으면 당황하게 될 수도 있다. 인정받고자 하는 압력은, 역설적이지만, 인정받고자 하는 개인의 정체성 추구를 통해, 더 폭넓은 문화 규범에 어울리게 바뀌고는 한다.

7장에서는 정체성이 창출되는 방식을 좀 더 생각해 볼 것이다. 그러나 그 전에 어린이들이 타인을 이해하고 그들과 공감하는 방법을 어떻게 학습하는지 논해 보자.

## 타인에 대한 이해와 반응

폭스(Fox, 2005, p. 106)가 지적한 대로, '타인이 당신과는 다른 신념과 바람을 가지고 있음을 아는 것이 그들의 행위를 이해하는 기본이다.' 유아는 자기 자신과 자기 욕구에 몰두하는 경향이 있다. 유아는 점차 타인의 감정과 행동 그리고 반응을 이해하고 감안할 수 있게 된다. 그것은 타인에 대한 자신(그리고 타인)의 행동 영향을 인지하고 반성하는 것을 포함하며, 그들을 공감하며 이해하려고 노력하는 윤리적 관점을 발달시키는 필수 요인이다.

생후 6개월경, 영아는 자신을 쳐다볼 때 옹알이를 할 수 있고, 12개월경에는 어른이 바라보는 것을 따라하거나 주목할 수 있다. 생후 18개월에서 2살 사이의 어린이는 보통 놀이 중에 실제와 시늉을 구분하기 시작한다. 이것은 소위 마음 이론으로 다른 사람에게 그들의 행동을 설명하기 위해 소망이나 감정, 신념을 부여하는 능력의 기초이다. 도널드슨(1992, p. 256)이 말하는, 하나의 관점에 구속되는 것을 방지하는 '벗어나기'의 기반이다.

블룸(Bloom, 2013, p. 31)은 아기들이 호의와 학대를 판단할 수 있는 선천적 도덕관념을 가지고 있다고 주장한다. 그러나 도덕은 감정(연민 같은)과 동기부여 이상을 포함한다고 정확히 지적한다. 아기를 포함해서 유아들은 가끔 놀랄 만한 연민의 수준을 보이지만, 그들도 상처받을 수 있다.

어떻게 그리고 몇 살 때 어린이가 자기 자신과 타인의 정서를 이해할 수 있는가는 매우 복잡한 문제이다. 아동은 점차 다른 사람들이 자신과는 다른 신념과 욕구를 가지고 있음을 이해하게 되고, 다른 사람들의 행동과 동기에 대해 추론할 수 있게 된다. 톰슨(Thompson, 2009, pp. 163-4)은 1살 발경에 유아는 나른 사람들의 관심, 행동 및 감정에 대한 인식을 보여 준다고 지적한다. 2살 때, 유아는 자부심, 죄책감, 수치심과 당혹감 같은 자기 준거적(self-referential) 정서를 발달시키기 시작한다. 3살경에는 다른 사람들의 신념의 중요성을 인식하고, 대여섯 살쯤에는 자신의 개인적 특성과 동기에 따라 사람들을 인식하기 시작한다.

해리스(Harris, 1989, pp. 90-91)는 4살과 5살 아이들은 개인적인 책임과 수용의 기준에 대해 알고 있지만 자신의 감정과의 관련성을 보지 못하는 반면, 7~8살의 어린이는 자신의 감정과의 관련성을 볼 수 있고, 그리하여 긍지와 죄책감과 같은 정서의 이해를 발전시킨다고 주장한다. 해리스(1989, p. 94)는 그러한 정서를 경험하는 것이 그 정서의 이해에 선행하며, 이는 이 정서를 다소 추상적으로 이해하기 전에 다른 사람들에게 미치는 영향을 인식하는 데 달려 있다고 강조한다. 따라서 대략 6살 혹은 7살 어린이는 그러한 감정을 부모에게 돌릴 수 있으며, 8살이 되면 다른 사람을 언급하지 않고 정서를 느끼는 예를 들 수 있다.

전반적으로, 이것은 단지 중기 아동기에 좀 더 복잡한 방식으로 발달하는 인지 요소로 인한 감정에 관한 연구(5장에서 인용한)에 부합한다. 더구나 자신과 타인의 정서 상태를 인지하고 이해하는 것은 실험실보다는 실제 상황에서 점차 불균등하게 발달하는 것처럼 보인다. 정서 신호들은 중기 아동기에 들어서까지 자주 오해되곤 한다. 정서가 다른 방식으로 표현되거나 이해되는 문화나 가정에서의 어린이에

겐 특히 그렇다. 안정감 있고 예측 가능한 관계가 결여되어 있다면 다른 누군가의 감정이나 반응을 해석하는 게 더욱 어려워진다. 이는 왜 많은 어린이들이 다른 사람의 감정과 행동을 해석하는 데 더 많은 어려움을 겪는지 설명하는 데 도움이 된다. 더불어 자폐증 계열의 어린이는 타인의 관점에서 상황을 보기가 어렵다. 남자아이들은 여자아이들에 비해서 그들 자신을 조절하거나 다른 사람들의 정서를 해석하는 능력이 다소 떨어진다.

공감은 자기중심성에 대한 백신이자 해독제이다. 누스바움(2010, p. 37)에 따르면, 공감이 곧 도덕성은 아니지만, 중요한 구성 요소를 제공하는 데 도움을 준다. 그녀(2010, p. 23)는 '당신이 다른 사람들을 알아 가는 방식에 대해 전혀 학습한 적이 없다면, 사람들을 조종할 수 있는 객체로서 다루는 것이 더 쉬워진다'라고 기술한다. 따라서 우리 행동의 결과를 이해하기 위해서는 자신과는 다른 누군가의 입장이 되는 것이 어떤 것인지 느낄 수 있는 능력을 계발하고 사용해야만 한다.

배런-코언(Baron-Cohen, 2011, p. 11)은 인식과 응답이라는 공감의 두 측면을 발견했으며, 공감이란 타인의 생각이나 느끼는 바를 식별하고, 그들의 생각과 느끼는 바에 적절한 정서를 품고 반응하는 것이라고 기술한다. 공감은 단지 타인이 어떻게 느끼고 있는가를 인식하고 동정하는 것이라기보다 할 수 있는 한 타인의 관점에서 상황을 가늠하고 이해하고자 하며, 상황에 맞춰 응답하고자 하는 것을 포함한다. 콜스(Coles, 1997)는 다른 사람들이 어떻게 세상을 인식하고 이해하는지, 다른 누군가가 어떻게 느끼거나 반응할지를 학습하는 어린이를 묘사하기 위해 '도덕적 상상력'이란 용어를 사용한다. 그러한 상상력은 그 자체로는 충분하지 않고 행동으로 옮겨져야 하지만, 다른 사람들이 어떻게 느끼는지 상상하지 않고 아이들이 적절하게 행위하고 상호작용하는 법을 배우기란 쉽지 않은 일이다.

사람은 완벽하게 공감을 이루어 낼 수 없지만, 이를 위해 고군분투할 수는 있다. 그렇게 하기 위해 다음이 필요하다.

- 자신의 감정을 다른 사람들에게 투사하는 것을 피하기 위해, 그들이 자신이 하는 것처럼 반응할 것이라는 가정 없이, 다른 사람들의 신념과 정서 상태에 맞추는 것.
- 실행과 상상력, 특히 감정에 대한 단서들 해석하기, 그리고 자기 자신과 다른 관점에서 상황을 이해하려고 노력하는 것.

공감하기는 자기 자신과 다른 사람의 정서적 반응에 대한 인식 경험이 한정되어 있을 때, 자기 자신에 집중하도록 정서가 강렬하게 고양될 때, 어렵게 된다. 어린이가 공감과 연민 같은 속성을 계발하기 위해서는 연습과 때로는 명백한 메시지와 예들이, 그리고 공감과 연민이 수반하는 바를 지적하기 위해서는 그에 대한 반성이 요구된다. 인지 과정은 아동이 그러한 용어의 의미를 이해하는 데 도움이 될 수 있지만, 이러한 속성들을 마음에 새기고 또 그것들을 실행하지 못하게 하는 사회적 압력에 대처하기 위해서는 실천적 적용이 필요하다.

1장에서는 배려의 중요성과 이것이 어떻게 도덕성의 토대가 되는지 논하였다. 아동은 다양한 방식으로 사랑 받고 배려 받는 것이 필요하다. 아직 명백하지 않은 것은 다른 사람, 다른 지각 있는 존재, 주변 세계에 대한 배려의 중요성과 이것이 어떻게 공감 발전에 도움이 되는가이다. 타인에 대한 배려는 합리성보다는 정서를 기반으로 한다(Noddings, 2013, p. 61 참조). 배려는 타인이 어떻게 느끼는지 혹은 어떻게 느낄 수 있는지에 대해 인식하고 반응하는 것을 포함한다. 이는 왜 어린이들이 서로 간의 배려뿐만 아니라 인형이나 애완동물에 대한 배려, 심지어 '상대방'이 어떻게 반응하는지가 상상의 문제인 경우에도 혜택을 받을 수 있는지에 대한 한 이유가 된다.

배려를 주로 여성의 특성으로 보고 있지만, 나딩스는 배려가 소녀와 여성의 전유물이라는 것을 부인한다. 그러한 관점은, 적절하게도, 남자와 여자에 대한(이는 단지 '그들이 어떤지'에 대한) 본질주의적 견해를 거부한다. (단순히 관심을 가지는 것이 아닌) 배려의 능력은 양육, 실천 그리고 맥락에 부분적으로 달려 있다. 특히 남자아이들은, 나도 그랬지만, 흔히 자신의 감정을 억누르는 것을 당연하게 여기고 또 그렇게 학습한다. 그리고 여자아이들은 표현하는 것을 당연시한다. 부모들이 피하고자 해도, 이러한 패턴은 흔히 또래 집단과 전반적인 문화적 기대에 의해 장려된다. 소년들과 안전한 관계에 대한 경험이 거의 없거나 전혀 없는 사람들은 감정을 조절하고 친밀한 관계를 발전시키는 게 종종 어렵다. 결과적으로, 그러한 아이들은 자신의 느낌을 표현하고 처리하는 데 더 많은 격려가 필요하다. 그러나 그들이 어떻게 느끼는지에 대해 항상 긍정적이거나 반드시 공개적일 필요는 없다. 모든 사람들은 성별이나 배경에 상관없이 공감을 계발하기 위해 노력해야 하지만, 일부 사람들에게는 이 일이 다른 사람들에 비해 더 어려울 것이다.

하그리브스(2003, p. 48)는 '배려란 알고 있고 볼 수 있는 사람들로부터 시작한다. 공감은 우리 주변의 사람들로부터 시작한다'라고 기술한다. 특히 어린이의 경우에는, 서로 다른 배경, 경험, 신념을 가진 사람들을 만날 가능성이 있는, 점점 더 세분화되고 다양한 세계에서 자신과 다른 사람들 사이의 유사점과 차이점을 경험하고 이해하는 것이 중요하다.

누스바움(2010, pp. 33-34)은 '타자' ― 우리들에게 이질적이거나 위협을 주는 것 ― 를 두려워하는 것은 우리의 기본적인 본능의 일부분이며, 모든 인간 사회는 수치스럽거나 역겹다는 혹은 둘 모두를 구실로 지탄받는 '외집단'을 만들어 왔다고 제시한다. 로울리 등 (Rowley et al., 2007)은 9살에서 10살경에 고정관념이 더욱 확고해진다고 결론짓는다. 따라서 이 시기에 다른 이들에 대한 사려 깊은 태도를 촉진하고 편견에 도전하고자 노력하는 것이 특히 중요하다. 감정과 인지의 상호 연관성은 사실적 정보뿐만 아니라 아이들이 자신의 관점 이외의 관점에서 세상을 이해하도록 돕기 위한 다양한 경험이 필요하다는 것을 의미한다.

지나치게 '무른' 배려의 관념의 위험성과 배려에는 구조, 도전, 그리고 때로 금지가 포함된다는 것은 제8장에서 고려할 사항이다. 이 장의 남은 부분에서는 무엇이 아동에게 동기부여를 하는가의 문제로 되돌아간다.


## 보상과 제재


2장은 개인의 동기부여에 영향을 미치는 요인들이 매우 다양하므로 일반화하는 것이 위험하다는 것을 보여 줌으로써, 자신의 행동에 대한 혼합된 이유와 동기를 논의했다. 다른 사람들처럼, 어린이도 특정 상황에 따라 각각 다른 요인들에 의해서 동기를 부여받는다. 몇몇 어린이에게는 동기를 부여하는 것이라도 다른 아이들에게는 거의 영향을 미치지 않을 수 있다. 그렇기에 어른에게 동기를 부여하는 것이 어린이에게도 동기를 부여할 것이라고 가정해서는 안 된다.

두려움과 수치는 — 특히 비행(非行)이 공개된 경우 — 전통적으로 선행과 규율을 보장하는 것과 연관되어 있다. 지금까지 대부분의 문화권에서, 그리고 아직도 많은 이들 사이에서 처벌 — 그리고 처벌에 대한 두려움 — 은 규율을 부과하고 도덕성을 감시하는 가장 보편화된 방법이다. 예를 들어, 많은 종교는 선행을 하면 사후 보상을 받게 되고, 악행을 저지르면 영원한 형벌로 이어질 것이라는 메시지를 전한다. 50년 전 내가 소년이었을 때 체벌은 흔한 일이었고, 아직도 많은 사회에서 이용된다. 비리 관련자 공개로 비난받을 만한 행위가 폭로된 유명인사의 이야기를 여전히 듣곤 하지만, 가령 영국에서 '자신[의 잘못]을 부끄러워 하세요' 같은 아이디어는 50년 전에 비해 그리 흔하지 않다.

다치게 되는 것이든, 벌을 받거나 굴욕을 당하는 것이든, 두려움은 기본적인 동기 요인이다. 그러나 두려움은 선한 행위 그 자체를 장려하지는 않는다. 불안감 — 두려움에 대한 두려움 — 은 의식 과정에 지장을 초래한다. 우리가 제5장에서 살펴보았듯이, 매슬로우의 저작들은 좀 더 기본적이고 원시적인 욕구가 지배하는 경우 더 높은 차원의 인지 과정은 불가능하다는 것을 보여 준다.

수치는 더욱 복잡하다. 유교에서 수치심은, 기독교에서의 회개와 마찬가지로, 인간으로 하여금 자신의 행위를 어떻게 발전시킬지를 되돌아보게끔 고무하는 것으로 간주된다. 수치는 양심 — 그리고 자기 자신의 기준에 부끄럽지 않게 살고 있는지 여부 — 과 그리고 사람들이 비행을 저지르지 않는 하나의 이유와도 밀접하게 관련이 있다. 사건 이후의 회한 혹은 예방적으로 적절한 행위를 고취하는 것으로 보일 수 있는 양심의 지각은 사람으로 하여금 부적절한 행위의 반복을 줄일 수도 있다.

사람들을 훌륭하게 처신하도록 동기부여 하기 위해서는, 수치는 양심과 변화하고자 하는 내부적 동기와 반드시 연관되어야만 한다. 좀 더 복잡하고 지각 있는 감정 — 아동은 그것을 단지 점차적으로 발달시킨다 — 은 중기 아동기까지 혹은 더 나중에라도 단순한 수준 외에는 드러나지 않을 듯하다. 사실 많은 어른들은 상당히 피상적인 수준의 양심 정도만을 가지고 있는 것 같다. 그러나 인간은 자신이 어떻게 행동해 왔는가에 대한 수치심 또는 양심 — 이는 긍정적일 수 있다 — 과 자기 자신에 대한 수치심 — 이는 파괴적이다 — 을 구별해야만 한다.

많은 아동이 수치를 기반으로 자신의 행동을 바꾸길 기대한다는 것은 비현실적이다. 그리고 사람들이 있는 데에서 어린이를 창피 주는 것은 양심의 어떤 느낌보다는 낮은 자존감과 억울한 기분만 들게 할 가능성이 크다. 당혹감과 공개적 창피의 두려움은, 특히 이러한 불쾌한 사건들이 정기적으로 반복된다면, 도덕적 정체감과 행위감을 약화시킬 것이다. 다음의 예시를 고려하라.

교사인 나에게 가장 불편한 기억 중 하나는 전교생 조회에서 공개적으로 굴욕을 당한 한 소년을 보았던 것이다. 그는 끊임없이 곤경에 처했고, 다른 아이들이나 학교 직원들에게 자주 공격적으로 반응했다. 나는 분노로 인해 생기는 행위들이 더 있을 것이라고 의심했지만, 어쩌면 어른들은 수치심에 호소하길 바랐을지 모른다. 그러나 소리 지르는 것은 그 소년의 행동을 바꾸는 데 전혀 도움이 되질 못했고, 오히려 자존감과 주체의식이 더욱 약화되었다. 그래서 그곳에 있던 다른 어른들과 어린이들에게 좋은 본보기가 되지 못했다.

어른들에게는 반사회적 행위를 바로잡을 역할이 있다고 하더라도, 특히 사람들이 있는 데서 그러한 행동을 어린이의 자아감과 연결시키는 것은 피해야만 한다. 어린이 — 우리 모두 — 는 나쁜 짓이나 바보 같은 짓을 저지르곤 한다. 그러나 그런 짓을 저지른다고 해서 그 사람이 나쁘거나 바보 같은 인물이라고는 말할 수 없다.

벌주기나 두려움 같은 제재는 선행 그 자체를 강화하지 않는 편이다. 긍정적인 면을 강조하고 고취하는 것이 선행 그 자체를 훨씬 더 강화하는 경향이 있다. 다시 말해, 어떻게 선행에 힘쓰게 할 것인지 고심할 필요가 있다. 보상과 처벌을 통해 어린이가 특별한 방식으로 행동하도록 설득하는 것은 (비교적) 쉬운 반면, 뇌물이나 두려움 모두 도덕 발달에 확고한 기반이 될 수 없다. 윤리는 내적 동기로 말미암아 (점점 더) 적절히 처신하는 법의 학습을 필요로 하기에, 단지 어린이들이 그렇게 한다는 게 아니라, 어린이들이 자신의 행위를 제어하고 처신하는 방법을 학습하는 것이 필수적이다. 웨스트-버넘과 휴스-존스(2007, p. 38)에 따르면, '복종, 명령 준수, 그리고 처벌의 위협에 근거한 도덕성은 외적인, 부정적인 강요에 기반을 둔 것이기에 항상 취약하게 된다.'

유아에게 행복하게 느끼거나 재미있게 노는 것은 동기부여의 주요 원천이다. 그러나 제2장에서 나는 윤리가 자기 자신과 다른 사람들의 행복에 대한 더 깊고 장기적인 의미에 의해 동기부여 받는 것을 포함한다고 주장했다. 문제의 요점은 남의 흥을 깨는 사람으로 보이지 않으면서, 이것을 얻으려고 노력하고 달성하도록 아동들을 어떻게 격려할 것인가이다.

최근에, 제3장과 제4장에서 논의한 대로, 외적인 보상의 사용은 학교에서 그리고 더 광범위하게 점점 더 보편화되어 왔다. 수행 능력은 다음의 생각에 입각한 것이다.

- 경쟁과 목표는 학교와 교사, 그리고 어린이들 각자에게 있어 주요 동기부여 요인으로서 역할을 담당한다.
- 목적과 목표는 기대하는 바를 뚜렷하게 한다. 그리고
- 원하는 응답의 긍정적인 피드백과 일관된 강화는 이러한 것들을 포함하게 될 것이다.

이 행동주의적 접근은 종종 어린이들이 의식적으로 자신의 행동을 통제할 수 있다는 것을 전제로 하는 선택과 결과에 초점을 맞춘다.

제4장에서는 아동을 위한 스티커나 미소 아이콘 혹은 더 위 연령대의 어린이를 위한 먹거리와 같은 구체적인 보상과 허용 가능한 범주

를 분명히 하는 데 도움이 되는 질책이나 특권 박탈과 같은 제재 관련 행동 관리에서 학교가 현재 강조하고 있는 것들을 조명했다. 일반적으로, 물질적 보상과 경쟁은 열심히 일하고 처신을 잘 하도록 하는 강력한 동기부여 요인으로서 널리 평가받고 있다.

구체적인 보상은 통상 행동을 제어하고, 적절하다고 간주되는 행동을 강화하는 데 단기적으로 효과적이며, 특히 유아와 자기 조절이 어려운 이들에게 그러하다. 대부분의 아이들은 반드시 그렇게 하지 않을 때에도 스스로 행동하는 법을 '알고' 있다. 그리고 극소수는 알고 있지 못하는 듯 보이며, 더불어 외적인 보상에 의해 뒷받침되는 뚜렷한 메시지에 크게 의존할 수도 있다. 그러나 외부적 동기부여 요인들은 보통 장기적 관점에서 보면 비효과적이며, 자기 수양의 핵심인 내재적 동기를 증진하는 데 도움을 주지 못하고, 실제로 약화시킬 수도 있다. 스티커와 같은 보상들은 단지 어느 정도 효과가 있으며, 제재는 쉽게 비효과적일 수 있다. 자주 벌을 받는 사람들은 처벌에 대해서 최소한의 반응을 보이는 반면, 처벌을 가장 두려워하는 사람들은 최소한의 처벌의 위협을 필요로 할 수 있다. 그래서 보상과 제재는 외적인 동기부여 요인들을 만들어 내지 않는다면 조심스럽게 사용되어야 하며, 지주(支柱)가 아닌 비계(飛階)처럼 일시적인 것이어야 한다.

어린이가 '높은 목표'를 가지도록 독려하는 가운데, 현재의 교육 문화는 경쟁을 강조한다. 어떤 측면에서는 이런 것이 도움이 된다. 나에게 그래 왔던 것처럼, 경쟁은 훌륭한 동기부여 요인이 될 수 있다. 이는 뇌의 화학 작용에 근거한다. 일정한 수준의 스트레스는 인간의 수행 준비나 수행 능력을 키워 준다. 그리하여 음악이나 스포츠, 시험이나 퀴즈에서 좋은 성과를 내는 것은 보통 타인과의 경쟁을 통해서 강화될 수 있다. 그러나 이것은 배려나 공감의 태도로 이끌어 주지 못할 수도 있다. 예를 들이, 스포츠 경기에서 어린이가 품위 있게 이기거나 지는 것을 학습하도록 도와줄 수 있지만, 지극히 개인화된, 심지어 무자비한 기질들을 발전시킬 수도 있다.

압박감은 어떤 어린이에게는 동기를 부여할 수도 있겠지만, 낮은 자존감과 행위감을 가진 그 외 어린이에게는 의욕을 꺾을 수도 있다. 동일한 지점에서 시작하는 사람들 사이의 경쟁은 둘 모두에게 동기를 부여할 수 있다. 그러나 매우 불평등한 능력을 가진 사람들 사이에서의 경쟁은 종종 약한 사람은 포기하게 하고, 강한 사람은 도전의식을 충분히 부여받지 못한다. 따라서 타인과의 경쟁은 커다란 능력 차이가 있을 경우 제 역할을 하지 못하며, 배려 관계와 태도를 계발할 수 있는 근거로서는 부족하다.

경쟁은 또한 자신의 이전 최고 결과를 개선하고자 노력하는 것을 포함할 수 있다. 그러한 접근은 본분을 잘 하게 하는 강력한 동기부여 요인이 될 수 있으며, 특히 개인적으로 성취 가능한 목적과 목표에 연관되어 있을 때 그러하다. 대부분의 어른과 어린이에게, 목표하는 바가 무엇이고 성취하기 위해 무엇을 해야 하는지 아는 것은 도움이 된다. 그러나 나딩스(2013, p. 146)는 학생들이 주제에 직접 관여하게 하기 위해서는 세밀하게 설정된 목표에 얽매이지 말아야 한다고 주장한다. 이는 특히 상상력이 필요하고 해결책이 임시적이며 불확실한 영역, 가령 윤리 같은 영역에 속하는 것으로 보인다. 그러한 영역을 개발하는 데에는 제한적으로 윤곽이 드러난 노선도보다는 탐험을 위한 공간이 필요하다.

권력감 ─ 혹은 무력감 ─ 은 동기부여가 되었거나 성공한 사람들이 인식하는 것보다 동기부여에 훨씬 더 강력한 영향력을 미친다. 그러한 사람들은 보통 그보다 동기부여가 잘 안 된 사람들에게 동기를 부여하는 것이 무엇인지에 대해 인식하지 않는다. 성과에 대한 지나친 강조는 아마도 무의식중에 일부 어린이를 배제할 수 있다. 예를 들면, 성공 가능성이 많거나 자신의 관심과 재능이 주목받고 있다고 느끼지 않는 사람은 노력할 가능성이 더 적다. 어린이가 가치 있어 하는 것을 존중하지 않으면 참여를 이끌어 내지 못하는 경향이 있다. 만약 한 어린이가 예를 들어 컴퓨터 게임에 매우 익숙하거나 자신의 종교적 유산에 대한 깊이 있는 지식을 갖고 있지만, 이러한 기능이나 지식을 학교에서는 별 가치 없다고 평가한다면, 그 어린이는 조만간 이를 인식한다.

한층 더 심각한 점은, 동기부여의 측면에서 학교교육의 구조는 중립적이지 않다는 점이다. 브랜트링어(Brantlinger, 2003, p. 13)는 '(노동자계급과 저소득 가정은) 좀처럼 학교의 구조에서 이득 될 것이 없기 때문에, 경쟁적인 학교의 구조는 중산층 학생에게 그런 것과 같은 동일한 동기부여 역할을 이들에게는 하지 않는다. 계층의 이점은 득을 보는 사람들에게는 보이지 않을 수 있지만, 하위 계층은 기회에 대한 장벽을 절실히 의식한다'라고 말한다. 이는 모든 어린이의 배경과 신념을 소중히 여기는 통합 환경을 조성하는 것이 왜 그토록 중요하면서도 어려운가를 설명하는 데 도움이 된다. 제8장에서 논의되는 학교의 '도덕 질서'는 쉽게 배제되는 사람들을 진정으로 통합하고, 통합의 장벽으로부터 그들을 보호하고, 그들이 그 장벽을 다룰 장치를 마련하는 데 있다. 이것은 아이들이 가져오지만 종종 공식적인 환경에서 무시되거나 평가절하 되는 '지식 자본'을 고려하고 소중히 여기는 것을 수반한다.

보상과 제재는 단기적으로 어린이의 동기부여에 도움이 될 수도 있고, 때로는 허용되는 일의 경계를 명확히 하는 데 필요할 수도 있다. 하지만 내적 동기를 발전시키는 데에는 상당한 한계성을 갖는다. 다음 절에서 더욱 그렇게 할 가능성이 많은 요인들을 자세히 살펴보고자 한다.

## 사고방식, 목표 그리고 관계

드웩의 동기부여와 인성 발달에 관한 저술에서는 '자기 자신에 대한 사람들의 신념은 … 동일한 상황에서 다르게 생각하고 느끼고 행위하도록 이끌면서, 다른 심리 세계를 창조할 수 있다'고 강조한다 (Dweck, 2000, p. xi). 이것은 왜 어린이가 똑같은 상황에서도 그 반응이 다르며, 왜 어린이 — 우리 모두 — 가 특정한 방식으로 행동하는 것을 때때로 이해하기 어려운지 설명하는 데 도움이 된다.

정체성은 자존감과 (지각된) 상태와 밀접히 연관되어 있다. 크릭과 골드스핑크(Crick and Goldspink, 2014, p. 30)의 관찰에 의하면, 정체성은 한 사람에 대해 타인이 말하는 이야기에 의해 크게 형성된다. 자아 개념은 어린이가 어떻게 참여하고 동기부여 된 상태로 남아 있을지에 영향을 미친다. 한 어린이가 자신을 우둔하거나 무능하다고 혹은 성공적이거나 지략이 있다고 여긴다면, 그 아이는 그렇게 생각한 대로 될 가능성이 더 많다. 아이는 자신이 달라질 수 있다고 믿어야 하며, 또 자신이 되고 싶은 것을 상상해야만 하며, 마찬가지로 창조할 수 있도록 일조해야만 한다. 만약 신념과 동기부여가 취약하지 않다면, 어린이는 반드시 어린 시절부터 자신이 어떻게 행위하고 상호작용해야 하는지에 대한 확고한 자아 정체감을 내면화해야만 한다. 그리고 그렇게 하면서 설교나 장광설보다 지도와 (연장자 혹은 경력자의) 격려를 통해 혜택을 얻는다.

드웩은 어린이들이 주체 의식과 그녀가 '숙달 지향적 자질들' — 대략적으로, 사람들이 좌절에 대처할 수 있게끔 하는 자질들 — 이라고 부르는 것 그리고 '성장형 사고방식,' 즉 변화는 가능하고, 능력은 내재되고 고정된 것이 아니라 노력과 지원에 의해 개선될 수 있다는 하나의 신념을 갖춰야만 한다고 강조한다.

드웩은 다음과 같은 숙달 지향적 자질이란 신념에 도전한다.

- 높은 성취 수준을 가진 아이들에 의해 드러날 가능성이 더 크며,
- 학교에서의 성공에 의해 직접적으로 육성되거나,
- 자신의 지능에 대한 어린이의 자신감에 의해 결정된다.

낮은 자존감은 이탈로 이어지기 쉽지만, 높은 자존감이 반드시 학습자의 확실한 자아감으로 이어지는 것은 아니다. 도전과 걸림돌에 직면하여 확신 없는 자신감은 가치가 없으며, 해를 끼칠 수 있다. 드웩은 성장형 사고방식이 결여된 높은 수준의 성과는 보통 어린이가 실패에 대해서 걱정하게 만든다고 주장한다. 우리는 성공이 더 큰 성공으로 이끈다고 추정하는 경향이 있는 반면, 드웩(2000, p. 1)은 '성공

그 자체는 (학생들의) 도전에 대한 욕구나 걸림돌에 대응하는 능력을 신장하는 데 별로 보탬이 되지 못하며 … (그리고) 정반대의 효과가 나타날 수 있다'라고 말한다. 특히 학생들이 실패를, 그래서 위험 감수를 두려워하게 될 때 그럴 수 있다.

도널드슨(1992, p. 7)은 우리 자신을 위해 목표 — 보통은 아주 다양한 목표 — 를 설정하는 것은 우리가 어떻게 학습하는가에 있어 핵심이라고 주장했다. 단기적이며 외부적으로 정해진 목표는 많은 어린이에게 동기부여를 하지만, 이는 쉽게 어린이로 하여금 학습 받는 것에만 혹은 시험 보는 것에만 집중하게 하거나 수평적 사고 혹은 확산적 사고를 회피하게 만들 수 있다. 목적과 목표는 현실적인 경우에만 동기를 부여하고, 그것들의 적용.대상자가 설정할 때는 더욱 그렇다.

동기부여는 활동의 핵심을 알 때 더욱 커진다. 순응보다는 왜 그런지 이해하는 목적의식과 신뢰 관계에서 인정과 주목의 욕구는, 특히 아동에게 있어, 보상, 제재 그리고 목표와 같은 외적 요인보다 장기간의 동기를 유발하는 경향이 있다. 참여는 활동이 중요하다는 믿음, 그리고 그것에 대해 뭔가를 할 수 있다는 믿음 — 숙달 의식, 자율성, 타당성 — 에서 기인하는데, 이는 아동들이 통제할 수 없는 형식적 상황에서는 결여되어 있는 것이다. 아무리 어른들의 비계(혹은 발판)가 있다 해도 어린이의 이탈을 만회할 수는 없다. 아주 적은 경험이나 자신감을 가진 학습자에게는, 만약 그들을 참여시키고 동기부여가 된 상태로 남게 하려면, 세심한 지원이 필요하다.

드웩은 성과 목표와 학습 목표를 구별한다. 그녀는 두 종류의 목표들 '모두 전적으로 자연스럽고, 바람직하고, 필요하다고 기술한다'

(Dweck, 2000, pp. 151-2). 성과 목표의 문제점은 능력의 입증이 학생들에게 중요하게 되면서, 그로 인해 학습 목표를 몰아낼 때 생긴다.' 성장형 사고방식을 만들어 내기 위해서, 칭찬은 긍정적이어야 하지만 그렇게 경솔하지 않아야 하고, 그리고 이를 강화하기 위해서는 구체적인 행위와 특성과 연결되어야만 한다.

드웩은 자신감의 주입과 거리가 먼 (똑똑함에 대한) 칭찬은 학생들을 '실패에 대해 두려워하고, 위험을 회피하며, 그들이 실패할 때 자신을 확신하지 못하게 하고, 걸림돌에 대해 형편없이 대응하도록 이끈다'(Dweck, 2000, p. 2)라고 기술하면서, 지능이나 쉬운 일을 완성하게 하는 것보다는 어린이가 지닌 성공적인 학습자의 특성을 칭찬하는 것에 대한 설득력 있는 주장을 펼친다. 그리고 클랙스턴(2005, p. 17)이 요약한 대로, '자존감은 "칭찬 — 특히 실제 성취와 단지 막연하게 연관되었을지도 모르는 칭찬 — 에서 파생되기보다는 진심으로 보람 있는 목적을 얻으려고 노력함으로써 얻을 때" 훨씬 강한 영향을 미친다.' 그래서 아동에게 칭찬과 강화가 중요하지만, 어린이의 노력과 상관없이 거듭되는 칭찬은 어린이를 힘든 일, 끈기, 그리고 재도전의 중요성을 인정하지 않도록 쉽사리 유도할 수 있다.

보상과 성적은 긍정적인 피드백의 제공을 위해 의도될 수도 있지만, 드웩(2000)은 이러한 것들에 대한 의존은 과제-관련 관여보다는 에고-관련 관여를 향상시키는 경향이 있다고 주장한다. 다시 말해서, 보상과 성적은 그가 행한 것보다는 능력 같은 면을 주목한다. 그러한 강조는 성공하지 못한 사람들의 자존감을 꺾을 수 있으며, 높은 수준의 성취자를 취약하게 만든다. 그래서 피드백은 학습 자질과 끈기와 사려 깊음과 같은 학습 행동에 중점을 두어야 한다. 이는 성장형 사고방식, 즉 어린이는 주체성을 가지고, 변화 가능하며, 불변의 것의 희생자가 아니라는 견해를 창조하고 유지하게 해 준다.

아동의 참여와 창조성은 어린이가 과제를 가치 있다고 보는지와 위험을 감수할 수 있을 정도로 안전하다고 느끼게 할 관계들과 그 맥락을 아는지 여부에 기인한다. 제5장에서 아동들의 예측 가능성과 의미 찾기와 이를 달성하도록 도와줄 관계의 역할을 강조했다. 예측 가능성, 일관성 그리고 배려는 안정감 있고 신뢰할 수 있는 관계에 익숙하지 않거나 낯선 상황에서 어린이에게 특히 문제가 된다. 유아는 자신을 배려하는 어른들을 기쁘게 하는 데 동기부여 되어 있으며, 나이가 좀 더 든 어린이보다 행동 측면에서 더 고분고분하거나 쉽게 영향을 받는다. 중기 아동기의 어린이는 반드시, 꼭, 그러한 관계에 의존하는 것이 줄어들어야 하며, 예측 불가능성과 불확실성에 대처하는 것을 학습해야 하고, 의식적이고 책임감 있게 선택하는 것을 학습해야 한다. 그러나 어린이는 또래 집단과 광범위한 문화로부터 압력과 영향이 주어질 때, 이것에서 계속 도움을 필요로 한다.

어린이와 어른의 관계가 중요한 동시에, 이 관계가 적절하게 보장되도록 주의해야만 한다. 의식 기제가 제대로 작동된다면, 아이들은 안정감을 얻어야만 하고, 그렇게 보호받지 못한다면, 아이들의 주체의식은 약해진다. 학습에 있어 상호적 본성은 어린이들 각자의 사정과 언급에 대해서 적절히 대응하고 답하기 위해 노력해야 한다는 것을 뜻하기 때문에, 일관성은 맥락에 상관없이 자동 장치처럼 응답하는 어른을 의미하는 것은 아니다. 누스바움(2010, p. 6)이 논의한 대로, 윤리적 행위의 특징을 규정하는 것은 '단순히 이용과 조작이 아니라 관계(이다).' 어른과 어린이의 관계는 권력과 통제의 관점에서 보면 비대칭적이다. 제8장에서는 이 문단에서 논의된 사항의 예상되는 영향을 추가로 고려해 볼 것이다. 하지만 먼저 친절이 어른들의 의도일 때에도, 어른들은 쉽사리 자기들의 힘을 남용할 수 있다는 점을 기억해 두자.

이러한 논의는 어른들이 얼마만큼 권위적이어야 하는가에 대한 딜레마를 제기한다. 지나치게 확고한 사람인 경우, 위험한 점은 아동들이 맥락에 대한 분별력을 연습할 수 없는 규칙과 외적 동기, 그리고 손윗사람에게 의존하게 된다는 점이다. 지나치게 암시적인 메시지에 의존하는 사람의 경우, 많은 아동은, 특히 회복 탄력성이 가장 떨어지는 아동은 어떻게 행위할 것인지에 대해 모호한 상태로 남아 있을 수 있다. 지나치게 경직된 구조는 일부 어린이를 위축시키고, 지나치게 느슨한 구조는 다른 어린이에게 혼란을 주기 쉽다. 어린이가 비계와 같은 구조물에 의존적이지 않게 하려면, 그 구조물은 반드시 일시적이어야만 한다.

학습은 단지 내적인 학습 메커니즘의 복잡한 배치를 포함할 뿐만 아니라, 자의식을 형성하는 데 도움이 되는 문화, 관계, 실제 사례나 기대와 같은 외부 요인들과 함께 과정들의 훨씬 더 복잡한 망을 포함한다. 영향력이 강한 어린이의 문화, 배경 그리고 '지식 자본' ― 학교 외에서 가져오는 것 ― 의 결과로 여겨지는 가치와 함께 칭찬, 지지, 관심은 비방, 처벌, 경쟁보다 훨씬 더 강력한 동기부여 요인이 되는 경향이 있다. 제7장에서는 인격 발달과 도덕적 정체성의 영향을 고려해 볼 것이다. 이어지는 장들에서는 어떻게 어른들이 자신들의 기대, 피드백 그리고 응답을 통해서 어린이가 정체성을 형성하는 데 도움을 줄 수 있는지 생각해 보도록 한다.

# 7

# 올바르게 사는 법 배우기

----

**개요**

인격, 덕목, 가치

가치와 덕목은 보편적인가?

불확실한 미래에 대해 누구의 가치와 어떤 덕목을?

아동은 올바르게 사는 법을 어떻게 배우는가에 대한 함의

## 인격, 덕목, 가치

이번 절에서는 윤리와 관련한 인격, 덕 그리고 가치라는 세 가지 용어를 탐구하며, 이러한 표현이 얼마나 문제가 많을 수 있는지를 상기하면서, 이 용어들을 사용할 때의 장점과 단점을 고려해 본다.

『옥스퍼드 영어 소사전』에서 도덕의 의미는 '좋은 혹은 나쁜 인격과 행동에 관련한 또는 그러한 인격과 행동의'라고 시작한다. 인격이란 단어는 미국이나 많은 아시아 문화권들과는 달리 영국에서는 교육과 관련해서는 별로 쓰이지 않는다. 적어도 부분적으로, 영국에서는, 이 용어가 '근성'과 '불굴의 정신'과 같은 구절 — 전통적으로 엘리트

학교에 관련되며, 결과에 구애받지 않고 끈질기게 자신의 의무를 행하는 것과 관련한 — 에 사로잡힌 관점과 연관된 결과인 것 같다. 그래서 영국에서 인격은 신체적 불편과 정서의 거부와 관련하여, 남성, 상류층의 자세와 행동이라는 함축적 의미를 지닌다. 이러한 상황에도 불구하고, 여전히 인격은 깊이 새겨진 정체성의 양상을 기술하는 데 유용하다.

제2장에서, 덕 윤리는 자기가 되고자 하며 되기를 열망하는 부류의 사람을 반영하고 형성하는 다양한 특성 혹은 성격 특성을 발달시키는 것을 포함한다고 했다. 이는 인격을 구성하는 것들이다. 듀이(Dewey, 2002, p. 38)는 인격이 정체성 같은, 대체로 의식적인 노력 없이 이루어진, 뿌리 깊은 요소들의 복잡한 혼합체로 구성된다는 것을 지적하면서, 인격을 '습관의 상호 침투'라고 설명한다. 세넷(Sennett, 1998, p. 10)은 인격에 대해 특별히 우리의 정서적 경험의 장기적 관점에 초점을 맞춘다고 주장한다. 인격은 충성과 상호 헌신, 장기적 목적의 추구, 미래의 목적을 위해 만족을 지연하는 실천에 의해 표현된다. 기본적으로, 인격은 감독되거나 주시 받고 있지 않을 때, 혹은 보상의 약속이나 제재의 두려움에 의해 직접적으로 영향 받지 않을 때, 어떻게 행위하고 상호작용하는가에 대한 것이다. 인격은 내적 동기에 영향을 미치고 [내적 동기를] 고취하거나 또는 그 반대로 우리 안에, 내장된 속성들의 결합물로서 묘사된다.

불변의 것은 아니지만, 인격은 상당히 일정하게 유지되며, 어떻게 행동하는지에 대해 결정하기보다는 영향을 준다. 물론, 좋을 수도 있지만, 안 좋을 수도 있고, 더 자주 혼합될 수도 있다. 인격은 행위에 영향을 주는 체계를 제공하지만, 반응은 당면한 환경에 강하게 영향

받는다. 분명히 책임감 있는 사람은 축구 시합이든 혹은 군중 속에서 든 자신의 인격에 따라 행동할 수도 있다. 주위의 다른 사람들이 다른 방식으로 조절해 오던 우리 자신의 측면들에 호소하며 다른 방식으로 행동하게 할 때, 우리는 자제심을 잃고, 비인격적으로 행동하는 경향이 있다. 이는 모든 사람들에게 맞는 말이지만, 특히 아동에게 더 그렇다. 왜냐하면 어리석은 행동은 종종 매력적이며, 정서적 반응을 조절하는 메커니즘이 (대개) 충분히 발달하지 못했기 때문이다. 한두 명의 아이가 '행동을 취하면' 품행이 바른 다른 아이들도 얼마나 쉽게 따라하는지 생각해 보자. 환경의 영향은 때로 좋은 사람이 나쁜 일을 하고 나쁜 사람이 좋은 일을 하는 이유를 설명하는 데 도움이 되지만, 선량한 사람은 더 자주 신중하고 사심 없이 행동한다.

제1장에서 지적한 바와 같이, 인격교육[인성 교육]이라는 용어는 다른 방식으로 사용된다. 그러나 아서(Arthur, 2003, pp. 28-29)는 '인격 발달은 약간의 지속적인 성격 특성들의 출현을 포함하는데, 그 특성 중 단지 일부만이 도덕으로 분류되기 때문에, 인격교육은 도덕교육과 꼭 일치하는 것은 아니다'라고 밝히고 있다. 예를 들어, 강한 인격은 어려움에 직면해서도 포기하지 않는 회복 탄력성과 투지를 내포한다. 인격은 도덕성보다 그 범위가 더 넓다. 도덕과 비도덕의 경계가 모호함에 따라, 인격에 대한 생각은 도덕성을 장려 받으며 자라 온 타인들로부터 도덕성과 관련한 특성들을 분리하는 데 도움이 된다.

우리는 이 특성들이 무엇인지 다루고자 한다. 그러나 특성은 행동과 연결되어 있지만, 그것과는 다르다. 예를 들면, 인내심은 회복 탄력성의 표명이자 그것을 구축하는 데 도움이 되는 행동이다. 공감적 행위는 사려 깊음의 표시이며, 이를 내재화시키도록 도와준다. 이러한 행동들을 습관화하는 것은 그러한 특성들을 강화하는 데 도움이 된다.

많은 점에서, 도덕 발달은 의식적인 과정에 의존하지 않고 메시지들을 내재화하는 것을 포함하는 반면, 중요한 도전은 어떻게 아동이 추상적 개념을 보다 '가시적'으로 — 해티(2009)의 용어를 사용한다면 — 만들 수 있도록 도와줄 수 있는가이다. 실제로 어떤 추상적 자질이 생겼는지 확인하고, 예시하고, 토론하는 것은 어린이가 그 추상적 자질들이 수반하는 것과 그것들을 내재화하는 법을 이해하도록 도와준다. 어린이와 어른은 격려하거나 말려야 하는 특정 행위와 특성을 구별하기 위해 윤리라는 용어가 필요하다. 인격이란 단어는 지나치게 광범위하다. 그러나 덕목과 가치는 그러한 언어에 조금 더 이해하기 쉬운 기본을 제공한다.

덕(목)이란 단어도 인격이란 단어와 비슷한 문제가 있는데, 그 이유는 덕목이란 단어가 예를 들어 정조 관념에 충실한 여성에게 사용되는 것처럼 보이거나, 혹은 '너무 좋아서 믿어지지 않는' 것을 암시하는 것처럼 다소 구식으로 보일 수도 있기 때문이다. 그리고 그 반의어인 악덕은 특히 불변의 사악함과 관련되어 있기 때문에 쓰이지 않고 있다. 그러나 도덕적인 사람은 좋은 인격을 가진 사람이기에, 덕목은 인격과 긴밀히 관련되어 있으며, 그 반대의 경우도 그렇다. 덕목들은 윤리와 관련되는 경향이 있지만, 오로지 윤리에만 관련 있는 것은 아니다. 예를 들어, 인내심 또는 단정함을 덕목이라고 말한다.

덕목은 인지 반응뿐만 아니라 정서 반응도 포함한다. 왜냐하면 매킨타이어(1999, p. 149)의 언급처럼, '덕목은 특별한 방식으로 행위하는 것뿐만 아니라 특별한 방식으로 느끼는 성향이기' 때문이다. 윈스턴(1998, p. 65)이 기술한 대로, '정서적 지식을 가진 도덕적 지식은 덕목을 배우기 위해 특별한 감정과 특별한 정서적 반응을 배우는 것'이 될 수 있다.

제2장에서 지적한 바와 같이, 덕목은 주로 연습에 의해 발달하고, 내가 골디락스 접근법이라고 부르는, 두 극단(혹은 악덕) 사이에서 행위의 최선책을 찾는 일로 구성된다. 덕목이 실제로 어떻게 적용되어야 하는가는 특정 맥락에 의해 결정된다. 행위의 적절한 방책을 찾는 일은 특별한 맥락과 그 맥락 속의 사람들에 대한 안목을 필요로 한다.

덕목은 개인적 측면보다는 사회적 측면에서 보아야 한다. 윈스턴 (1998, p. 174)이 논의한 대로, '덕은 이를 실천하는 공동체에 의해 존재하고 정의된다.' 이는 덕을 기반으로 한 접근법의 장점으로 볼 수 있다. 왜냐하면 복잡하고 변화하는 사회에서 우리는 모두 공동체 내에 살고 있기 때문이다. 상대주의에 대해 우려한다면, 이는 약점으로 보일 수도 있다. 그러나 덕의 상황적 본질은, 추상적인 생각을 실제 상황에 관련시키고 감정의 중요성을 인식하도록 도우면서 아이들에게 영향을 미칠 때, 강점이 된다.

가치란 용어는 매력적이면서 광범위하게 사용되며, 이에는 부분적으로 윤리의 근간으로서의 종교가 부재하면서 생긴 공허감을 채우기 위한 것도 있다. 교육, 사업, 그리고 스포츠에서, 공유된 가치관은 팀워크와 공동 목표 의식의 근간으로서 자주 강조된다. 가치의 언어는 윤리가 합리성뿐만 아니라 감정과 관계에 대한 것이라는 점을 인정한다. 윈스턴(1998, p. 6)에 따르면, 가치를 말하는 것은 이성뿐만 아니라 감정의 언어를 말하는 것이며, 본분과 의무뿐만 아니라 헌신과 신념의 언어를 말하는 것이다.

할스테드(1996, p. 5)는 가치를 '행동할 때 일반적인 지침 역할을 하거나, 의사 결정을 하거나 신념과 행위에 대해 평가할 때 준거점으로 작용하고, 그리고 인격의 고결성, 개인의 정체성과 긴밀히 연결되어 있는 원칙, 본질적 신념, 이상(理想), 기준 혹은 인생관'이라고 정의한다. 이러한 정의가 도움이 되긴 하지만, 가치의 용어와 관련하여 세 가지 문제점이 발생한다.

첫째는 가치와 관련된 언어는 구체적이기보다 모호한 경향이 있다는 점이다. 어떤 점에서 이 문제는, 어떻게 행위할지에 대한 경험 법칙을 제공한다는 점에서, 강점이 될 수 있다. 그러나 가치라는 용어는 다음의 두 가지를 기술하는 데 사용된다.

- 실제로 일어난 일, 그리고
- 일어나길 바라는 일.

후자의 경우, 기술적이고 야심적이다. 이상적으로는, 이 둘은 동시에 일어나며 연계된 가치가 체험된 가치와 맞춰지게 된다. 좀 더 학문적인 언어로는, 지지 이론 — 사람들이 표현하는 신념, 태도, 가치 — 과 상용 이론은 동일해야만 한다(Argyris and Schon, 1974 참조). 그러나 이는 실제에 있어 드문 일이며, 가치 관련 언어는 그 구별을 쉽게 모호하게 만든다.

두 번째는, 가치는 때때로 개인이 드러내 보이고, 또는 드러내야만 하는 자질들과 관련이 있다. 그리고 때때로 한 집단이나 한 사회의 신념과 관련이 있다. 아동은 특히 가능한 한 구체적이면서도 자기 자신의 삶과 연관되는 특성을 위해 그리고 이에 따라 살기 위해 스스로 열망해야만 하는 그 특성을 아는 것이 필요하다. 가치의 언어는, 이

것이 개인에게 부과하는 것은 항상 맥락에 대한 판단에 의존해야 한다는 것, 그리고 우리가 다음 절에서 보게 될 것처럼 가치가 실제로 뜻하는 것은 그렇게 간단하지 않다는 것을 강조함 없이, 보통 지나치게 일반적으로 사용된다.

세 번째 어려움은 '가치'가 흔히 합의성 착각을 만들어 내기 위한 시도에 사용된다는 점이다. 가령 사회나 문화의 다른 부문에서 같은 단어를 이해하는 데 있어 다른 신념이나 방식을 가지고 있을 때조차도, 정치인들이 공유 가치에 호소하는 경우가 그러한 예이다. 이는 존중이나 공정성과 같은 보편적인 가치, 매우 달리 이해될 수도 있는 용어에 호소하는 경우 특히 그러하다. 이러한 점이 더욱 세밀한 논의를 필요로 하기 때문에, 우리는 다음 절에서 그 문제로 되돌아가 보도록 한다.

그래서 덕목과 가치란 용어는 추상적이지만 인격의 바람직한 특성과 특징을 확인하는 데 도움이 되며, 윤리의 용어에 관한 좋은 근거를 제공할 수 있다. 이 용어들은 많은 사람들에게 있어 종교와 밀접한 관련이 없다는 장점이 있는 반면, 앞서 약술한 바와 같은 단점을 가지고 있다. 이 용어들을 가장 잘 사용하는 방법에 대한 본 논의의 실질적인 함의는 우리가 구체적인 가치와 덕목들을 고려하는 동안 더욱 명백해져야 한다.

## 가치와 덕목은 보편적인가?

이 절에서는, 제2장에서 언급한 개별주의와 보편주의 간의 논의를 상기하면서, 가치와 덕목은 보편적인지, 아니면 특정 문화에 특수한 것인지 — 그리고 어느 정도까지인지 — 에 대한 질문을 다루고자 한다. 우선, 나는 가치와 덕목을 구별하지 않고 있지만, 다음 절의 말미에서 이 단어들이 어떻게 어린이들과 함께 사용될 수 있는지에 대한 나의 선호를 나타내고자 한다.

많은 사람들이 우리 모두 공통의 필요가 있으며 공동의 가치를 공유한다는 생각에 직감적으로 공감한다. 사실, (보통 상당히 생각이 비슷한 사람들의) 집단은 대략적인 합의 목록에 자주 이르게 될 것이다.

다음 세 가지 목록을 살펴보도록 하자. 첫 번째 표 7.1은 올림픽과 장애인 올림픽의 가치이다. 두 번째 표 7.2는 가치 기반 교육에서 사용되는 스물두 가지 가치들이며, 이는 제10장에서 한층 상세히 논의된다.

| | | | |
|---|---|---|---|
| 존중 | 우수성 | 우정 | |
| 투지 | 영감 · 감화 | 평등 | 용기 |

**표 7.1** 올림픽 및 장애인 올림픽의 가치

| | | | | |
|---|---|---|---|---|
| 감사 | 배려하기 | 협동 | 용기 | 희망 |
| 자유 | 인내 | 이해 | 정직 | 사랑 |
| 존중 | 신뢰 | 소박함 | 겸손 | 평화 |
| 우정 | 관용 | 책임 | 자질 | 화합 |
| | 행복 | 사려 깊음 | | |

**표 7.2** 가치 기반 교육에서 권고하는 가치들
출처: Eaude, 2004, p. 5.

| 배려와 동정심 | 최선을 다하기 | '공평한 대우' |
| 자유 | 정직과 신뢰 | 청렴 |
| 존중 | 책임 | 이해, 관용 및 통합 |

**표 7.3** 호주의 가치 교육에 채택된 아홉 개의 가치들
출처: National Framework for Values Education in Australian Schools, 2005.

표 7.3은 로바트와 투미(Lovat and Toomey, 2007)가 기술한 대로, 이러한 접근에서 채택된, 그리고 호주 학교들에서 대단위 프로그램으로 채택된 아홉 가지 가치들의 짧은 목록을 알려 주고 있다.

이 가치들 중에서 일부 — 정직, 존중 같은 — 는 '최선을 다하기'나 자유와 같은 다른 가치들보다 윤리와 더 밀접한 관련이 있다. 몇몇은 진정한 가치라고 할 수 있는지, 혹은 실제로 어떻게 행위해야 하는지에 대해 아주 일반적인 언급 이상을 어느 정도까지 제공할 수 있을지에 관한 질문이 나올 수 있음에도 불구하고, 그 가치 중 어느 하나도 반대하기는 힘들다. 그러한 가치들이 보편적인 것으로 보일 수도 있겠지만, 표면 아래로 파고 들어갈 경우 상황은 더욱 복잡하게 된다.

첫째, 몇몇 문화와 종교에서 매우 중요한 것으로 간주되는 몇몇 가치는 포함되지 않는다. 어떤 항목은 선택되어야 할 것 같은데, 예를 들어 정의라든가, 겸손, 혹은 애국심은 어디 있는가?

둘째, 알렉산더(1995, pp. 24-25)는 '가치들은 절대적인 것이 아니다. 그것들은 그 본성에 의해 경쟁할 수도 있고 경쟁하기도 한다'라고 언급한다. 하나의 단체 내에서도 내용과 주안점의 차이는 어느 하나가 명확하게 되면서 바로 드러나게 된다. 카타야마(Katayama, 2004,

p. 70)가 논한 대로, '우리가 사는 다원적인 사회에서 정의나 정직과 같은 덕목들을 존중하는 데는 일치하지만, 이러한 용어들에 대한 동일한 해석을 공유하지는 않는다. … 그러한 단어들의 해석이 상세히 될수록, 광범위한 합의를 이루기는 더 어려워진다.' 카타야마는 계속해서 가치를 실행시킬 방법은 많은 경우 교육자들에 의해 동의될 것이라고 제안한다. 그러나 이것은 개인이 특정 상황에서 적절한 행동 과정을 결정해야 한다는 점을 간과한다. 즉, 서로 다른 가치 또는 덕목이 대조되는 방향을 지적할 때의 문제 말이다.

셋째, 보편적 가치에 대한 강조는 실제 삶이 종종 불편한 선택을 포함한다는 사실을 인식하기보다 이의가 제기되는 도덕성의 본질과 윤리를 너무 간단하게 설명하는 잘못된 합의를 가정하거나 만들어 낼 위험을 내포하고 있다. 가치가 보편적이라고 주장하는 것은 합의를 찾는 데 있어 갈등과 차이를 피하려는 경향이 있다. 많은 가치들이 대부분의 문화 공동체에서 공통적일 수도 있다. 하지만 그 외의 경우에는 문화적으로 더 특수하고, 한 집단이나 사회의 다양성이 더 커질수록, 정당한 차이가 존재하게 될 가능성도 더 커진다. 그리고 가치가 보편적이라고 하더라도, 때로는 다른 가치들과 충돌하기도 한다.

끝으로, 보편적인 가치라는 관념은 상대적으로 부유하고 '개발된' 나라의 자유주의적 가치에 특권을 부여하는 (보통 내포된) 추정을 수반한다(Haydon, 2004. 참조). 그래서 가치 있다고 했던 것이 시간이 지나면서 바뀌게 되며, 문화 공동체에 따라 다르게 된다. 이를 설명하기 위해, 간략하게, 잠재적으로 쟁점이 되는 다섯 가지 특성들을 생각해 보자.

- 애국심
- 포부
- 겸손
- 정숙, 그리고
- 경의[존경]

그리고 다음은 윤리와 더욱 밀접하게 관련 있고 보편적이라고 보이는 세 가지이다.

- 공정성
- 존중, 그리고
- 정직.

많은 나라에서, 특히 새롭게 독립한 나라에서, 애국심은 하나의 특성 혹은 덕목이며, 예를 들어 미국에서처럼 국기에 대해 경의를 표하면서, 많은 어른들이 자녀들에게 심어 주길 바라는 것이다. 애국심을 표현할 때 한층 더 과묵한 곳인 영국에서도 그것은 역사적으로, 특히 위기 시에는 하나의 덕목으로 여겨져 왔다. 그러한 견해는 '내 조국이 옳은가 혹은 옳지 않은가'에 대한 회의론을 다소간 약화시켜 왔으며, 그래서 이제는 보통 생각 없는 복종보다는 개인적 선택이라고 하는 것이 더 적절하다고 여겨진다. 그래서 애국심이 덕목으로 간주될 수도 있는 반면, 그것이 실제로 수반하는 것은 더욱 논란의 여지가 있다.

포부는 많은 사회에서, 특히 앵글로색슨과 많은 동아시아 사회에서 장려된다. 포부의 부재는 추동력(추진력)의 부족을 제시하는 것일 수도 있는데, 많은 사람이 특히 자기 자신의 입신출세를 위해 포부가 지나치다고 의심을 받을 수 있음에도 그렇다. 많은 원주민 문화를 포함해서 몇몇 사회에서는, 미국에서처럼 성공을 위한 개인의 투지가 다른 사람들을 고무할지라도, 개인의 성공보다 집단행동을 더 중요시한다. 포부는 성공적인 학습을 위한, 특히 가족 환경 혹은 가족 문화로 인해 낮은 수준의 자신감과 자존감을 가지게 된 사람들을 위한 전제 조건인 열망과 긴밀히 관련되어 있다. 그래서 그 징후들의 일부에 대해서 사람들은 의심할 수도 있으며, 포부가 덕목의 하나라고 할 수 있는지 여부는 무엇에 대해 포부를 가지는가에 따라 달라지는 것으로 보인다.

겸손은 가령 기독교와 같은 많은 종교적 전통에서 아주 중요하게 여겨진다. 그러나 겸손은 현대 서구 국가들의 마초적인 거리의 세계에서 그런 것처럼, 고대 그리스에서도 경멸당했다. 자부심은 겸손의 반대지만, 자기 자신과 다른 사람들의 성취에 대한 자부심은 대개는 적절하다고 간주된다. 자부심이 '으스대는 것이' 명백하거나 지나침이 명백할 때 문제가 발생한다.

정숙은 대부분의 이슬람교와 남아시아의 전통에서 핵심이다. 정숙치 못함은 특히 소녀들과 여성들에게 있어 심각한 인격의 오점을 상징한다. 이는 개인적이기보다는 집단적인 책임과 관련되어 있다. 가족의 명예인 이자트(izzat)의 중요성은 섹슈얼리티와 자기 자신의 홍보 두 가지 관점 모두에서 천박함을 이용하는 것처럼 보이는 유명인 문화에서는 이해하기 어려울 수도 있다.

권위에 대한 경의[존경]의 축소된 수준은 제3장에서 어린이가 어른의 말을, 자동적으로, 그저 받아들이기만 하지 않도록 장려하는 것의 이점 및 단점과 함께 강조하였다. 연장자에 대한 존경은 적절한 것이라고 널리 여겨졌었고, 아직도 많은 문화 공동체, 특히 동아시아에서 그러하다. 그렇지만 동시대 서양 문화에서는 좀 더 경험 있는 사람에 대한 존경[경의]을 겸손이나 정숙에 비해 그다지 가치 있게 생각하지 않는 것 같아 보인다.

이러한 예들은 가치 있다고 하는 것이 시간과 문화에 따라서 변한다는 것을 보여 준다. 그러나 확실히 존중이나 공정성 그리고 정직과 같은 몇몇 가치들은 보편적이지 않을까? 누가 다른 사람을 존중하는 것에 반대할 수 있을까? 혹은 공정하게 행위하는 것은? 혹은 진실을 말하는 것에 대해서는? 그렇지만 이러한 것조차도 생각과 달리 더 문제가 된다. 이것이 실제로 의미하는 바에 대해 철저히 조사하게 되면, 합의라고 여겨졌던 것은 흐트러지기 시작한다.

예를 들어, 공정성이란 것이 모든 사람을 동일하게 대하는 것인가? 아니면 그들의 특별한 배경이나 필요를 고려하는 것인가? 전자의 경우, 일부 사람들에게 성공 가능성의 기회를 더 주는 그들의 사전 경험과 기존의 능력 혹은 지식의 정도를 간과하고 있다. 그리고 후자는 도전보다는 문화와 배경에서 유래한 기존의 포부와 신념을 단단히 자리 잡도록 유도할 수 있다. 마찬가지로, 공정성이 뜻하는 것은 균등인가 아니면 비례인가 — 대략적으로 말하면, 모든 사람이 동일하게 가지는 것인가 혹은 받을 만한 것을 가져야 하는가? 그것은 모두에게 동일한 기회를 줘야 함을 의미하는가? 아니면 비슷한 성과를 지향하기 위해 노력하게 하고, 그래서 기존의 불평등을 바로 잡도록 모색하는 것을 의미하는가? 이러한 논의가 상당히 학문적인 토론으로 보일 수 있어도, 그 어려움은 공정성이란 용어를 실제로 적용해야 하는 상황에서 더욱 분명히 드러나게 된다. 예를 들면, 두 동기간에 손위 혹은 손아래 사람이 무엇인가를 할 수 있도록 허용해야 하는지에 대해서 다투거나, 혹은 교사가 모두에게 다 줄 수 없는 기회를 주기 위해 학급의 일부 어린이를 선발해야만 하는 경우가 그러하다.

내가 관계와 공감(감정이입)에 대해 강조할 때, 존중은 보통 나를 포함해서 어린이와 어른 모두에게 필수적이라고 생각되는 한 특성이다. 그러나 인종차별주의자나 범죄자를 포함해서, 모든 사람을 똑같이 존중해야만 하는 것인가? 혹은 권력자나 높은 지위의 사람에게 좀 더 존중하는 모습을 보여야만 하는가? 혹은 자기 자신을 돌보는 능력이 떨어지는 사람들에 대해서 그렇게 해야 하는가? 나는 더 현명한 이를 존중하지만, 화답이 없을 때는, 반사적으로 존중을 표하지는 않아야 한다는 생각에 사로잡혀 있다. 많은 청소년이 다른 사람들이 자기를 '(무례를 뜻하는) 디스'하지 않아야 할 텐데 하고 걱정하면서, 자신이 중요하다고 여기는 것을 얕보는 사람에게 화를 낸다. 그러므로 잘못했다거나 무책임하다고 믿는 사람과 존중감을 표현하지 않는 사람에게 어느 정도까지 존중을 표해야 하는지를 질문하는 것은 정당한 일이다.

확실히 정직은 보편적으로 가르쳐야 하는 덕목이라는 말에 모든 사람이 동의할까? 어느 정도까지만 그렇다고 할 수 있다. 한 어린이가 자기가 싫어하는 다른 어린이에 대해서 생각하는 바를 말해야만 할까? 혹은 성인이 중환자인 어린이에게 정직하여야 할까? 만약 그렇다면 어떻게 할 것인가? 정직은 연민과 세심함과 같은 다른 자질들에 의해 자주 다듬어져야만 한다.

이 논의는 우리가 아무리 그러길 바란다고 해도 가치와 덕목이 보편적이 아니라는 점과, 덕목과 가치를 그렇게 본다는 것이 관점과 행동의 타당한 다양성의 범위를 경시하는 것이라는 점을 보여 준다. 그러한 이상들을 향해 매진할 필요가 없거나 어린이들에게 그리 하도록 장려할 필요가 없다는 것을 의미하지는 않는다. 그러나 유아에게도 이러한 생각들에 뒤따르는 것이 복잡할 수 있고 논란이 될 수 있음을 인식해야 할 필요가 있다. 그러면 도덕 교사는 누구의 가치와 어떤 덕목을 지지하고 고취해야 할까?

## 불확실한 미래에 대해 누구의 가치와 어떤 덕목을?

이번 절에서는 학부모, 학교, 그리고 몇몇 종교에서 제시하는 수많은 옛 통념들이 접근하기 어렵거나 혹은 적용할 수 없는 것처럼 보이는, 불확실한 미래를 위해 요구되는 특성과 자질들을 논의한다. 특히 가치와 덕목이 보편적으로 동의 받지 못하는 세상에서 어떠한 가치와 덕목을 지지해야만 하는가를 어떻게 결정할지 생각한다.

한 가지 방법은 영국의 가치와 같은 한 집단의 가치에 호소하는 것이지만, 이를 식별하는 와중에 조만간 어려움에 맞닥뜨리게 된다. 그러면, 예를 들어 관용, 혹은 자유, 혹은 민주주의를 포함시킬 수 있을까? 소수민족 집단들 중 많은 수는 관용에 대한 약속의 진실성과, 여우 사냥의 참가가 더 이상 허용되지 않거나 공공장소에서 더 이상 담배를 필 수 없게 된 사람들에 의해 이의 제기가 나올 수 있는 자유에 대한 약속의 진실성에 의심을 품을 것이다. 그리고 정기적인 선거가 치러진다는 의미에서 민주주의를 위해 너 나은 사례가 만들어질 수도 있는 반면, 서로 다른 사회에 대한 짧은 고찰은 민주주의가 무엇인가에 대한 상반된 관점으로 나타난다. 보편적 가치에서와 마찬가지로, 특정 단어들이 실제로는 어떤 의미인지에 대해 다른 견해들이 있으며, 기술된 가치와 체험된 가치 사이에서, 사회가 열망하는 것(혹은 그리 하라고 주장하는 것)과 실제로 벌어지는 일 사이에서 자주 부조화가 생긴다.

유사한 문제는 기독교적 가치를 규정하려고 노력할 때에도 일어난다. 쿨링(Cooling, 2010)은 교회학교를 지원하는 영국 교회에 의해 준비된 리스트에 대해서 논하면서 다음과 같이 쓰고 있다(p. 29).

> 예를 들어 감사함, 인내, 동정심과 같은 많은 (가치들이) … 비기독교 학교에서도 환영받을 것이다. 그러나 창조, 지혜 그리고 겸손을 포함해서 다른 것들에 대해서는 아마도 눈썹을 치켜 올릴 것이다. 크게 놀라운 점은 … '공유이자 흔히 친교로 번역되는 것'으로 정의되는 … 코이노니아이다.

기독교 내에서도 합의된 바가 없을 듯하지만, 기독교적 가치가 포함하는 것의 세부 사항을 토의할 여유는 없다. 그러나 쿨링은 '사람들이 사실상 그 가치들을 공유하기 때문에 그 공유된 가치는 논란의 여지가 없는 것이라는 가정으로부터 그 가치들이 명백한 상식이기 때문에 사람들은 그 가치들을 공유해야만 한다는 가정으로' 미끄러져 버리는 문제를 강조한다(p. 29). 전자는 '기독교 교육을 특징지어야 하는 덕목들은 … 독특하게 기독교적이지만, 그 덕목들이 반드시 유일하게 기독교적인 것은 아니다'(p. 9)라는 것이 중요한 요지이다. 그래서 (잘해 봐야) 종교(혹은 다른) 집단의 특징적인 것으로서의 특정 가치 혹은 덕목을 확인하기가 어려우면서도, 그 집단 외부의 가치들을 완전히 배제하지 못한 채 집단에 속하는 관련 자질들의 유연성 있는 그룹은 감별할 수 있다. 만약 모든 종교와 무교의 경우를 포용하고자 한다면, 그러한 접근법은 학교와 같은 환경에서 필요하다.

로마가톨릭교회 학교처럼, 특별한, 분명한 신념과 가치에 기반을 둔 맥락에서, 방과 후에 모스크나 스포츠클럽에서, 보통 사람이 그 신념이나 가치를 채택하는 것을 기대하는 게 합당하지 않겠느냐는 주장이 있을 수도 있다. 그러나 이는 포괄적인 접근을 방해할 수 있으며, 어린이가 신념과 가치를 수반하는 것의 개선된 이해를 발전시키는 것을 방해할 수도 있고, 갈수록 더 다양해지고 세계화되는 세상에서 맞닥뜨리게 될 다양한 신념을 다루는 학습을 막을 수도 있다. 제8장에서 나는, 실제로, 신념들의 어느 한 세트에 지나치게 견고히 얽매이지 않고 보편적이라고 제시하지 않으면서, 특별한 상황에 적용할 수 있는, 공동의 기대치를 수립해야 한다고 말했다.

우리의 역할이 무엇이든 간에 우리는 덫에 빠진 듯하다. 왜냐하면,

- 일부 사람들이 대략적으로 동의하더라도, 보편적 가치에 대한 호소는 다양하고 세계화된 세상에 더 이상 적합하지 않다. 그리고
- 권장되는 특성 혹은 가치는 문화 공동체에 따라 각기 다르고, 맥락에 따라 적용되어야 하며, 그래서 끊임없는 토의와 반영의 문제가 돼야 한다.

이우드(2008b)의 글에서, 나는 프라우(Frowe, 2007, pp. 275-278)가 인용한 1차 가치와 2차 가치에 대한 케케스의 작업에 기대어 이 덫에서 벗어날 길을 찾으려고 노력했다. 케케스는 1차 가치를 충분하지는 않지만 최대한 올바르게 사는 데 필수적인 조건으로 설정하며, 모든 것에 (실제로) 적용할 수 있을 듯해 보이는 것이라고 설명한다. 1차 가치는 올바른 삶 혹은 올바른 사회를 위해 요구되는 최소한을 제시하는 '빈약한' 관점에 근거하고 있다. 케케스(Frowe, 2007, p. 276 참조)는 다음의 세 가지 범주가 요구되는 것으로 제시한다.

- 자아, 예를 들어 생리적 · 심리적 자아
- 친밀함, 예를 들면 몇몇 사람들과 친밀한 인간관계를 형성하는 친밀함
- 사회체제, 가령 어느 정도의 권위의 수립, 제도와 관례의 존재와 같은 것

2차 가치는 1차 가치에 의존하는 반면, 문화나 개인 선호도에 따라 변한다. 2차 가치는 '1차 가치에 따라 정해진 요건들을 넘어서는 가능성을 제시함으로써 삶을 풍족하게 한다'(Frowe, 2007, p. 276 인용). 1차 가치는 올바른 삶의 필요조건들을 제시하고, 반면에 2차 가치는 일부 ― 전부는 아니지만 ― 개인들이 채택할 수 있는 선택적 신념의 한 세트를 구성한다. 이 구분은

- 인간이 번성하는 데 필수적인 것과 인간의 열망과 선호의 다양성을 반영하는 것을 구별하며,

- 각각 다른 문화와 사회에서 서로 다른 자질들의 중요성에 대한 각양각색의 입장과 올바른 삶에 대한 그들 자신의 개념을 추구하는 개인들의 권리를 평가하는 현실을 인정한다.

그러한 접근은 다른 것보다도 몇몇 덕목과 가치를 강조하는 선례에 의존한다. 예를 들어, 고대 그리스는 신중, 용기, 인내 그리고 관용을 강조한다. 그리고 '기본 덕목' — 신중, 정의, 절제 그리고 용기 — 이라는 기독교 내의 오랜 전통이 있다. 어느 덕목 혹은 가치가 1차적인지 혹은 2차적인지 결정하는 일은 명백히 어려운 일이다. 역설적으로, 이것은 내게 장점으로 보인다. 왜냐하면 문화와 개인의 다양성의 경우, 어떤 특정 환경에서 어느 것이 가장 문제가 되는지, 그 기회를 열어 둔 채로 둘 것인지, 그리고 그에 대한 존경을 권장할 것인지에 대한 논쟁을 활성화하기 때문이다.

보편적인 가치에 호소하는 것은 어린이와 어른이 어떻게 행위하고 상호작용할지 그리고 이를 논의할 공통의 용어에 대한 간단한 체계를 제공한다는 점에서 아동들과 일하는 사람들에게 매력적이다. 그러나 그러한 접근은 어린이가 복잡하고 변화하는 세상에서 필요한, 지속적으로 성숙하고 세련된 안목을 발전시키는 일을 어렵게 만들면서 지나치게 단순화하는 경향이 있다. 예를 들면, 친구를 지켜야 한다는 확신을 깨도록 요구받을 때, 적절한 행동에 대한 대부분의 결정은 가령 충성과 정직 같은 서로 다른 덕목들 중에서 선택하는 것에 의존하거나, 또는 충돌하는 덕목들 사이에서 — 나는 용감해야 하는가, 아니면 충성해야 하는가? — 그리고 그 각각이 부적절한, 양극단 — 있는 그대로의 사실 말하기 혹은 새빨간 거짓말하기 — 사이에서 균형을 찾는 방식에 의존한다. 어른이 어떤 특정 상황에서 무엇을 할 것인지 지시하고 간단하면서 분명한 해결책을 제시하는 것은, 개인이 충돌하는 요구들을 통해 사려 깊게 진로를 정해야 하는 범위를 소홀히 취급하게 할 수 있다.

위에서 나열한 덕목과 가치들 중 일부는 유아에게 다소 복잡하고 추상적으로 보일 수도 있다. 겸손이나 인내와 같은 몇몇 가치는 어렵다는 것이 판명되었음에도 불구하고, 이우드(2004)는 실제로 표 7.2에서 언급된 가치들 중 대부분을 유아도 상당히 쉽게 이해했음을 보여 주었다. 그러나 어떤 언어든 간에 이해는 사용을 통해서 키워진다. 그리고 어린이의 나이와 경험에 따라 이러한 용어들을 사용하고 맞추는 것은 어른의 기량의 일부분이다. 윤리에 관한 어휘는 가치와 덕목으로서 틀이 잡힐 수 있기는 하나, 나는 다음과 같이 사용하는 것을 선호한다.

- 어른과 어린이에게 장려되는 특성을 위한 덕목
- 제도에 의해 지지받는 것을 설명하기 위한 가치

질문 ― 누구의 가치, 어떠한 덕목? ― 을 분석하면서, 나는 어른이 자신이 중요하다고 믿는 것을 옹호하고 구현하는 것과 어린이가 어떻게 행위하고 상호작용해야 하는지에 대해 지나치게 권위적이 되는 것 사이에서 긴장 상태를 맞이하게 될 것이라고 주장해 왔다. 제10장에서는 이 문제가 어떻게 해결될 수 있는지를 논의하고, 덕 윤리의 힘은 유연성이라고 제안한다. 따라서 고무된 구체적인 특성이, 종교와 다른 배경에서, 아동과 더 성숙한 어린이에게 적용될 수 있다.

## 아동은 올바르게 사는 법을 어떻게 배우는가에 대한 함의

이번 절에서는 도덕, 그리고 인격과 교육에 대한 앞의 세 개 장의 함의를 요약하고, 다음 세 개 장을 통해서 어른들이 좀 더 상세하게 토의해야 하는 핵심 사안들을 강조한다.

제5장에서, 비록 정서가 더 빨리 작용하긴 하지만, 정서와 인식과 관련된 학습 메커니즘들이 연결되어 있다는 것을 밝혔다. 아동의 인지 과정은 특히 정서가 격렬할 때에 비효율적으로 작동하는 경향이 있다. 하이트(2012)는 도덕적 결정이 정서 반응을 기반으로 하여, 보통 수반되는 추론과 합리화와 함께, 직관적으로 이루어짐을 보여 주는 광범위한 연구를 요약하고 있다. 인격교육은 하이트가 의식의 기수뿐만 아니라 정서의 코끼리라고 부르는 훈련을 포함하고 있다.

에반스(Evans, 2001, p. 46)는 다음과 같이 말하고 있다.

우리들 대부분이 가지고 있는 도덕 능력은, … 컴퓨터 프로그램의 명령과 같은 규칙의 집합에 기반을 두는 것이 아니라 동정, 죄책감, 그리고 자부심과 같은 정서에 근거한다. 그러므로 어린이의 정서 능력이 같이 잘 키워지지 않으면, 어린이의 도덕 능력 발달은 계명과 행동 수칙의 집합을 가르치는 것 가지고는 별 도움이 안 될 듯하다. … 당시의 도덕 추론을 인도하는 도덕 감정 없이는 정신보다는 단지 법률 조문에 복종하게 될 뿐이다.

정서에 적절히 반응하고 자기 수양하는 법을 배우는 것은 시간이 걸리고, 지원이 필요하며, 대본을 그저 따라하거나 합리화하는 것이 아닌 복잡한 과정이다. 더 정확히 말하면, 다양한 사람들이 어떻게 자신의 행동을 조절하는지 관찰하고, 다른 상황에서 실천하며, 그리고 적절한 행위를 강화하는 것이 필요하다. 이는 어린이가 어떻게 행위하고 상호작용하는지에 대해서 생각하면 안 된다는 것을 말하려는 것이 아니다. 물론, 어린이는 그에 대해 생각해야 한다. 중기 아동기(와 그 이후)에 어린이가 그나마 가능한 행위 방침과 그 결과를 생각하도록 격려하고 지원하는 것은 더 커진 사회적, 문화적 압력과 또래 집단의 압력의 영향으로 인해서 갈수록 더 중요하게 된다. 단단한 토대 없이는 이러한 의식 과정은 뿌리를 내리지 못하게 될 것이다. 타인의 필요와 감정에 대해 고려하는 공감과 사려 깊음과 같은 내장된 특성과 성향은 그러한 행위와 생각을 뒷받침해야만 하는 것이다.

그러한 특성을 발전시키는 것은 대부분 본보기와 습관에 달려 있다. 오크쇼트(Oakeshott)에 따르면, '특정한 방식으로 습관적으로 행동하는 사람과 함께 살아감으로써, 우리는 모국어를 습득하는 것과 같은 방식 — 이렇게 매일 노출 상태로 흉내 내고 그래서 습관이 되는 방식 — 으로 행위 습관을 습득하게 된다'(Erricker and Erricker, 2000, p. 98 참조). 그리고 카타야마(2004, pp. 70-1)에 따르면, '어린이는 유아기에 덕목의 실천으로 편입된다. 어린이는 무엇이 정의이고, 정직이며, 절제인지를 되돌아보는 것을 시작하기 훨씬 오래 전에 부모와 교사로부터 매일의 단순한 상황에서 어떻게 옳은 길을 가고, 정직하고 그리고 절제할 수 있는지 배우거나, 혹은 잘못 배우게 된다.'

특성과 성향은, 비록 그 과정은 자기 자신과 타인의 언어에 의해서 지원받는 것이긴 하나, (직접적인) 가르침에 의하는 것 이상으로, 흡사

삼투압에 의한 것처럼 체득되는 것이다. 예를 들면, 창조성이나 팀워크는 이를 장려하는 환경에서의 실천을 통해서 주로 학습하게 된다. 함께 일하기, 실제 문제 해결하기, 혹은 연극의 예행연습과 공연 같은 경험들은 협력이나 협동과 같은 내재된 자질에 도움이 된다. 공감과 사려 깊음과 같은 자질 — 그리고 이를 드러내 보이는 성향 — 은 단지 이것의 계발을 목적으로 한 프로그램이나 수업에서보다는 실생활의 맥락에서 실천에 의해 심화된다. 이러한 쟁점은 제9장에서 더 자세하게 논의할 것이다.

가령 리코나(Lickona, 1992)와 같은, 많은 인격교육 접근들은 인지 과정에 주로 의존하면서, 학교에서 분리된 프로그램에 기반하고 있다. 그에 반해서, 나의 논의는 다음과 같다. 즉, 인격 발달과 올바르게 사는 법의 학습은,

- 일생에 걸쳐 벌어지며, 머리보다는 가슴에 가까운 문제이다. 그리고
- 비록 선형은 아니지만, 점차적으로 심층 학습을 포함하는 누적적이고 점진적인 과정이다.

심층 학습은 정보의 암기와 반복보다 지식의 적용과 내면화를 포함한다. 그래서 '사람의 정체성에 대해 직관적이고 근본적이게' 된다 (West-Burnham and Huws Jones, 2007, p. 48). 특히, 인격교육은 도덕 정체감을 육성하고 지속시켜야만 하며, 내가 말하는 도덕 정체감은 '나는 어떤 종류의 사람인가? 그리고 나는 어떤 종류의 사람이 되기를 바라는가?'의 의식을 뜻하는 것이다. 제6장에서는 정체성을 문화

와 환경에 의해 형태는 갖췄으나 정해지지는 않은, 그리고 다른 사람의 인식에 영향을 받으나 의존적이지는 않은 내러티브 — 누군가가 구성하고 그 자신에 대해서 알리는 이야기 — 로시 소개하였다. 그러한 자아감은 다른 사람들이 특히 어린아이들을 변화시키는 것 — 강화하거나 약화시키면서 — 을 도울 수 있는 것이다.

새먼(Salmon, 1995, p. 63)은 다음과 같이 밝히고 있다.

> 정체성은 … 타인과의 상호작용에 의해 구축된다. 우리가 누구인지는 우리가 누구로 알려져 있는지와 밀접한 관련이 있다. 어린이는 학교로 매우 개별적인 가족 정체성을 가져오며, 그 정체성은 몇몇 종류의 학습은 가능하게 하지만, 그 외에는 제약을 가한다. 다른 어린이와의 사회적 관계, 그리고 학교 문화에의 참여는 학생들이 교실에서 행하는 행동의 의미를 틀 짓고, 학생들이 해도 되는 것과 하지 말아야 할 것을 치밀하게 통제한다.

어린이가 믿을 수 있고, 매일의 상황 속에서 시간이 흐를수록 어린이를 신뢰하는 어른과의 관계는 어린이에게 예측 가능성과 일관성을 제공한다. 그러한 관계는 아동의 자아 개념과 정체성에 강한 영향력을 행사하며, 최소한 어느 정도까지는 상처받은 정체성을 치유할 수 있는 잠재력을 가지고 있다.

정체성, 그리고 자아상은 가령 소년으로서 혹은 시크교도나 팀의 구성원으로서의 정체성을 보여 주는 옷 같은 더욱 분명한 외부적 표시뿐만 아니라, 예를 들어 독자나 예술가와 같은 우호적이고 친절한 혹은 골치 아프고 공격적이라고 생각되는 자질들의 미묘한 혼합물을 포함하는, 자기 자신에 대한(그리고 타인이 자기를 어떻게 보는지에 대한) 의식에 기반을 둔다. 소녀나 기독교인으로 태어나거나 혹은 신체 건강하거나 가난하게 태어난 것이 정체성과 자아 개념을 결정하지 않지만, 이는 정체성과 자아 개념에 영향을 주며, 폭력적인 부친이나 매우 출세 지향적인 모친과 사는 것은 자기 자신과 자기의 기대에 대한 어린이의 관점에 영향을 미치게 된다. 정체성 형성은 우리가 어떻게 자신을 이해하는가와 타인이 우리를 어떻게 볼 수 있는지에 대한 다른 관점들 사이의 협상을 포함한다.

각자의 정체성은 각자가 물려받은 것에 의해서 뿐만 아니라 문화와 경험에 의해서도 형성된다. 그래서 정체성은 빠르게 만들어지지 않고, 살아 있는 관계의 맥락에서 계속 형성되어 가며 변경된다. 우리가 봐 왔던 대로 다른 그룹들과의 동일시를 통해서 만들어지고 지속된다. 유아의 경우, 이 일은 그들이 사는 가족과 공동체 내에서 아주 분명하고 심오하게 일어난다. 가족이나 종교 단체의 신념이나 관행은 변하지 않고 있지만, 사람의 인격과 세계관 형성에 도움이 된다. 예를 들어, 여자아이는 여성성과, 남자아이는 남성성과 관련된 관심이나 성격적 특성을 반드시 택해야 하는 것은 아니지만, 가족, 또래 집단 혹은 사회의 기대는 이를 조장하는 경향이 있다.

도덕 정체성은 최소한 어느 정도는 우리가 어떻게 행위하는지를 우리가 바꿀 수 있고 통제할 수 있다는 주체 의식, 신념 또는 사고방식을 필요로 한다. 아동은 맨 처음부터 주체 의식과 정체성을 형성할 필요가 있으며, 청소년기로 가면서 이를 유지하고 강화할 필요가 있다. 그리고 참여하는 것이 필요하며, 왜 사람이 특정 방식으로 행위하고 상호작용해야 하는지에 대한 요점과 이점을 아는 것이 필요하다.

우리가 제8장에서 보게 될 것처럼, 아동은 경계선을 필요로 한다. 하지만 어른은 명백한, 외적으로 설정된 경계선이 덜 필요해지고, 어린이가 적절한 경계선을 설정하도록 노력해야 한다. 그렇지 않으면, 어린이는 과잉보호 될 것이고, 그들의 도덕적 주체 의식은 충분히 발달하지 않게 될 위험이 있다. 너무 복잡하고 너무 빨라서 혼란을 초래할 수도 있는 반면, 지나친 단순화와 아동의 과잉보호는 불확실한 시기에 의존성과 나약함을 초래하는 경향이 있다.

인격교육은 어린이가 다양한 상황에서 ― 불안감은 억지되고 탐험은 권장되는 환경에서 (그리고 적절한 질책의 경우에) 지원과 안도감을 가지면서 ― 특성을 실천하고 발달시키는 것을 포함한다. 언제 그리고 어떻게 이를 연습할지에 대한 안목은 경험과 경험에 대한 반성을 통해서 배우게 된다. 아동을 위해 그러한 반성은 보통 지도를 필요로 한다. 제9장에서 논의하는 대로, 윤리에 관한 어휘는 어린이와 어른에게 이러한 특성들이 실제로 수반하는 바를 생각하게 하고, 적절한 행위는 강화하고 적절하지 못한 행위는 고치도록 하는 데 도움이 된다. 비록 어린이의 나이와 설정된 유형이 어떤 특성들은 더욱 강조되고 다른 것들은 덜 강조된다는 것을 의미할 수도 있겠지만, 덕목과 가치에 관한 언어는 그러한 어휘에 적합한 기반을 제공한다.

어른들이 강조하는 것과 방법은 그들의 피드백의 효과에 영향을 미친다. 치료 전문가인 마이클 화이트(Michael White)는 '내러티브 농후화'로서 강화되는 적절한 행동과 반응을 묘사한다. 여기에는 3살바기 아이에게 '실제로 일어난 일을 내게 말한 것은 잘한 거야'라고 말하거나, 혹은 9살인 아이에게 '첫날인 제이콥을 보살펴 줘서 고마워'라고 말하는 것이 포함될 수도 있다. 또는 잘못을 인정하거나 게임에서 마음이 상한 누군가를 끼워 준 것에 대해 어린이를 칭찬하기, 혹은 누군가가 놀림을 당하고 있을 때 애써 도움을 주거나 개입한 어린이를 칭찬하기도 포함될 수 있다. 어린이가 사려 깊고 이타적인 방식으로 — 비록 상대적으로 적을 수는 있지만 — 행위하는 것을 강화하는 그러한 긍정적이고 구체적인 피드백은 내러티브를 농후하게 하여, 서서히 어린이들의 그 자신에 대한 그리고 그들의 정체성에 대한 신념을 재조정하는 데 도움이 된다.

내러티브 농후화는 시간이 흐르면서 충동적이고 이기적으로 행위하는 경향과 부적절한 방식으로 행위하게 하는 외부의 압력에 대한 방어막을 제공한다. 특히 어려움에 자주 처하는 아이들과 함께, 어른들은 그들이 사려 깊게 혹은 친절하게 행위하는 그 시간을 찾고 그에 주력하도록, 그래서 도덕적 주체 의식이 더욱 강해질 수 있도록 노력해야만 한다. 그러나 내러티브는 농후해질 수도 있지만 엷어질 수도 있으며, 어린이의 정체감을 더욱 취약하게도 만든다. 우리가 제6장에서 보았던 것처럼, 특히 정체성과 관련된 공포와 창피는 어린이의 주체 의식을 훼손할 수 있으며, 그것이 억울함과 낮은 자존감으로 어떻게 이어지는지를 기억하자. 주체 의식과 정체성은 형성될 때보다 더 쉽고 더 빠르게 손상된다.

이번 절에서 아동의 인격과 도덕 정체성이 어떻게 만들어지고 유지될 수 있는지 몇 가지 핵심 관점의 윤곽을 보여 주었다. 다음 세 개 장에서 어떻게 어른이 이러한 과정을 지원할 수 있는지에 대해서 한층 더 상세히 탐구해 본다.

Ⅲ부

도덕교육의 경로

아동이 어떻게 배우는지에 대한 논의에 이어, 제3부는 적합한 행위를 장려하고, 오랜 기간 동안 제1장에서 확인된 함정을 피하고자 하는 두 가지 의미에서 어린이에게 좋은 영향을 주고자 할 때, [이것이] 어른에게 함의하는 것을 살펴본다.

함의 중 많은 수가 논리적으로 도출되긴 하지만, 무엇이 관련되었는가는, 역설적으로, 우리가 생각할 수 있는 것보다 복잡하면서도 더 간단하다. 예를 들어, 어른의 칭찬은 도덕 정체감을 뒷받침하는 데 도움이 될 수 있다. 그러나 어떤 종류의 것은 그것을 약화시킬 수도 있다. 그리고 기술된 것이 어려운 것처럼 보일 수 있지만, 좋은 예를 세우는 것과 같이 가장 중요한 것의 상당 부분은 보이는 것만큼 그리 복잡한 것은 아니다.

어른과 어린이가 협상해야만 하는 험난한 지역을 통과하는 하나의 경로만 있는 것은 아니기에, 어른은 매뉴얼을 단순히 따르기보다는 판단을 해야만 한다. 이제 세 개의 장에서는, 광범위하게 해석해서, 배려 윤리와 덕 윤리를 기반으로 하며, 어린이의 삶 전반에 걸쳐 어떤 설정이 어떻게 작동하는지에 대해 살펴보는 인격교육 접근에 대해, 가능한 범위까지 논의한다.

학습은 호혜적이기 때문에 정리된 구획에 포함된 것을 분리하는 것은 쉽지도 않고 도움도 되지 않는다. 그래서 언어와 이야기, 피드백과 본보기, 신념과 경험과 같은 주제는 계속 다시 나타날 것이다. 그러나 제8장에서는 포괄적인 학습 환경의 중요성과 본질에 대해서 논하고, 제9장에서는 배려 윤리가 전인적 아동교육을 위한 필수적인 기반을 제공한다는 믿음 속에 공감과 사려 깊음 같은 특성들이 어떻게 가장 잘 함양될 수 있는지를 논한다. 제10장은 요즘 분위기에서 도덕 교사들이 당면하는 도전들을 인정하면서, 협조 하에 그리고 개인과 기관의 신뢰성을 위하여 일해야 할 필요성을 강조한다.

# 8

# 포괄적인학습환경

---

**개요**

---

학습 환경의 영향
환대하는 공간 그리고 도덕 질서
경계, 일상, 그리고 규칙
모든 과목 영역에 걸친 작용

## 학습 환경의 영향

파커 파머(Parker Palmer, 1983; 1993, pp. 71-5)는 진정한 학습 장소
는 세 가지 본질적 차원을 가지며, 이는 '개방성, 경계, 환대하는 분
위기'라고 제시한다. 파머는 공간의 개방성은 어수선함이 없고, 혼란
이나 혼돈으로의 초대가 아닌, 학습의 구조인 '경계의 확고함에 의해
생성되고'(p. 72), 환대는 '개방성과 배려를 가지고 서로를, 우리의 투
쟁을, 우리의 새로운 아이디어를 받아들이는 것'이라고 표현한다(p.
74). 이 절은 왜 학습 환경이 매우 중요하며, 환대하는 공간과 경계라
는 이 두 가지 아이디어가 그 다음에 오는지를 살펴본다.

유년기 교육에 대해 럼볼드(Rumbold)가 보고한 바에 따르면,

5세 미만 어린이를 대상으로 하는 교육 종사자는 어린이의 학습 내용뿐만 아니라 그 학습이 어린이에게 제공되는 방식과 어린이에 의해 경험되는 방식에 집중해야만 하며, 그 과정에 관련된 모든 이들의 역할에 집중해야만 한다. 어린이는 학습이 이루어지는 장소, 학습과 관련된 사람, 그리고 학습에 내재된 가치와 신념의 맥락에 영향을 받는다. (DES, 1990, p. 9)

특히 행위하고 상호작용하는 것을 배울 때, 왜 이것이 좀 더 나이 있는 어린이와 일하는 사람에 대해서도 들어맞는 내용일까에 대해 생각해 보자.

환경은 신체적, 정서적, 관계적, 도덕적 요소들 가운데서 서로 연결된 상이한 요소들이 포함된 문화이다. 식물이 뿌리를 내려도 잘 자라려면 적합한 환경과 보살핌에 의존하듯, 어린이가 어떻게 발달하는지도 그들이 자라는 환경에 달려 있다. 학교에서의 학습과 학문적 성공이 높이 평가되지 않는 문화에서는 '대세를 거스르기'가 어렵다. 존경이나 정직이 장려되지 않는 곳에서도 역시 마찬가지다. 특성과 성향은 어느 정도는 내재하는 것일 수 있지만, 여전히 양성이 필요하다. 블룸이 제안한 대로(Bloom, 2013, p. 119), '우리는 (사람들 사이를) 구별하려고 준비한 채로 시작한다. 그러나 우리에게 정확히 어떻게 그렇게 할지를 말해 주는 것은 바로 우리의 환경이다.'

인격이 어떻게 형성되는지는 흔히 개인적인 관점에서 보게 된다. 그러나 포괄적인 환경은 이를 좀 더 공동체적 노력으로 만드는 데 도움이 된다. 그 여정은 개인적인 것이면서 사회적·관계적 네트워크에 관여하는 것이다. 주체 의식과 참여 의식의 발달은 공통적으로 윤리와 도덕성과 같은 추상적인 영역에서 더 쉽고 더 영향력이 크다.

'아동기는 인간이 도덕 공동체에 편입되는 시기이다'(Wall 2010, p. 70). 우리가 속한 그룹들은 좋든 나쁘든 간에 우리의 윤리적 삶의 발달 방식을 생성하고 유지하는 데 도움이 된다. 가족은 유아가 소속감, 운용 방식, 그리고 공동의 기대를 배우는 환경이다. 나이가 들어감에 따라 어린이는 더 다양하고 더 많은 그룹과 또래 집단의 구성원이라는 것을 배우며, 더 폭넓어진 문화적 영향이 갈수록 커지게 된다. 제3장에서 논의한 바와 같이, 더 넓어진 사회적·문화적 환경은 매력적이고 강력한 그리고 자주 혼란스러운 메시지와 본보기를 제공한다. 많은 어린이들은 자신이 소속된 곳에 대한 확신이 없으며, 세상은 많은 수의 매력적인 그러나 얄팍한 소속 방식을 제공한다 — 혹은 적어도 그렇게 보인다.

환경은 사람이 단기적·장기적으로 어떻게 처신해야 하는지 규정하는 것을 도와주고 예를 보여 준다. 존중과 신뢰의 분위기는 존중과 신뢰의 습관을 심어 주는 경향이 있다. 차분하고 사색적인 분위기는 그 안에서 차분하고 사색적인 방식으로 처신하도록 격려하고 그렇게 할 수 있게 한다. 그리고 배려하는 환경에서는 배려하는 방식으로 행동하도록 만들고 격려한다. 탐험과 상상력이 권장되는 곳에서의 어린이는 모험을 즐기고 상상력이 풍부할 가능성이 더 크다. 순응, 경쟁, 혹은 창의성을 기대하는지 여부는 그들이 얼마큼 순응적이 되는지, 경쟁적이 되는지 혹은 창의적이 되는지에 영향을 줄 것이다. 그래서 어른의 기대는 좋든 나쁘든 간에 어린이가 처신하는 법을 형성하는 데 도움이 된다.

듀이(1916, p. 17)는 '"환경의 무의식적인 영향"은 미묘하며 만연해 있기에 인격과 마음의 하나하나 모든 부분에 영향을 미치긴 하지만, 그 영향을 가장 잘 보여 주는 몇 가지 방향을 명시하는 것도 가치가 있을지 모른다'라고 기술하였다. 듀이는 '언어 습관,' 예의, 좋은 취향 그리고 심미적 감상을 인용하고, 이어서(p. 18),

본보기는 행동 수칙보다도 지독하게 더 강력하다. 좋은 예의는… 좋은 가정교육에서 비롯되거나, 더 정확히는 좋은 가정교육 [그 자체]이다. 그리고 가정교육은 정보 전달에 의한 것이 아니라 습관적인 자극에 대한 습관적인 행위에서 습득된다. 의식적인 수정이나 가르침의 끝없는 작용에도 불구하고, 주위 분위기와 영혼은 예의를 형성하는 데 있어 결국 주모자이다. 그리고 예의는 그저 경미한 도덕률이다. 게다가 중대한 도덕률에서 의식적인 가르침은 어린이의 사회적 환경을 구성한 사람들의 일반적인 '생활과 대화'에 동의하는 정도에서만 효과적일 수 있다.

언어가 구식이긴 하지만, 이 구절에는 두 가지 가치 있는 통찰이 포함되어 있다.

- '그것이 우리가 여기서 일을 하는 방식이다'라는 의식을 발달시키는 — 지시보다는 몰입에 의한 — 본보기, 습관화 그리고 환경에 대한 강조. 그리고
- 예의와 도덕률 간의 관계. 듀이가 좋은 가정교육이라고 부르는 것의 많은 부분은 정중하게 요청하거나 다른 사람들에게 관심을 가지는 것 같은 작은 행위들에 의존한다. 그러한 '경미한 도덕률'이나 내가 '작은 단계'라고 부르는 것은 적절하게 행위하고 상호작

용하는 것을 배우는 데 근간이 된다. 그러므로 어떻게 행위하는지에 따른 (점차 수준 높은) 책임을 지며, 서로 다른 맥락 속에서 실행하기 위해서 어린이는 일상의 상황에서 '경미한 도덕률'을 행해야 하고, 그 기회와 격려에서 보람을 얻어야 한다.

잭슨 등(Jackson et al., 1993)은 무엇이 도덕 발달에 가장 큰 영향을 주었는지에 대해 연구하기 위해 (다른 연령대의) 교사 그룹과 함께 2년 반 동안 함께 일하였다. 연구자들은 교실에서 벌어지는 모든 일들이 어린이가 어떻게 그리고 무엇을 배우는지에 대해서 영향을 미치며, 어른들이 흔히 무의식적으로 가치 있다고 여기는 것과 직접적으로 관련이 있다는 결론을 얻었다. 그래서 책, 그림이나 장비 혹은 실외 환경이 어떻게 사용되는지의 질, 효용과 접근성은 이로 말미암은 결과라고 간주되는 가치에 대한 메시지를 보낸다. 학급 학생들이 줄지어 앉는지, 혹은 바닥에 앉는지, 혹은 각각 다른 그룹으로 나뉘어 앉는지 여부는 단순히 편의의 문제가 아니다. 교사가 어디에 서 있거나 앉아 있는지 그리고 어린이의 학업을 어떻게 다루는지는 문제가 되는 것과 예상되는 대응 유형에 대한 추정을 나타내며, 이를 형성하는 데 도움이 된다.

　잭슨 등은 직접적인 도덕 지도 프로그램이 무언의 메시지 — 상당수가 암시적이고 미묘한 — 보다 영향력이 적다는 것을 보았다. 그러한 메시지는, 사람이 어떻게 행위하고 상호작용하는지 그리고 시간이 흐르면서 관계의 유형이 어떻게 형성되고 커지는지와 관련하여, 흔히 기풍이나 분위기와 같은 말로 묘사된다. 학교에서 이러한 메시지들은 "잠재적 교육과정"의 일부이다. 공식 교육과정은 분명하게 배우는 것이며, 비공식적인 교육과정은 수업과 과외 활동 사이의 틈새인 교실 밖에서 일어나는 것이다. 잠재적 교육과정은 교실, 학교 혹은 다른 그룹의 DNA에 내재된 메시지, 신념, 그리고 가치들에 더 가깝다.

---

**사례 연구 ― 잠재적 교육과정**

유아 ― 어쩌면 특별할 수도 있는 ― 도 학습과 [거기서] 기대되는 바에 대한 미묘한, 무언의 메시지를 알아챈다. 나는 마크의 부모와 나누었던 대화를 기억한다. 그때 마크의 아버지는 다섯 살인 아이에게 그날 배웠던 것에 대해 어떻게 제대로 질문하지 못했는지를 이야기해 줬다고 한다. 마크의 아버지는 빙그레 웃으면서, 몹시 화가 났던 마크가 마침내 그들에게 '엄마 아빠는 이해 못해, 그것은 학교에서 배우는 그런 게 아냐'라고 말했던 것을 회상했다.

---

제3장은 클랙스턴과 카(2004)가 강화 환경 ― 어린이가 점점 더 책임을 떠맡게 함으로써, [그들의] 성향을 강하게 만드는 ― 이라고 부른 것을 강조하였다. 웽거(Wenger, 1998)가 실천 공동체라고 부른 것과 같은, 그러한 환경은 상호 학습과 새로운 구성원이 경험 많은 사람들에 의해 지도 받는 것을 포함한다. 경험이 적은 학습자의 경험과 지식은 존중되며, 그들의 주체 의식은 고무된다.

인격과 윤리와 관련하여, 강화 환경은 어린이에게 지속적으로 다음과 같은 기회를 준다.

• 각기 다른, 그리고 요구들이 증가하는 상황에서, 문제 해결 능력

과 친절과 같은 특성을 강화할 수 있는 기회

- 그러한 특성의 목록을 넓히는 기회
- 맥락에 따라 (이해 상충 가능성이 있는) 덕목들을 가장 잘 적용하는 법을 알아보고 실행할 기회
- (적절한 질책이 있는 경우) 도덕 정체감이 풍부해지고 두터워지는 안정감 있는 분위기에서 지원과 안도감을 얻을 수 있는 기회

존중하고, 호혜적이고, 목적의식이 있는 논의를 가능하게 하는 환경은 필수적이다. 모두가 그들의 생각을 분명히 표현할 수 있을 거라 느껴야만 하며, 비웃음을 당하거나 굴욕을 당할 것을 두려워하지 말아야 한다. 모임의 크기, 연령, 그리고 어린이의 배경 같은 요인들은 환경에 포함되는 세부 사항에 영향을 미치게 될 것이다. 그러나 그러한 하나의 환경을 설정하는 데에는 다음과 같은 공통의 기대가 필요하다.

- 모든 사람은 다른 사람들의 생각을 청취하고자 노력하며 그 생각을 기반으로 할 것이다.
- 자신의 관점을 표현하는 것은 괜찮지만, 그렇게 해야만 하는 것은 아니다.
- 꼭 동의해야만 하는 것은 아니다. 다만 그럴 때는 정중하게 동의하지 않는다고 해야 한다.
- 좋은 질문은 적어도 답변만큼 중요한 것이다.

특히, 적절한 행위는 본보기로 삼고, 강화되며, 그 밖의 행위는 ─ 어

른이든 어린이든 간에 상관없이 누군가에 의해 — 고쳐져야 하며, 공통의 주체 의식은 생성되고 지속되어야 한다. 그러한 환경은 모든 어린이에게 중요하지만, 특별히 이러한 기회를 가지지 못하는 어린이에게도 마찬가지로 중요하다.

어린이가 어떻게 처신할지를 배우는 것은 (장기적으로는) 분위기에 의해 그리고 (당장에는) 기분에 의해 영향을 받는다. 이 분위기와 기분은 어른들 개개인도 상당히 영향을 받는 영역이다. 부모/보호자는 아동에게 필요한 안도감과 배려의 분위기를 수립할 수 있으며, 아이들이 불가피한 인생의 기복을 감당하도록 도와줄 수 있다. 교사 개개인은 체계 변화를 만들지 못하며, 대개 어린이의 학교 밖의 경험에 조그만 영향밖에 미칠 수 없지만, 포괄적이면서 기반 지원형의 학습 환경을 창출할 수 있다.

유아와 자기 조절이 힘든 사람에게 있어, 그룹의 분위기 그리고 결과적으로 그 행동은 흔히 하나의 사건 혹은 반응의 결과로서 아주 빠르게 바뀔 수 있다. 어린이의 주체 의식을 유지하지만 혼란과 혼돈을 피하는 방식으로 그룹의 분위기를 다스린다는 것은, 계속 제어하지만 과도한 통제를 하지 않는 상태를 유지하고 있는 어른이 있음을 뜻한다. 위험할 수 있고 혼란에 빠질 수 있는 활동은 더 엄격한 경계가 필요한 반면, 자신이 잘 알고 또 독자적으로 일하는 데 익숙한 그룹과 함께 일하는 것은 외부로부터의 규율이 덜 요구될 수도 있다. 그래서 어른은 그룹의 정서적 상태를 주의하여 관찰하고, 적절히 맞춰야 하며, 그리고 상황에 따라 대응해야 한다.

## 환대하는 공간 그리고 도덕 질서

적절하게 행위하고 상호작용하는 법을 탐구하고 실행하기 위해서 어린이 ─ 우리 모두 ─ 는 공간이 필요하다. 그러한 공간은 지속적인 정보, 수행, 선택의 통제 그리고 이에 따르는 스트레스에 의해 지배되는 것보다 오히려 생각하고, 느끼며, 이야기하고, 들어주며, 침묵하고, 놀 수 있는 기회를 제공한다.

이 절은 두 가지 아이디어를 탐구한다.

• 파머가 '환대하는 분위기'라고 부른 것을 상기시키고, 이우드 (2014)에서 더 자세히 논의된, 환대하는 공간
• 도덕 질서, 그 안에서 각 개인은 통합되고, 배려를 받으며, 타인을 배려하는 것을 배운다.

나우웬(Nouwen, 1996)은 '환대하는'이란 단어가 주인은 환영하고 손님은 환영받는, 주인과 손님의 관계에 그 기원을 두고 있다고 말한다. 손님은 고려되어야 할 특별한 필요성을 가진 사람이다. '환대는 사람을 변화시키지는 않지만, 그들에게 변화가 일어날 수 있는 장소를 제공한다'고 그는 적고 있다(p. 69). 변화할 수 있는 기회는 강요되기보다는 제공된다. 나우웬은 이어서 '아이디어, 개념, 의견, 그리고 확신이 가득한 사람은 좋은 주인이 될 수 없다. 다른 사람의 말을 들어줄 마음의 여지가 없고, 다른 사람의 재능을 발견할 정도로 마음이 열려 있지 않다'(p. 96)라고 한다.

환대하는 공간은 주인과 손님의 관계가 필히 대등해야 하는 것은 아니더라도 호혜적이고, 비강압적이며, 상호 이익이라는 점을 시사한다. 환대하는 공간은 스트레스를 받고 있을 때에는 불가능할 수 있는 방식으로, 그 안에서 그들의 느낌이나 행위에 대해 살펴보거나 생각할 수 있게 해 준다. 학습자로서 경험과 회복 탄력성이 아주 적은 어린이는 환대하는 공간이 가장 절실한 대상이다.

환대하는 공간은 이전의 경험이 무엇이든, 종교나 배경이 무엇이든 간에, 모두에게 다음과 같은 기회를 제공한다.

- 인정받고, 받아들여지며, 배려 받을 기회
- 어울리며, 소속되는 기회
- 그들을 걱정하게 만드는 것을 되새겨 보고, 상상하며, 탐색해 볼 기회

어린이가 적절하게 행위하고 상호작용하는 법에 대해 말을 듣기보다는 탐구하려 한다면, 그 환경은 환대하는 것이 필요하다. 그리고 조롱받거나 그들의 관점이 일축당할 거라는 두려움 없이 모든 사람에게 자신의 생각을 표현하고, 때때로 침묵할 기회가 있어야 한다.

침묵은 보통 불안해하거나 흥분한 어린이를 진정시키는 데 도움이 된다. 그러나 침묵은 사람이 불안해하고 있거나 그에 익숙하지 않을 때 위협적이라고 느낄 수 있다. 그룹으로 조용히 앉아 있는 것은 모두가 그렇게 하는 것이 익숙해지기 전까지는 불안하게 만들 수 있다. 그래서, 환대하는 공간을 창출하는 것은 어린이가 안전하다고 느끼고 그래서 탐색할 수 있는 경계를 정함으로써 불안을 억제하는 것과

관련 있다.

주로 나이가 좀 있는 경우이지만, 몇몇 어린이는 특히 정서적으로 열중하고 있을 때, 크고, 존재론적이며, 윤리적인 질문을 생각하거나 토의하는 것을 원할 수도 있으며, 심오할 정도로 그렇게 할 수 있다. 다음 예를 생각해 보자.

---

### 사례 연구 — 자유 혹은 안전?

나는 9살 어린이들의 학급에서 했던, 동물원의 옳고 그른 점에 대한 토론을 생생하게 기억하고 있다. 어느 순간, 조용했지만 단호했던 브렌다가 말했다. '나는 동물원이 잘못이라고 생각합니다. 왜냐하면 자유는 안락보다 항상 더 중요하기 때문입니다.' 다음은 닐의 차례가 아니었다. 그러나 그는 참지 못하고 다음과 같이 말했다. '나는 브렌다 말에 동의하지 않아요. 노예가 되었을지라도 엄마와 함께 안전한 것이 나아요.' 그 둘이 철학에서 아주 오래되고 심오한 논쟁 중 하나를 토론하는 동안 교실의 나머지 어린이들과 나는 어떤 결론에도 이르지 않은 채 들으면서 얼어붙어 버렸다.

---

그러한 토론이 호혜적인 것이 되기 위해서는 다른 사람의 관점과 질문에 대해 정중하게 경청하고 답하는 것이 필요하다. 그리고 목적에 부합하도록, 토론을 몰아가야 한다. 어른의 역할은 적당한 상황에서 융통성 있게 규칙을 적용하면서, 토론을 조정하고 사고 과정의 본보기를 만드는 것이다. 예를 들어, 말하는 순서에 대한 엄격한 강조는 이러한 토론을 불가능하게 만들었을 것이다. 그래서 아이들이 그러한 쟁점에 대해 함께 말하고 생각할 수 있는 환경을 만들어 내는 것

은 시간이 지남에 따라 점차 커지지만, 융통성 있게 이해되는 공동의 기대를 필요로 한다.

그러나 아동의 관심사는 약자를 괴롭히는 애를 만났을 때 얼마나 용감해야 하고, 어떻게 용감할 수 있는가, 혹은 불친절하게 구는 사람에게 친절하게 대하는 것과 같은 일상의 질문에 대한 것일 때가 훨씬 더 많은 것 같다. 제9장에서는 더 나아가 어린이가 이 문제에 대해서 생각할 수 있도록 어른이 어떻게 도와줄 수 있을까에 대해서 논의한다.

나우웬(1996, p. 80)은 '교실에서 서로를 환대하게 되는 것이 가능한가?'라고 질문하면서, 이어서 '그것은 결코 쉽지 않다. 왜냐하면 교사와 학생들은 매우 요구가 많고, 밀어붙이고, 종종 착취적인 사회의 일부이기 때문에, 그 속에서 … 학교는 더 이상 상벌에 대한 걱정, 경쟁자, 혹은 경쟁에 대한 걱정 없이 왜 우리가 살고 사랑하며, 일하고 죽는가에 대한 질문이 제기될 수 있는 공간도 혹은 시간도 없다'라고 말한다. 그래서 환대하는 공간을 창출하는 것은 요즘 같은 분위기에서 학교와 같은 공식 기관에서는 쉽지 않은 일이다.

메이올(2010, pp. 66-67)은 어린이가 살고 있는 혼란이 예사인 세상에서 학교가 그에 대한 반작용을 제공하는 중추적인 역할을 한다는 것을 강조하면서, 어린이의 성취에 있어 차이는 학교의 사회적 태도에 깊이 뿌리박고 있을 수 있다고 논한다. 이우드(2007)의 연구에서, 나는 학교를 '불확실성의 바다에서 표류하는 사람들을 위한 희망의 불빛'이라고 묘사했다. 지금은 확신이 줄어들었지만, 특히 아동을 위해서, 많은 학교와 환경이 메이올이 '도덕 질서'라고 지칭한 것의 고무적인 사례들을 제공하고 있다고 여전히 확신하고 있다.

도덕 질서는 어떻게 행위하고 상호작용하는지가 중요한 곳에서, 도덕 질서가 수반하는 것의 본보기를 지나치게 명확하게 부과하지 않으면서, 그 질서 안의 사람들에게 어떻게 삶을 살아야 하는지 경험할 수 있게 한다. 도덕 질서가 현실에서 어떻게 나타나는지는 어린이의 연령, 사전 경험 그리고 문화적·종교적 배경과 같은 요인들을 반드시 고려해야 하지만, (최소한 도덕 질서 내의 요인들을) 반드시 포괄한다. 자신이 국외자이거나 국외자라고 느끼는 사람들은 환영받는다는 것이 매우 중요하기 때문에, 만약 당신이 이미 어느 정도 소속감을 느끼고 있다면, 소속되는 것은 더욱 쉬워진다. 쉽사리 제외될 수 있거나 그렇게 될 위험이 있는 사람으로는 장애인과 인종적·언어적 소수자뿐만 아니라 말해도 아무도 귀 기울이지 않는 사람 — 교육을 거의 받지 못한 사람, 가난과 자녀로 인해 삶이 황폐해진 사람 — 이 있다. 소비자나 부모의 선택이 지배하는 세상 — 여기서는 목소리 큰 사람의 말이 가장 명확하게 들린다 — 에서, 어린이는 제도적으로 예사로 배제되며, 어린이의 말은 제대로 경청해 주지 않는다는 점을 윌이 어떻게 논의했는지 기억해 보자. 그래서 도덕 질서는 어른이 어린이의 모든 말을 들어주고 감안해 주는 환경을 시사한다.

도덕 질서는 [챙겨 주는 어른이 없다면] 쉽사리 제외되는 것들을 포함하여, 어린이가 가져오는 지식과 통찰의 재원들, 아이디어들을 귀담아 듣는 어른들을 참여시킨다. 도덕 질서로의 편입과 그 경험은 모두를, 특히 그들의 회복 탄력성을 저하시키는 배경 — 무시, 인종주의, 차별과 같은 요인의 결과로서 — 을 지닌 사람들과 다른 곳에서 그러한 환경과 접하지 않은 사람들을 도와준다. 그렇지 않았다면 배제되었을 사람들을 보호하도록 돕는 것으로써 그리고 다른 사람들을 배제시키는 경향이 있을 수 있는 사람들에게 예를 들어 주는 것으로써, 도덕 질서는 다른 사람들의 필요에 대한 포용, 권리 부여와 인식, 그리고 관심을 고무한다.

통합은 보통 다른 사람과 동일한 환경에서 교육받고 있는 장애인을 뜻하는 것으로만 사용된다. 그러나 그레이엄과 슬리(Graham and Slee, 2008, p. 278)가 보여 주듯이, '통합하는 것이 반드시 포용적인 것은 아니다.' 배제는 미묘한 방식으로 영향을 미친다. 도덕 질서는 다음과 같은 경우에 통합의 더 깊은 관점을 함의한다.

- 연령, 능력 혹은 배경에 상관없이 개개인이 주목받고, 그들의 말이 경청되며, 개개인의 지식과 경험이 존중 받는 경우
- 불친절과 차별에 이의가 제기되는 경우
- 기대는 높으나 현실적인 경우

우리는 기대에 대해서 좀 더 자세하게 토의할 것이다. 그러나 윤리와 관련한 처음 두 가지 사항의 함의를 생각해 보자. 우리 모두는 ─ 하지만 아동은 특히 ─ 우리의 기쁨을 공유하고 축하 받으면서 그리고 우리의 걱정거리가 경청되고 주목받으면서, 개인으로서, 사랑 받고, 배려 받고, 관심을 받는 것이 필요하다. 그리고 만약 우리 자신의 염려에만 사로 잡혀 있지 않으려면, 어린이 ─ 우리 모두 ─ 는 타인을 배려하고, 주목하고, 그들의 말을 경청하는 것이 필요하다.

배려 윤리는 어린이가 도전을 받지 말아야 한다는 것을 의미하는 것이 아니다. 사실, 배려에는 도전이 포함되어 있다. 그래서, 예를 들어 어려움을 이겨 내는 것은 회복 탄력성을 구축하도록 도와주는 것

이 필요하다. 그래서 활동을 통해, 멀지 않더라도, 어린이를 자신이 편안하게 느끼는 곳의 밖으로 데리고 나가야 한다. 그리고 무엇이든 상관없다는 의식을 피하고자 한다면, 어른들은 타인을 다치게 하거나 속상하게 만드는 그리고 용인되는 것의 기대를 약화시키는 언급, 행동, 특히 반사회적인 것에 반드시 도전할 준비가 되어 있어야만한다.

누스바움(2010, pp. 43-44)은 구조가 다음과 같을 때 치명적이 된다고 주장한다.

- 관련된 사람들이 자신의 행위에 대해 개인적으로 책임을 질 수 없을 때,
- 부정행위에 대해서 아무도 비판적인 목소리를 높이지 않을 때, 그리고
- 약자가 비인격적 대우를 받거나 몰개성화될 때.

만약 어린이(와 어른)에게 자신의 행위의 결과를 고려하는 것이 기대되지 않는다면, 그리고 [어린이의] 부적절한 행동에 이의가 제기되지 않는다면, 무엇이든 상관없게 되고 도덕 질서는 무너지기 시작한다.

아동과 일할 때, 이것이 수반하게 될지도 모르는 일을 생각해 보자. 특히 자신의 발언이나 행위의 영향을 깨닫지 못할 수 있는 어린이와 함께할 때, 상처 주는 발언이나 자그마한 불친절을 무시하는 것은 보통 더 쉬워 보일 수도 있다. 그러나 자그마한 행위는 문제가 된다. 그래서 도덕 질서를 주장하는 것이 함축하는 것은, 특히 이것이 문화적 정체성을 언급하는 것이거나 가장 취약하고 가장 힘없는 사람들

을 향할 때, 인종차별적, 동성애 혐오적, 혹은 다른 상처 주는 발언은 그냥 넘어가서는 안 된다. 어른은 그렇게 하는 데 있어 무엇이 최선의 방법인가에 대해서 민감해야만 한다. 예를 들어, 공개적으로 일반적인 조건에서 불친절한 행동에 대해서 이의를 제기하는 것이 가장 좋을 수 있으나, 구체적인 사건을 다룰 때는 특정한 한 아이나 그룹을 별도로 해서 다루는 것이 가장 좋을 수 있다. 자신의 행동을 조절하는 게 매우 어려운 사람들은 강연이 아니라 양육이 필요하며, 창피가 아니라 지원이 필요한 것이다. 공개적인 대립은 누구에게도 유익하지 않다. 제9장에서는 선행을 강화하고 악행에 도전하는 데 있어 언어의 역할에 대해서 한층 자세하게 논의한다.

시간이 흐르면서, 부적절한 행동에 도전하는 것은 단지 어른의 책임뿐만 아니라, 반드시 모두의 책임이 되어야만 한다. 유아에 대해서는, 꼭 할 필요가 없을 때에 사려 깊게 행위한 사람을 칭찬하고, 그래서 다른 어린이도 그렇게 하도록 고무하는 어른이 필요하다. 그리고 9살이나 10살 정도의 어린이에 대해서는, 예를 들면 약자를 괴롭히는 일에 동참하지 않고 그런 일이 발생할 때 개입하는 두 가지 일 모두의 경우에, 그들의 행위에 대해 개인적으로나 집단적으로 더 큰 책임감을 가지도록 기대하는 어른이 필요하다.


## 경계, 일상 그리고 규칙


어린이에게 금지된 것을 이용할 수 있게 하는 선택 범위가 필요하다고 제안하는 사람은 거의 없을 것이다. 사실, 이는 어른의 책임이 필수적인 부분이다. 그래서 아동에게 다른 사람의 재산을 빼앗도록 하거나 사람을 밀어 넘어뜨리는 것 — 적어도 이 일이 부적절하다는 것을 나타내지 않고 그리고 장래에는 그러한 행위를 고치도록 시도하지 않은 채 — 을 허용하는 것은 터무니없는 일이 될 것이다.

그러한 경계를 설정하는 것은 허용되는 행동의 한도를 수립하는데 도움이 된다. 그러나 어린이는 또한 그러한 기대가 적용되는지 여부와 어느 상황에서 적용되는지를 시험해 볼 기회가 필요하다. 놀이터나 파티에서 적절한 많은 행위들이 예배 공간에서는 적절하지 못하다. 그리고 집이나 학교에서 장려되는 행동은 다를 수 있다. 걸음마를 하는 아이가 버릇없는 행동을 하고 나서 자기 부모님의 반응을 기다리는 것을 머리에 떠올려 보자. 혹은 10살 어린이가 도발적인 말을 하고 주변 사람들의 반응을 기다리는 장면을 떠올려 보자. 다른 방식이지만 둘 다 사회적 수용성의 경계를 테스트하고 있는 것이다. 경계는 지나치게 제한적이지 않으면서 탐색할 수 있는 개방성을 제공한다. 그래서 어른은 경계를 설정해야 하지만, 우리가 앞으로 보게될 것처럼, 얼마나 융통성이 있고 통과가 쉽게 되게 할지에 대한 판단을 해야만 한다.

가령 베드타임 스토리나 식사와 같은 일상적인 것은 집에서 안도감을 제공한다. 조금 더 공식적인 상황에서는 시작할 때 환영 인사를 하고 끝날 때 작별 인사를 하는 것, 그날 하루에 대해서 이야기하는 것 그리고 이야기나 기도를 위해 모이는 것은 그룹의 일원이 되는 것이 무엇이며, 개개인이 그 그룹의 일원으로서 [소속감을] 느끼게 하는 데 도움이 된다. 이러한 일상생활들은 관계를 형성하고 기대를 수립하는 데 있어 단순하지만 중요한 방식이다. 예측 가능성과 안도감을 제공할 뿐만 아니라, 그러한 일상생활은 어린이가 새로운 맥락으로 이동하고 또 그들을 안정시키는 데 도움이 되며, 어린이가 앞으로 나아가기 위해 준비할 때 그들을 안심시키는 데 도움이 된다. 그러한 일상생활과 관계는 특히 확신이나 회복 탄력성이 거의 없는 어린이나 조각나고 혼란 상태인 삶을 살고 있는 사람들에게 중요하다. 그러나 일상생활은 시간이 지남에 따라 일상화 되거나, 지루하게 되거나, 구속하게 된다. 그래서, 어른이 그러한 일상생활을 유지하는 것도 필요하지만, 일상생활의 생기를 되찾게 하고, 예를 들어 어린이로 하여금 일상생활이 어떻게 계획되고 적용되며 이어지는지 그에 참여해 보게 함으로써, 일상생활의 다른 방식을 강구해 보는 것도 도움이 된다.

무엇이 기대되고 용인되는지는 흔히 규칙의 형태, 행동 수칙, 혹은 공유된 가치의 목록으로 공개된다. 아동은 규칙을 장려하는 것보다는 금지하는 것의 관점에서 보는 경향이 있기 때문에, 따라서 긍정적인 관점에서 규칙의 틀을 잡도록 도와주는 것이 필요할 수 있다. 나는 이러한 규칙들이 권장하는 특정 속성과 행동 유형을 강조해야 하나, 단 보편적이라고 제시되거나 생각 없이 적용되어서는 안 된다고 제안해 왔다. 중요한 것은, 만약 어른이 위선을 피하고자 한다면, '이것이 여기서 우리가 처신하는 법'이라는 기대가 모두에게 적용되어야 한다는 점이다.

어른이 그러한 기대를 명확하게 하고 정기적으로 언급한다면, 보통 도움이 되긴 하지만, 너무 빈번하게 그렇게 하는 것은 '그것을 전부터 모두 들어왔던' 사람을 이탈하게 만들 수 있다. 우리는 몇 가지 형태로 아이디어가 제시되고 경험이 재연될 때 가장 잘 내면화한다. 그래서 단지 말로 하는 게 아니라, 특히 어린이에 의해 고안되고 창출된 표현과 상징에 의해 기대가 귀감이 되는 다양한 방식들을 찾아야 할 필요가 있다.

위에서 논의했던 대로, 예를 들어 안전과 차별적 행동과 관련하여, 어른은 분명하고 협상 불가의 규칙들을 발표해야만 할 수도 있다. 그러나 어린이는 자기가 만들어 내고 시행하는 데 있어 공동 책임이 있는 규칙을 이해하거나 준수할 가능성이 더 크다. 만약 어린이가 규칙을 뒷받침하는 근거를 이해하고, 그 규칙을 준수하고자 하는 동기부여가 되도록 하려면, 또한 그에 따른 행위가 생각 없는 준수에 바탕을 두지 않게 하려면, 적어도 규칙은 토론, 논쟁 그리고 수정의 여지가 있어야 한다.

몇 가지 상황에서, 특히 어린이가 주어진 맥락에 적합한 것이 무엇인지에 대한 판단 훈련에 그다지 익숙하지 않을 때, 분명한 경계와 기대가 필요할 수도 있다. 그러나 이것은 항상 어린이가 '왜[이유]'를 생각하며, 자신의 행위의 결과를 인식하고 대안적인 기회를 생각하도록 권장할 목적으로 하는 것이어야만 한다. 그러한 접근은 어린이가 어른에 대한 의존을 중단하고 자신의 판단과 자신이 되고자 하는 사람들에 대한 내러티브를 발달시키는 데 도움이 된다.

예를 들어, '무엇인가를 빌리기 전에 항상 허락을 구해라' 혹은 '네가 말하기 전에 다른 사람이 말하는 것을 멈출 때까지 기다려라' 같은 간단하고 협상 불가의 규칙은 특히 유아나 의식적인 선택이 어려운 사람에게 도움이 될 수 있다. 그러나 가령 '네가 대접받고 싶은 만큼 다른 사람을 대접하라' 혹은 '네가 떠나고·싶을 때 이곳을 떠나라'와 같은 좀 더 보편적인 격언은 세상이 얼마나 혼란스러운가를 고려하는 동안 분별력을 북돋우며 행위를 이끈다.

규칙보다 덜 구체적인 격언은 행동을 규정하기보다 오히려 처신할 바를 안내해 주는 데 도움이 되며, 장기적으로 영향력이 더 클 가능성이 있다. 그러한 격언은 종교적 혹은 세속적 출처에서 도출한 것일 수 있다. 그러나 그 힘은 맥락과 다른 사람을 생각하도록 하는 보편성과 격려에 있다. 이는, 올바른 행동은 통상 갈등하는 요구들을 수반하고 규칙은 맥락에 대한 고려 없이 적용되어서는 안 된다는 생각을 반영하고 형성하게 도와준다. 구체적인 딜레마나 사건을 생각하는 데 있어서 그러한 격언을 명확히 하고 인용하는 것은 어린이가 그 격언을 어떻게 적용할지에 대해서 생각하도록 도와줄 수 있고, 어른은 제시되지 않은 격언을 포함해서 어린이의 행위를 강화하거나 고칠 수 있도록 도와준다.

규칙을 어떻게 해석하고 적용하는가는 그것을 어떻게 수립하는가보다 훨씬 더 중요하다. 어른은 규칙을 공정하고 일관되게 적용할 뿐만 아니라 각기 다른 요구에 따라 구별해야 한다. 예측 가능한 반응에 익숙한 어린이는 불확실과 불안에 더 잘 대처할 수 있으며, 혼란스런 삶을 사는 어린이는 더욱 분명하고 신축적으로 적용되는 경계가 필요할 가능성이 있다. 그렇지 않으면, 그러한 어린이의 불안감은 더 많이 고조될 수 있다. 이것은 크고 다양한 그룹들과 일할 때 제시된 기대들의 공통 집합과 다른 신념과 기대를 가진 사람들에게 세심하게 대응하는 것 사이에서 발생하는 균형 문제를 결정하는 딜레마를 강조한다.

일관성 있는 응답은 대부분의 어린이가 그들의 선택과 그 결과 사이의 관계를 이해하는 데 도움이 된다. 그러나 어른은 폭넓게 적용되는 접근을 택하기보다는 개개인에 대한 자신의 지식과 사전 경험을 이용하여 이를 조정하고 판단해야만 한다. 예를 들면, 건방져 보이는 발언은 질문하려는 의도일지도 모른다. 그리고 다른 사람을 밀친 어린이는 호의적인 방식으로 혹은 공격적으로 행위하고 있는 것일지 모른다. 그래서 규칙은 공정하고 예측 가능하게 해석되고 적용되어야 하지만, 어린이의 행동뿐만 아니라 의도에 대해서 생각해 볼 수 있는 충분한 융통성과 연민을 가져야 한다.

확고하게 적용되는 규칙을 기대하는 것은 어린이가 판단하는 것을 단념하게 한다. 그러나 어른의 반응이 일관성이 없어 보이거나 일관성이 없다면, 어른은 자신의 행위를 설명하고 정당화할 필요도 있다. 예를 들어, 전체 그룹이 모두에게 적용된다고 보는 규칙이 몇몇 개인들에게는 통하지 않을 때, 혹은 약속된 바가 실행되지 못할 때가 있을 수 있다. 그러한 경우, 만약 어른이 그 이유를 설명하지 않는다면, 어린이의 신뢰는 훼손될 수도 있다. 그리고 그러한 토의는 적절한 행동 방침이 분명하지 않을 때 어려운 선택을 하게 만드는 배후의 사고 과정을 모형화 하는 것을 돕는다.

예를 들어, 부탁드립니다, 감사합니다, 하고 말하기 혹은 원하는 바를 가로채지 않기와 같이 가장 중요한 기대는 흔히 암시되거나, 오히려 관례 혹은 '우리가 여기서 일하는 방식'에 더 가깝다. 그러한 암시된 규칙은 낯선 환경의 사람들에게 명백하지 않을 수 있다. 문화 자본의 아이디어는 그 이유를 설명하는 데 도움이 된다. 간단히 말해서, 이것은 개인이 환경과 그 암시된 규칙 혹은 메시지에 얼마나 익숙한가와 관련이 있다. 그것은 마음 편하게 여기거나 불편하게 여기는 상황을 생각하는 데 도움이 된다. 나는 디스코 클럽보다는 회의에서 적절하게 행위하는 법을 더 잘 안다. 시끄러운 파티에서, 예배당이나 외국에서, 당신은 마음이 편안할 수도 혹은 그렇지 않을 수도 있다. 이러한 감정은 대체로 당신의 적응 여부에 대한 것이다. 문화 자본은 돈과 비교될 수 있으며, 그곳에서 가치 있는 동전이 다른 곳에서는 그렇지 않을 수도 있고, 또는 언어에 유창하지 않은 사람이 의도된 메시지의 일부만 알게 될 수도 있다.

자기의 장난감을 공유하거나 자기 행위의 영향에 대해서 이야기하는 게 장려되는 가정 출신의 어린이는 학교 환경에서 유리한 위치에 있는 경향이 있다. 그리고 어떻게 행위하고 상호작용할 것인가에 대해 가정과 학교에서 듣는 메시지가 일치하지 않을 때, 어린이는 그 기대가 혼란스러울 수 있다. 예를 들어, 도발당할 때 부모는 되받아치라고 말했지만 교사는 그렇게 말하지 않았을 때, 어린이는 어떻게 반응해야 할지 모를 수 있다. 그리고 가정에서 정숙하도록 가르침을 받은 어린 무슬림 소녀가 개방된 장소에서 옷을 갈아입기 위해 옷을 벗어야 한다면, 그녀는 불안해할 수 있다.

언급되지 않은 새로운 기대치를 배우는 것은 추가적인 지원이 필요하며 시간이 걸린다. 교사는 인식 수준을 낮추지 않고, 모국어 사용자보다 어린 이중 언어 사용자에게 익숙하지 않은 아이디어를 훨씬 더 분명하게 설명할 수 있어야 한다. 마찬가지로, 어른은 어떻게 처신해야 하는지 익숙하지 않고 혼란스러워하는 어린이에게 기대를 낮춤 없이 더욱 분명하게 해 주는 것이 필요할 수 있다. 그러한 분명한 지원은 어린이와 가족들을 위해 혼란의 위험과 이에 동반할 것으로 예상되는 불안감을 줄이는 데 도움이 된다.

## 모든 과목 영역에 걸친 작용

이번 절에서, 우리는 어떻게 교육의 모든 측면이 윤리적인 차원을 가지는지 그리고 왜 인격 및 윤리와 관련된 특성이 그것을 넘어 모든 과목 영역에 걸쳐 양성되는 것이 필요한지에 대해서 더 자세히 생각해 본다.

---

### 사례 연구 — 일시적으로 변신했던 두 소녀

10살과 11살 학생들로 떠들썩한 교실에서, 우리는 조그만 그룹에서 다른 역할들을 연기하는 아이들과 함께, 18세기에 관한 TV 프로그램 시리즈를 시청하고 있었다. 아주 조용한 두 소녀는 어떤 집단이나 역할이든 간에 좀처럼 활기가 없었다. 일주일 후, 나는 책상을 쾅 하고 때리며 소리 지르는 대단히 소란스러운 소리를 들었다. 끼어들고 싶은 욕구를 억제하면서, 나는 이 두 소녀를 지켜보며 듣고 있었다. 두 소녀가 집세를 내지 못했다고 자신과 가족이 집에서 쫓겨나야 하는 것을 거부하는 소작농 여성들로 변신하는 동안, 반 학생 전부는 그대로 멈췄고, 이 모습에 사로잡혀 있었다. 갑자기, 두 소녀는 멈췄고, 당혹해하는 것 같아 보였고, 평상시보다 더한 모습으로 돌아갔다.

---

이 사건은 역사나 드라마 혹은 개인적·사회적 교육 수업에서 일어날 수도 있었다. 정규 교육과정의 어디에서 그것이 일어나든, 두 소녀는 자신들과 옛날 사람들에 대해서 그리고 고통과 부당함에 어떻게 대응할 수 있었는지에 대해서, 교과목에서보다 훨씬 더 많이 배우고 있

었다.

도덕교육은 주로 특정 교과나 수업, 그리고 프로그램에서 이루어지는 것처럼 보인다. 영국에서, 이는 개인, 사회, 그리고 긴깅과 시민 교육(PSHCE, Personal, Social and Health and Citizenship Education)과 종교교육이라고 부를 수 있다. 다른 국가에서, 그러한 수업은 사회과, 국민윤리 그리고 인격교육을 포함하여 다양한 이름으로 불릴 수 있다.

학교에서, 보통 조회는 특별히 행동과 관련하여 [그에 대해] 기대하는 것들을 확인하고 탐구하며 강화하는 중요한 포럼으로 보인다. 교실에서, 그리고 학교 밖의 많은 상황에서, 학급 학생이나 그룹들이 모이는 공식적인 시간은 무엇이 기대되는지에 대해서 상기시키고, 어려움을 선별하고 잘되어 가고 있는 것을 되새겨 볼 기회를 제공한다.

도덕적·윤리적 이슈를 명쾌하게 다루는 수업 시간을 가진다는 것은 보통 빡빡한 교육과정 내에서 이 이슈들이 중요하다는 명확한 언급을 할 수 있는 여지를 제공한다. 이러한 여지가 없다면, 교육의 도덕적 차원은 간과될 위험이 있다. 그런데 위험한 것은 도덕교육이 너무나 쉽게 오직 특정 교과나 분리된 프로그램의 영역으로 비춰질 수 있다는 것이며, 그것의 한계는 제10장에서 논의된다.

최근 몇 년간, 골먼(Goleman, 1996)이 정서 지능(emotional intelligence, EI)이라고 부른 것을 계발하기 위해, 보통 모임 활동 시간을 사용하는, 그룹으로 하는 게임과 토론을 기반으로 한 프로그램이 인기를 얻고 있다. 클랙스턴(2005, pp. 8-9)이 지적한 대로, 개념으로서 정서 지능은 전통적인 학문적 관심사와 분석적 사고 이외의 거의 모든 것을 망라한다고 할 정도로 확대되어 왔다. 더욱 걱정스러운 점은, 에클스턴과 헤이스(Ecclestone and Hayes, 2008)가 지식보다 감정을 강조하는 것은 주체 의식이나 회복 탄력성보다는 의존감과 상처받기 쉬운 연약함을 촉진하는 경향이 있다고 주장한다는 점이다. 그들은 다음과 같이 말한다. '정서적 복지와 관련된 정서적 문식력과 그 "기술"의 발달로 아이들의 자신에 대한 집착이 시작되며, 삶은 우리를 연약하게 만든다는 생각이 도입되고 관행적인 의식 절차, 각본 그리고 정서적으로 행동하기의 적절한 방법이 제공된다.'

에클스턴과 헤이스는 그러한 접근으로 인해 어린이가 정서 반응의 복잡성과 모호성과 관련을 맺고 어려움에 대처하는 법을 배우는 것을 단념한다고 주장한다. 이는 정서 지능에 대한 골먼의 성과와 그것에 근거한 접근의 중심 테마가 다양한 정서들의 표현 능력을 발달시키는 것이라기보다는 정서의 관리와 조절이라는 셴들린(Scheindlins, 2003, p. 187)의 관점을 반영한 것이다. 그러한 접근은 아이들과 그들이 사는 환경의 차이를 간과하는 경향이 있다. 사회 정서 기술을 발달시키는 프로그램이 도움이 될 수 있으며, 이러한 과정은 어린이의 전 인생 영역에 걸쳐서 일어날 필요가 있다.

교육은 몰가치적일 수 없고, 내용물이 없을 수도 없다. 지식, 기술, 그리고 이해는 서로 간에 그리고 정체성과 인격 간에 불가분하게 연계되어 있다. 듀이의 말을 빌리자면, 교사는 '인간 존재가 얼마나 교사의 영향을 받는지 강조하면서, 그리고 서로의 밀접한 관계에서 흘러나오는 책임을 역설하면서, 모든 교과를 교사의 사회적·개인적 측면이 발휘되도록 하는 방식으로 가르치는 것'이 필요하다(Noddings 2013, p. 179 참조). 도덕적 차원은 모든 공식 교과과정과 그 너머까지 스며들어야만 한다.

수학과 과학은 윤리적인 과목이라기보다는 주로 기술적인(techni-cal) 과목으로 보일 수 있고, 명제적이고 내용적인 지식과 관련이 있는 것으로 보일 수도 있다. 그러나 수학 문제는 형평의 문제나 인구변화의 문제를 탐색하도록 설정할 수 있으며, 과학은 예를 들어 환경과 기후변화 혹은 유전자 변형 작물과 관련 있는 도덕적 딜레마를 제시할 수 있다. 그러한 주제가 약 9살 이상 나이의 어린이에게 더 흥미있을 수 있겠지만, 상황에 맞게 제기될 때에는 아동들의 마음을 사로잡을 수도 있다.

문학, 인문학, 그리고 예술도 유사한 기회를 제공한다. 소설과 시는 흔히 청자와 독자에게 동기부여와 도덕성의 질문을 제기하며, 세상을 새로운 방식으로 보고 느끼기를 장려한다. 역사는 예를 들어 전쟁이 정당화되는지 여부와 그 시점 혹은 노예제도와 나치즘에 관련된 문제들처럼, 공공연히 많은 도덕적 문제를 제기해 왔다. 지리학은 다른 사람들과 문화를 생각할 수 있는 기회와 이주의 이유 혹은 왜 세상에는 한편에선 많은 사람들이 굶주리는 반면, 다른 한편에선 많은 사람들이 과식하고 있는가와 같은 쟁점을 제공한다. 이러한 것들은 어린이가 시간과 공간에 의해 자신과 분리된 다른 사람들을 어느 정도 이해하고 공감할 수 있게 해 주며, 시간과 문화에 따른 유사성과 차이에 대해서 배우게 해 준다.

그러나 어떤 과목이든 명확한 윤리적 측면에서 인격교육에 더욱 일반적인 기여를 할 수 있어야 한다. 체육을 예로 들어 보자. 전통적으로, 단체 경기는 규칙을 준수하는 것을 배우고, 어려움을 극복하며, 명예롭게 이기거나 지는 법을 배우는 사람들에 의해 인격을 발달시킨다고 여겨진다. 체육은 예를 들어 춤추는 것과 같이 서로 교대하며 다른 사람의 능력과 필요를 인식하고 팀으로서 활동하는 확실한 기회를 제공한다. 체육의 실천적 본성은 어린이가 협력과 신뢰가 실제로 포함하고 있는 바를 알고 실현하도록 어린이를 돕는 데 특히 유용하다. 그래서 체육에 공공연히 윤리적인 측면이 있지만, 어떻게 체육이 적절하게 행위하고 상호작용하는 것과 관련된 특성들을 발달시키는 데 도움이 되는지도 이에 못지않게 중요하다.

그래서 공공연한 도덕적 쟁점의 고려는, 비록 기회는 다른 과목보다 몇몇 과목에서 더 분명히 있겠지만, 어떤 과목 영역에서도 일어날 수 있다. 그러나 이것도 도덕교육이 내용에 대한 질문보다는 각 과목 내에 그리고 교육과정에 내장된 과정이나 작동하는 방식에 더 가깝다는 요점을 놓치고 있다. 인격과 윤리에 관련된 특성과 성향은 설정된 삶을 통해서 발달할 수 있을 뿐만 아니라 발달해야만 한다. 이것이 왜 분리된 과목이 아닌 총체적 접근으로서 인격교육을 생각하게 해 주는지에 대한 주요 이유의 하나이다.

그 함의를 꼼꼼히 생각해 보자. 가장 중요한 기회의 많은 수가 사전에 계획된 것보다 오히려 작고 예측하지 못한 상호작용에서 일어나기 때문에, 계획의 수립은 그러한 기회가 생기는 상황을 만들고 반응하는 데 있어 융통성이 있어야 한다. 한 교사가 한 주의 대부분을 학급과 함께 있을 때, 도덕적 차원은 어떤 활동 중에 혹은 그 결과로서 그리고 어느 수업 영역에서도 그 당시든 혹은 차후에든 다루어질 수 있다. 유아의 경우에, 교과과정이 보통 어떻게 구성되어 있는가는 융통성 없게 구성된 시간표에서는 이용할 수 없는 융통성을 제공하면서 과목의 경계를 가로지를 수 있는 더 많은 여지를 부여한다.

아동은 추상적이고 탈맥락화된 생각보다는 활동과 다양하고, 서로 돕는, 경험 표현 방식을 사용함으로써 주로, 그리고 가장 심도 있게 배운다. 언어가 프롬프트나 상기시켜 주는 역할을 할 수 있지만, 어린이 ─ 우리 모두 ─ 는 그러한 작용 방식에 대해서 단지 말로 아는 것보다는 느껴지는 바를 경험해야만 한다. 예를 들어, 우리는 가설을 세우거나 실험을 하는 것과 같은 과정에 의해 과학자가 되거나, 혹은 단서를 찾거나 해석하는 것에 의해 역사학자가 되는 것과 관련한 절차적 지식을 얻는다. 유사하게, 사람은 협력하고 사려 깊게 행함으로써 그렇게 일하는 것을 배우며, 공평하고 공손한 방식으로 꾸준히 행동함으로써 공평하고 공손하게 되는 것을 배운다.

적성과 재능은 광범위한 활동과 경험을 해볼 기회 없이는 분명해지지 않는다. 그래서 어린이는, 만약 어린이가 독립적이면서도 협력적으로 참여하거나 일하고자 한다면, 폭넓은 기회가 필요하다. 회복 탄력성을 발달시키기 위해서, 어린이는 도전과 역경에 대처하는 것을 배워야만 한다. 더욱 공감적이기 위해서, 다른 사람들의 시각으로부터, 즉 비슷한 사람들뿐만 아니라 다른 부류의 사람들의 시각으로부터 세상을 볼 수 있어야만 한다. 더 인정 많은 사람이 되기 위해 책임감을 발달시키고 다른 사람들이 어떻게 느끼고 반응하는지 이해하고자 한다면, 어린이는 사람뿐만 아니라 애완동물 같은 유정적 존재들을 돌보는 기회가 필요하다. 인형과 식물은 유정적 존재는 아니지만, 이를 돌보는 기회는 자기 이외의 뭔가에 대해 책임을 지는 방법을 제공한다.

그러한 특성은 이를 촉진하기 위해 계획된 수업에서만 배우는 것이 아니라 어린이가 그룹에서 일하거나, 토론회를 열거나, 혹은 어려움을 해결하도록 어떻게 권유받는가에서 배운다. 이러한 과정의 모든 것은 압박과 속도 그리고 지시 대신에 시간과 공간과 안내가 필요하다. 우리는 어린이에게 통합적인 환경, 즉 배려하고, 안전하고, 예측 가능하지만 지나치게 무르고, 보호하며, 경직된 것이 아닌 환경이 필요하다는 것을 보았다. 제10장은 상충하는 우선순위의 균형을 잡는 법으로 돌아간다. 도덕교육이 몇몇 교과의 영역에서만 일어나는 것이 아니지만, 몇몇 활동과 경험은 공감과 사려 깊음을 발달시켜 윤리적인 행위의 기반을 제공하는 데 특히 풍부한 기회를 준다. 그래서 제9장은 그러한 특성을 발달시키는 데 도움이 되는 경험과 활동 그리고 대응의 유형을 생각해 본다.

# 공감과 사려 깊음 고취하기

---

> **개요**
>
> 놀이, 장난 그리고 드라마
> 이야기
> 언어 사용
> 기대와 본보기

## 놀이, 장난 그리고 드라마

이번 장에서는 공감과 사려 깊음 같은 특성을 잘 고취시킬 것 같은 활동, 경험 그리고 대응 유형을 생각해 본다.

당신은, 즉각적으로, 놀이와 장난이 도덕교육의 진지한 작업과 거의 혹은 전혀 관계가 없다고 생각할 수 있다. 대부분의 산업국가들에서 놀이는 ― 내 어릴 적처럼 ― 보통 일의 반의어로, 어린이가 벗어나야 하는 다소 사소한 활동으로 여겨진다. 그러한 관점에는 놀이는 단지 활동일 뿐이며, 대단하지 않으며, 단지 아이들을 위한 것일 뿐이라는, 재고되어야 할 세 가지 추정이 들어 있다.

놀이는 활동이면서 과정이다. 아기가 자기와 접하는 사람과 사물 그리고 환경과의 관계를 이해하는 방식으로서 가장 기본적인 활동 중 하나는 노는 것이다. 아동기와 주로 관련이 있기는 하지만, 놀이는 예를 들어 스포츠, 음악, 혹은 연기와 같이 성인의 삶에서도 중요성이 남아 있다. 그러나 그러한 놀이는 대개 어린이의 놀이에 비해 좀 더 구성이 잘 되어 있고, 규칙에 묶여 있으며, 자기가 '열심히 일에 몰두할' 때에만 추정상으로 일어나는 진정한 학습과 함께, 보통 일의 세계에 부수적이거나 그에 대조되는 여가와 연결되어 있다.

이러한 추정은 필연적으로 우리가 놀이를 어떻게 보는지에 영향을 준다. 예를 들어, 대부분의 학교들이 일을 놀이 시간이나 쉬는 시간과 구조적으로 어떻게 분리시키는지 그리고 몇몇 학교에서 어린이가 그들의 (중요한) 일을 완성해서 놀 기회를 가졌을 때의 '골든타임'을 어떻게 가지는지 생각해 보자. 놀이는 많은 어른들에 의해 암암리에 경시되고 있다. 아동에게 있어 놀이는 다르게 수업받기 전까지는 일이다. 위니콧(Winnicott, 2002, p. 54)의 말을 생각해 보자. '개별 어린이나 어른이 창의적일 수 있고 모든 인성을 이용할 수 있는 때는 바로 놀 때 그리고 오직 놀 때뿐이다. 그리고 개인이 자신을 발견할 때는 바로 창의적일 때뿐이다.'

놀이란 용어는 많은 유형의 활동과 과정을 다루고 있기 때문에, 놀이의 만족스런 정의를 찾기는 어렵다. 맥마흔(McMahon, 1992, p. 1)은 놀이를 '실패나 비참한 결과의 두려움으로부터 분리되었기에 사고하기, 느끼기, 그리고 행하기가 융성할 수 있는 자발적이고 활동적인 과정'이라고 묘사한다. 한 가지 본질적인 특성은 사람과 사물이 다른 정체성으로 추정되거나 혹은 주어질 수 있다는 점이다. 그래서 막대기가 요술 지팡이, 지휘자의 지휘봉, 혹은 총이 될 수 있다. 소심한 소녀는 공주가 되거나 용이 될 수 있고, 대장부인 소년은 그의 할머니나 늑대의 복장을 할 수 있다. 사람은 실제로 보이는 바나 혹은 뭔가에서 분리시킨 어떤 것의 의미를 조작할 수 있다. 이 유동성은 아동이 주체 의식을 발달시키는 데 도움이 되며, 그들 자신과 다른 사람의 감정과 반응을 안전한 곳에서 탐색할 수 있도록 돕는다.

타소니와 허커(Tassoni and Hucker, 2005, p. 9)는 개인이 상호작용과 협동의 수준을 증가시키는 관계를 배우거나 실천하는 놀이의 다섯 가지 단계 — 홀로 놀이, 관객 놀이, 평행 놀이, 연합 놀이, 협동 놀이 — 를 특징지었다. 시라지-블래치포드(Siraj-Blatchford, 1999, p. 29)의 말을 빌리자면, '피아제는 또래 관계에서의 상호작용은 조망 수용과 탈중심화의 토대를 제공한다고 주장했다. 이는 공동 놀이가 어린이에게 특별히 중요하다는 것을 시사한다.' 놀이는 공감과 협동을 고취하면서 개인적인 활동 내지 사회화된 활동의 자연스런 방법을 제공하며, 통제하지 않고 위협적이지 않은 방식으로 상호 관계를 가능하게 한다.

놀이는 개념의 발달과 메타 인지를 지원한다. 비고츠키(1978, p. 97)에 따르면, '규칙에 의한 행위는 실체 그 자체가 아닌 생각에 의해 결정되기 시작한다.' 놀이는 어린이가 좀 더 보편적이고 추상적인 사고로 그러나 자신이 계속 주도하는 방식으로 나아가도록 도와준다. 놀이에서 개인은, 작건 대수롭지 않건 간에, 실패한 결과, 특히 정서적인 것에 대해 책임지는 일 없이 실험하고 탐색할 수 있다. 그래서 놀이는 안전하게 위험을 감수할 여지를 제공한다.

누스바움(2010, p. 101)이 서술한 대로 '놀이는 사람들에게 통제 없이 다른 사람들과 함께 살 수 있도록 가르치며, 지속적인 불안보다는 당황과 취약성의 경험을 호기심과 놀라움으로 연결시켜 준다. 특히 매우 자신감 없고 불안하게 느끼는 일부 어린이에게, 놀이는 이와 같은 일을 가능하게 하는 유일한 방법이 될 수도 있다. 나는 상당한 트라우마를 경험했던 6살 어린이가 그 일을 말하지도 못하다가 놀이를 통해 그것을 다시 체험할 수 있었고, 그리하여 언어를 통해서는 불가능했던 방법으로 그의 불안을 받아들이는 법을 배우기 시작했던 일을 생생히 기억한다. 물론 그러한 과정은 보통 세심하고 전문적인 지원이 필요하다.

하이드(Hyde, 2009)는 그가 가짜 놀이라고 지칭한 것을 경고한다. 특히 가짜 놀이는 놀이로 위장했기 때문에 위험하며, 그 놀이에 참여하는 것은 다음과 같은 특징을 가진다.

- 본래 즐겁다기보다는 요구되는 것이다.
- 놀이 그 자체를 위해 참여한다기보다는 이미 결정된 학습 성과에 근거한다.
- 자발적이기보다는 감독을 받는다.
- 참여를 요청하기보다는 수동적이다.

하이드는 가짜 놀이의 위험을 네 가지 유형으로 구분하였다.

- 강요, 활동과 성과를 지배하려는 남용된 힘
- 오락물, 어린이를 수동적 소비자로 만드는 것
- 조작, 과도한 영향력을 행사하는 것
- 경쟁, 의미화는 본질적으로 경쟁적인 것이 아니고 승자가 있으면

패자도 있기 때문이다.

이러한 것들은 제1장에서 확인했던 여러 함정들을 반영한다. 놀이는 어린이가 자아감을 갖춰 가는 데 있어 필수적이지만, 어른은 놀이를 오용하거나 그 성과를 지나치게 감독하지 않도록 주의해야만 한다.

아동의 놀이의 유용성이 (부분적으로) 인정받았다지만, 장난기와 유머와 같은 자질의 중요성은, 특히 나이가 있는 어린이에게는, 흔히 간과된다. 발명가, 예술가 그리고 작가는 다음과 같은 사실을 빈번히 증명한다. 즉, 당장의 결과에 과하게 집중하지 않으면서, 엇갈리는, 대체 가능성을 지닌 채 장난기가 많다는 것은 창의적 과정 — 그림의 구도를 잡든, 음악을 작곡하든, 이야기나 시를 쓰든, 혹은 불확실성에 어떻게 대응할지를 결정하든 간에 — 에서 필수적이라는 것을 빈번히 증명한다.

장난기는 학습을 더욱 즐겁게 만들 뿐만 아니라, 단지 어른들이 지시하거나 계획하는 것보다는, 어린이의 관심을 기반으로 하는 새로운 영역으로 방향을 잡게 할 수 있다. 장난기는 어린이가 보이는 것과 다른 세상에 대한 새로운 가능성을 상상하는 데 도움을 줄 수 있다. 장난기는 하나의 과제에 접근하는 과정, 접근하는 방식이기 때문에, 비록 다른 사람들에 비해 일부 사람에게 더 용이한 편이지만, 제대로 된 환경이 주어지고 고무된다면 학습의 어느 영역에서도 일어날 수 있다.

윤리는 진지한 일이다. 하지만 그렇다고 해서 사람이 윤리에 대해서 유머 감각이 없어야 한다거나 무뚝뚝해져야 한다는 것을 뜻하지는 않는다. 예를 들어, 친절하다, 사려 깊거나 인내심이 있다(또는 그 반대)는 것이 의미하는 바를 함께 생각할 때, 가령 만화 속 등장인물이나 인형 장갑을 이용하는 것은 아동들이 이런 생각들을 수업 방식보다 훨씬 더 잘 이해하도록 도와줄 수 있다. 그러나 배려하는 포괄적인 학습 환경에서 빈정거림이 있을 자리는 없다.

드라마는, 놀이와 마찬가지로, 정체성이 어떻게 바뀔 수 있는지, '마치 다른 사람의 관점으로 보듯' 세상을 보고 느끼는 것이 어떤 것인지에 대해 안전하게 탐색할 수 있게 해 준다. 사람이 드라마에서의 인물을 이야기하는 것은, 현실은 아니지만 있을 수 있는 인물들에 대한 대안적인 구성이기 때문에, 우연이 아니다. (비록 관찰자 역시 참가자이긴 하지만) 참가자나 관찰자로서 드라마는 다른 사람의 관점으로 세상을 이해하도록 도와줄 수 있으며, 그래서 주로 자기 자신에 대해서만 집중하는 곳으로부터 이동하여 다른 사람들이 어떻게 느끼는지에 대한 공감을 발달시키도록 도와줄 수 있는 잠재력이 있다. 놀이와 드라마 모두 어린이가 의식적 · 무의식적 학습 메커니즘을 모두 포함하는 방식으로 그들의 감정을 구현하고 그들의 반응을 분명히 표현할 수 있도록 해 준다. 드라마는 구체적이고, 활동적이며, 상호작용을 하기 때문에(Winston, 1998, p. 46 참조), 아동들에게 언어와 다른 의식적인 과정에 지나치게 혹은 가능한 전적으로 의지하지 않고 그들 자신이나 다른 사람의 정서를 처리할 수 있게 해 준다.

제8장에서 기술하였던, 재산을 박탈당한 소작농들을 연기했던 두 소녀의 경우를 돌이켜 생각해 보자. 장기적으로, 그러한 경험들이 그 두 소녀에게 혹은 보고 있던 사람들에게 어떻게 영향을 미칠지 알 수는 없다. 그러나 정서의 강렬함은 그 어떤 사실적인 묘사보다도 200년 전에 [사람들이] 어떻게 살았는지를 훨씬 더 심도 있게 이해하게 해

준다는 것을 시사한다. 드라마는 누군가의 혹은 누군가가 될 수 있었던 다른 정체성과 내러티브를 택하고 시험해 볼 수 있는 기회를 제공하며, 적어도 잠시 동안이나마 어떤 누군가가 되어 보는 것이 어떠한지 상상하며 실연해 보고, 그래서 어느 정도까지 자기와 다른 사람이 어떻게 다른 방식으로 느끼고 반응할 수 있는지를 이해하고 공감하게되는 기회를 부여한다. 드라마는 상상의 세상에 들어가 자기 자신의 내러티브를 탐색하고 재창조할 수 있게 한다. 다르지만 관련 있는 방식으로, 이야기도 마찬가지이다.

## 이야기

이야기는 놀이보다 도덕교육에 더욱 명백하게 연결된 것처럼 보일수도 있다. 예를 들면, 믿음에 대한 이야기는 아브라함과 모하메드에 대해 말하는 이야기에서 예수와 부처에 의해 사용된 이야기까지 가장 종교적인 전통의 핵심이다. 이야기는 심오한 종교적·문화적 진리를 전해 줄 때 사용되어 왔다. 그리고 많은 이야기들이 행위의 정도에 대한 메시지인 '교훈'을 가지고 있다. 그러나 이번 절에서는 이야기가 도덕 정체성의 창출에 일조하는 데 있어서 더욱 근본적인 역할을 수행한다는 것을 말하고자 한다.

이야기를 듣는 것은 단지 즐거운 활동으로 보일 수 있지만, 이는 주의 깊게 듣기를 고취시킨다. 이야기는 보통 요점을 설명하는 것을 도와주고, 이야기 듣기와 읽기는 또 다른 현실로 들어가는 즐거운 경로를 제공한다. 그러나 이야기에는 이보다 훨씬 더 많은 것들이 있다. 큐핏(Cupitt, 1995)은 일생에 걸쳐 우리 모두는 이전의 내러티브보다 우리의 삶을 더 적절하게 묘사하는 새로운 내러티브의 창조를 끊임없이 모색한다고 주장한다. 그는 '(이야기는) 인생의 과정을 형성한다. 우리의 실제 자아인 사회적 자아가 실질적으로 만들어지는 것은 바로 이야기를 통해서이다'라고 기술하고 있다(1995, p. ix).

브루너(1996, p. 147)의 주장에 의하면, 우리는 역설적으로 이야기가 어떻게 작동하는지를 보기 더 어렵게 만드는 '이야기의 바다'에 살고 있다. 따라서 왜 잘 듣거나 읽은 이야기가 더 깊고 미묘한 수준까지 영향을 미치는지에 대해서 생각해 보자.

첫째, 이야기는 즐겁고 다가가기가 쉽다. 이야기는 청자에게 직접적으로 요구하지 않지만, 우리 자신과 다른 사람들의 경험 모두를 이해하고 통합하는 것을 도와준다. 왜냐하면 가장 좋은 이야기란 선택과 딜레마에 대한 것이기 때문에, 이야기는 이러한 경험들을 반영하면서 위협적이지 않은 경로의 참여를 제공한다. 이야기의 열린 결말과 잠정적임, 그리고 사람은 어떻게 행위해야만 하는가에 대한 질문의 제기 방법은 지시적인 방식보다는 연상적인 방식으로 복잡한 쟁점들을 소개하도록 도와준다. 잘 구연된 이야기는, 아렌트(Arendt, 1970, p. 105)가 기술한 대로 '스토리텔링은 그 의미를 한정 짓는 실수 없이 뜻을 밝히기' 때문에, 미스터리와 모호성에 대처할 수 있게 해 준다. 예를 들어, 성경에서 초기 사건 중 하나는 카인이 자신의 동생 아벨을 죽이는 것이고, 그가 하느님에게 아벨이 어디 있는지 아느냐고 질문을 받는 경우이다. 카인은 '제가 동생을 지키는 자입니까?'라고 묻는다. 미결 상태의 이 질문은 청자들에게 다른 사람들에 대한 우리의 책임 범위를 되새겨 보도록 유도한다. 6살 어린이의 경우, 이 것은 친구가 아니지만 친절하게 대해야만 하는 사람의 범위가 될 수 있으며, 10살 어린이의 경우에는, 우리 사회든 세상의 다른 편이든, 우리 자신보다 부유하지 않은 사람들에 대해 감내해야 할 책임의 정 도가 될 수 있다.

둘째, 좋은 이야기는 결말이 정해져 있지 않다. 대부분의 이야기가 하나의 결론에 도달해, 거기서 그 문제가 최소한 잠정적으로 해결될 지라도, 좋은 이야기는 대안적인 가능성과 행동 방식의 여지를 준다. 에릭커(Erricker, 1998, p. 109)가 말하는 것처럼, '실화는 실제로 살았 던 존재의 이야기이기 때문에 필연적으로 완료되지 않고, 답을 주기 보다는 질문을 하게 만든다. … 실화는 스토리 그 자체의 계속되는 회상을 포함한다.' 그래서 잘 구연되었을 때 이야기는 설교보다는 제 안과 여운을 남긴다. 왜냐하면 이야기는 구연자와 청자에 의해 반복 적으로 다시 이야기되는 걸 함의하고 있기 때문이다. 윈스턴(1998, p. 21)에 따르면, 더 폭넓은 구도에서 자신의 정체성을 이해하고 형성하 는 데 어려움이 있는 아이들을 인도할 수 있도록 도와주기 때문에, '이야기는 인생에서 우리의 선택에 영향을 미치는 것이지, 선택을 지 시하는 것은 아니다.'

셋째, 애닝(Anning, 1997, p. 9)에 따르면, '어린이에게 있어 내러티 브의 기능은 어린이가 직접 경험하는 지금 여기에서, 무슨 일이 일어 났고 다음에는 무슨 일이 일어날 수 있는가에 대한 생각과 좀 더 거 리를 둘 수 있는 곳으로 이동하게 할 수 있다. 다시 말해, 내러티브의 방식은 어린이가 추상적 개념으로 갈 수 있도록 돕는 강력한 자원이 다.' 그러므로 이야기는 어린이가 자신의 경험을 당장의 현실 너머에 있는 좀 더 추상적이고 보편적인 아이디어로 연결할 수 있도록 해 주고, 그 반대의 경우도 마찬가지이다. 마이어스(Kimes Myers, 1997, p. 18)는 '이야기는 우리 자신을 초월해 있는 것과 우리를 연결시킨다. 그리고 이 과정은 우리로 하여금 우리 삶의 의미에 대해서 질문하게 한다'라고 말한다.

그래서 이야기는 신념과 가치 탐색을 위한 강력한 도구이다. 이야기의 열린 결말의, 개조할 수 있는 성질은 도덕적 상상력을 함양하고, 위축시키지 않는 방식으로 가능한 선택에 대해서 생각해 보도록 고취하는 데 도움이 된다. 이야기는 유아에게도 용기와 인내와 같은 특성을 이해할 수 있게 해 주며, 호기심, 공감, 그리고 판단력과 같은 것들을 발달시키게 해 준다. 예를 들어, 이기적인 동생이 그의 재산을 다 탕진하고 돌아왔지만 아버지에 의해 환영받는다는 방탕한 아들의 우화는, 집에 머물렀던 충직한 아들은 분노할 수도 있지만, 지나치게 분명한 결론에 이르지 않고도 정의, 사랑, 질투와 용서에 대한 물음을 제기한다.

넷째, 이야기는 우리를 다른 문화와 세대로 연결시켜 주며, 무엇을 해야 할지(혹은 하지 말아야 할지)의 본보기를 제안한다. 이야기는 연결이 안 되는 사실적 지식들을 다른 방법으로 연결하기 위한 틀을 제공하기 때문에 역사와 종교 그리고 문학 — 그래서 우리 자신과 다른 사람들 — 을 이해하는 데 있어 핵심이다. 이야기는 우리 자신보다 더 큰 무엇인, 지속성의 한 부분으로 사건과 우리 자신을 이해하도록 해 주며, 그리고 끊임없이 바뀌는 내러티브의 하나로서, 다른 사람과의 관계에서 우리 자신을 규정하도록 해 준다.

이야기는 우리 자신을 단지 한 개인으로만 보는 경향과 반대로, 아마도 종교, 국민, 혹은 민족과 관련한 더 큰 집단과 더 오래된 전통의 하나로 우리 자신을 보도록 해 준다. 이야기는 정체성을 창조하고 발달시키는 데 필수 요소이다. 윌슨(2007, p. 110)이 쓴 바와 같이, '이야기는 그 자체로 목적이 아니다. … (이야기는) 기억과 상상 속에서 전후로 연결고리를 만들면서, 다른 가능성 있는 이야기와의 연결을 창조한다. 우리는 가족으로부터, 교사로부터, 그리고 문학과 연극과 영화를 포함한 인기 있는 매체로부터 이야기를 계속 보유한다. 이야기는 오래 지속되는 메시지를 전달하는데, 그것은 우리에게 사적인 것이며, 오직 우리만이 알 수 있는 의미를 품고 있다.' 그래서 '어릴 때 배운 이야기는 우리가 어른으로서 살아가는 세상의 강력한 구성 성분이 된다'(Nussbaum, 2010, p. 36). 매킨타이어(1999, p. 216)가 '어린이들에게 그들의 이야기를 빼앗아 보라. 그러면 당신은 그들을 말뿐만 아니라 행위에 있어서도 대본 없이 불안해하는 말더듬이로 남겨두는 것이다'라고 말한 것은 곰곰이 생각해 볼 가치가 있다. 자기 자신이 누구이고 어디에 어울리는지를 이해하는 것은, 말이든 혹은 다른 방식이든 간에, 자신에 대해서 말하는 이야기에 의존한다.

내러티브의 기능 중 하나는 인지, 정서 그리고 행위를 결합하는 것이며, 그렇게 함으로써 인간의 경험에 의미를 부여하는 것이다. 이야기는 (보통) 갈망, 신념, 지식, 의도 그리고 헌신을 가진 인간 행위자에 대한 것이기 때문에, 내러티브는 그렇지 않았다면 서로 전혀 달랐을 사건들에 의미의 일관성을 제공한다(Bruner, 1996, 1장 참조). 우리는 다른 사람들 속에서 우리 자신을 인지하게 되고, 우리들 속에서 다른 사람들을 인지한다. 이야기를 듣고 읽는 것은 어린이에게 자신의 이야기를 자기 스스로 개작하거나 풍성하게 하도록 도와준다. 예를 들어 「배고

픈 애벌레」와 같은 이야기는 즐거운 것과 별개로, 시간이 지남에 따라 정체성이 어떻게 바뀌는지를 탐색하며, 「무시무시한 그루팔로」는 아이들로 하여금 공포란 신나고 재미있는 방식으로 극복할 수 있을 뿐만 아니라, 어떻게 하면 이 공포를 극복하는 일에 동참할 수 있는지를 깨닫게 해 준다. 그리스 신화는 태곳적의 영웅들과 신들에 대한 것일 뿐만 아니라 사랑과 질투, 명예와 기만, 용기와 배신이라는 보편적인 주제에 대한 것이기도 하다. 이야기는, 듣거나 읽거나 보이거나 간에, 사람의 정서와 경험, 행위와 상호작용을 탐색하도록 도와준다.

그래서 이야기는 다음의 내용을 포함하는, 복합적이고, 미묘하며, 보통은 무의식적인 방식으로 영향을 미친다.

- 추론과 동기부여에 대한 조사를 고취시키는 질문을 제기하는 것
- 다른 사람과 문화와 연결하기
- 각각의 청자가 그들 자신의 방식대로 반응할 수 있는 경우의 감정과 신념을 탐색할 언어와 여지를 제공하도록 돕는 것
- 상상력을 키우는 것
- 심사숙고를 유도하는 것

나는 약간의 경고의 말을 덧붙이고자 한다. 나는 '좋은' 이야기라고 언급해 왔다. 어린이에게 설교하거나 어린애 취급을 하는 다른 것들과 함께, 전통적인 것에서부터 최근 출판된 자료들 — 다른 믿음, 문화 그리고 공동체에 대한, 영웅과 악당에 대한 — 모두에서 놀라운 이야기들은 많이 있다. 그래서 그러한 이야기를 사용하는 것은 판단이 요구되고, 더불어 그 이야기가 어떻게 읽히거나 구연되는지 문제가 된다.

놀이와 가짜 놀이를 다룰 때, 어른은 쉽게 이야기의 메시지를 과잉 통제할 수 있다. 어른은 이야기를 학습해야 하는 교훈, 확실한 '도덕'으로 읽도록, 그래서 (큰소리를 내든 아이의 머릿속으로든) 심사숙고를 차단시키거나 오히려 확장하고자 하는 유혹을 흔히 받는다. 그리고 선과 악의 이분법적 관점으로 이야기를 전해 주고 어려운 쟁점을 불러일으키는 이야기를 피하면서 아이들과 이야기를 읽고자 하는 유혹을 흔히 받는다. 그러나 예를 들어 동화나 구약성경의 이야기들은 그러한 쟁점들을 피하지 않으며, 이로부터 그 이야기들이 지닌 많은 힘을 결집시킨다.

좋은 이야기는 답을 정하기보다는 질문을 제기하고 여운을 남긴다. 그리고 좋은 이야기 구연자나 화자는 좀처럼 이야기를 설명하지 않으며, 오히려 청자들이 이야기를 자기 나름대로 이해하도록 해 준다. 이야기는 단지 하나의 사건에 지나지 않는 것이 아니라, 청자에 의해 그 의미가 복합적으로 되고, 형성되고, 개조되는 힘을 지닌 하나의 과정이다. 다른 도덕교육 수단을 가지고 있을 때, 어른은 지나친 처방이나 훈계를 조심해야 한다. 그래서 우리가 특정한 행동을 고취하거나 그 의욕을 꺾는 데 언어를 어떻게 사용할 것인가는 중요한 문제가 된다. 그리고 이에 대해서는 다음 절에서 생각해 보자.

## 언어 사용

머서(Mercer, 2000, p. 15)가 주장하는 바와 같이, '언어는 단순한 전달 시스템이 아니다. 그것은 종합적인 사고를 위한 시스템이다.' 언어는 지역적 · 개인적 경험을 추상적 개념과 결부시켜 주고, 그 역으로도 결부시켜 준다. 말은 부족한 생각과 이해를 재구성하고 복잡성혹은 뉘앙스의 새로운 층을 더하도록 도와주는 경험 많은 언어의 사용자와 더불어, 생기다 만 생각이 분명히 설명되도록 해 주고 부족한이해의 질을 높여 준다.

말은 유아에게도 행동에 대해 되돌아보게 하고 영향을 미치도록 해준다. 비록 유아들이 단지 언어의 순진한 이해 정도만 할 수 있을지몰라도, 사람들이 반응하고 또 반응할 수도 있는 여러 가지 방식에대해서 이야기하는 것은 유아라고 할지라도 어떻게 처신해야만 하는가에 대해서 생각해 보도록 할 수 있다. 대부분의 어린이는 문어보다구어에서 이를 더 쉽게 찾는다. 왜냐하면 구어가 더 빠르고 영속성이덜하기 때문이다. 그러나 구어의 공공성은 말을 들어주는 사람들이어린이의 생각을 존중하며 대할 것이라는 확신이 들지 않는 한 더 위압감을 줄 수도 있다.

언어는 아이디어를 분명하게 표현하고 명확하게 하기 위한 적극적인 도구이다. 그리고 이는 아동이 듣는 것보다 말하기로부터 혜택을더 많이 받는 것의 이유이다. 그러나 언어는 호혜적이기에 어른은 아이들이 더 정확하게 혹은 복잡하게 말하는 것을 재구성함으로써 어린이의 이해를 재정립하도록 도와줄 수 있다. 토론은 어린이의 사고를 분명히 표현하고 형성하며, 일어났던 일들과 그들이 달리 할 수있었을 일 혹은 할 수 있을 일 모두에 대해서 되돌아보는 일을 장려하는 데 도움이 된다.

윤리의 언어를 사용하는 것은 보통 모임 활동 시간이나 혹은 어린이 철학(P4C) 같은 공식적인 집단 토론과 관련이 있다. 집단 토론은 그렇게 계획된 회기에서 혹은 순간적으로 일어날 수 있다. 가끔 어른들은 단지 다음과 같은 일을 하기 위해 그룹을 모을 필요가 있다.

- 상황이 어떻게 그리고 왜 감당할 수 없게 되었는지 — 그리고 어떻게 바로잡고 재발을 방지할 수 있는지 차분하게 생각해 보기 위해.
- 가급적이면 어린이에 의해서 진행되면서, 예를 들어 사과, 혹은 배제되었다고 느끼는 어린이를 어떻게 지원하고 받아들일지 결정하는 것과 같은 해결책을 찾기 위해.

호혜적이고 꾸준히 지속된 대화를 위해서, 참가자들이 [대화에] 기여할 수 있기 전까지 너무 오래 기다리지 않도록 해야 한다. 그래서 어린이의 참여는 소규모 그룹에서 가장 잘 유지된다. 원이나 말굽 형태로 앉는 것은 모두가 서로를 볼 수 있게 하며, 이는 개개인이 서로에게 부적절한 행위를 유도하지 않는 한 경청하는 것을 고무한다. 보조자인 어른은, 최소한 초기에는, 부적절한 행위를 막고 집중하고 호응하는 대화를 조성하는 데 도움이 된다.

그러나 어떻게 행위하고 상호작용해야 하는지에 대해 이야기하는 것은 공식적인 활동 시간이나 큰 그룹에서만 일어나서는 안 된다. 유아와 함께할 때, 이는 인내나 협동과 관련된 것을 함께 생각하는 것도 포함할 수 있다. 그리고 좀 나이가 있는 어린이들과 함께할 경우, 예를 들어 친구와의 의리를 지킬지 아니면 진실을 이야기할지에 대한 것처럼, 어떻게 균형을 잡거나 갈등을 해결할 것인지에 대한 것도 포함될 수 있다.

윤리 어휘는 어린이에게 ― 그리고 어른에게 ― 자기 자신과 다른 사람들의 행위에 대해서 검토하고 되돌아볼 수 있게 해 주고, 이 행동들에 포함되어 있는 특성 및 행동과 관련지을 수 있도록 해 주며, 이 연관 짓기에 수반되는 것을 탐색하고 실제는 어떻게 보이는지를 알도록 해 준다. 지적한 바와 같이, 이러한 특성들은 아마도 더욱더 분명하게 윤리와 관련된 단어들 ― 가령 정직, 동정심, 존중 그리고 충성 ― 과 더욱 일반적인 어휘들 ― 가령 용기, 회복 탄력성, 임기응변 ― 을 포함하게 될 것이다. 그러나 실제로 나는 그러한 차이가 그렇게 많이 중요한 것인지에 대해서는 의구심을 가진다.

쉽게 이해된 윤리 어휘는 유아와 사회적 상호작용의 전통에 덜 익숙한 사람에게, 공식적인 상황 이전과 외부의 결과로 인해, 특별히 중요하다. 청소년기에 근접한 어린이와 일할 때 한 가지 어려운 점은 '사람은 진실을 말해야만 한다' 혹은 '다른 사람의 소유물을 가져가지 마라'에 대한 아주 단순한 수준을 넘어선 숙고와 토론을 어떻게 고취할 것인가이다. 우리가 봐 왔던 대로 서로 다른 명령은 충돌할 수도 있으며, 더 커진 복잡성은 어린이 삶의 서로 다른 측면들로부터 도출된 메시지들 사이에서 충돌의 가능성을 더 높이고 종종 더 치열하게 만든다.

새로운 언어를 배우는 사람은 기본적인 대인 관계의 필요에 응하기 위해 요구되는 것을 넘어서 나아가야만 하는 것처럼, 윤리 어휘는 더 큰 복잡성에 맞닥뜨림에 따라 그 단어의 더 정교한 용법과 더 정확한 사용을 필요로 한다. 지리학, 과학 혹은 예술의 어휘처럼, 윤리의 어휘는 일상생활에 관련될 뿐만 아니라 고취하고자 하는 특성과 성향에 대해 점점 더 구체적이어야 할 필요가 있다. 그래서 언어는 더 많이 경험한 사람의 지도와 함께, 오랜 시간 동안 꾸준한 연습과 함께 사용되어야만 한다.

왜냐하면 윤리와 연관된 많은 관념이 추상적이기 때문에, 실제 상황과 관련 있고 어린이의 경험과 질문으로부터 출발할 때, 토론과 논쟁이 가장 잘 형성된다. 어린이는 어렵거나 의견이 분분한 질문들 — 어린이는 개인적이든, 문화적이든, 혹은 다른 이유로든 간에, 그 질문들을 다른 곳에서 제기하는 게 어렵다는 걸 안다 — 을 물어보는 것이 가능하다고 느껴야만 하고, 장려되어야만 한다. 혼자서 그렇게 하는 것보다는 다른 방법들을 통해 곤혹스럽거나 어려운 질문들을 충분히 생각하는 것이 대개 더 쉽다. 그러한 토의는 필연적으로 명확한 결론에 도달하는 것보다 다른 질문들을 제기하는 것으로 끝날 수 있다.

몇몇 사람들에게 있어 가정은 어려운 쟁점을 토의할 수 있는 이상적인 장소일 수 있다. 그러나 많은 이들에게는 학교나 집 밖의 다른 상황이 어쩌면 그렇게 하도록 유일하게 구성된 가장 좋은 장소일 수 있다. 이 일은 신뢰할 수 있는 어른이나 작은 집단에서 가장 쉽지만, 어른이 토의를 지배하거나 어린이가 질문하는 것을 너무나 빨리 끝내고 '자기 순서 기다리기'가 실제 대화를 억누르는 경향이 있는 큰 집단에서는 더 어려운 일이다.

5살 어린이가 그의 것이 아닌 물건을 가져갔다고 가정해 보자. 토론이 형성되기 위해서 가령 (잘못을 인정하는 것에 대한) 정직 혹은 (물건 돌려주기에서의) 친절과 같은 특성을 언급할 수도 있으며, 살짝 '혼내기' 정도만의 '다음 단계'에 집중할 수도 있다. 혹은 11살 어린이가 누군가 다치는 것을 막기 위해서 신뢰를 깰지 여부에 대해서 결정해야만 하는 경우, 토론은 잘한 일을 강화할 수 있고, 비슷한 상황에서 어떻게 대응할지에 대해서 생각하는 시간을 가질 수 있게 한다.

윤리는 사람의 행위에 대해 책임지는 것을 포함하는 반면, 어른들이 아무리 그렇게 하기를 바라더라도 나이에 상관없이 어린이에게 왜 부적절하게 행동했는지를 질문하는 것은 좀처럼 생산적이지 못하다. 어린이는 왜 그들이 했던 식으로 행위했어야 하는지에 대해 ― 유아 때는 할 수 없었지만 ― 서서히 말할 수 있게 된다. 보통 어린이는 알지도 못하고(못하거나) 몰랐기를 바라며, 탈출구와 다시 해볼 수 있는 기회를 원한다. 어린이를 도와 그들이 했던 일과 그 영향에 대한 자신들의 생각을 분명하게 밝힐 수 있게 해 주며, 그리고 자신의 행위가 적절했는지, 그리고 왜 자신의 행위가 적절한지 아니면 비슷한 상황에서 달리 무엇을 할 수 있는지 생각하도록 해 주는 것이 더 건설적이다.

### 사례 연구 ― 건설적인 언어 사용

어느 날 길을 걷고 있을 때, 부러질 것 같아 보이는 조그만 묘목을 주먹으로 치려고 하는 7~8세 정도의 소년을 보았다. 자신이 관찰되었다는 것을 알게 되자, 그 소년은 겁에 잔뜩 질린 듯이 보였다. 소년이 나무에 해를 입히려고 했던 것은 아니란 걸 확신한다고 나의 동료가 말하자, 그 소년은 동의의 뜻으로 힘차게 고개를 끄덕이며 안도하는 듯 보였다. 내 관점에서는 호통을 치는 것보다는 훨씬 더 생산적이었다.

어떻게 어른이 윤리에 대한 건설적인 대화를 고취할 수 있는지는 간단한 일이 아니다. 첫째, 우리는 특히 도덕성의 영역에서 듣기보다는 말하고자 하며, 주의를 기울이고 인도하기보다는 장광설을 늘어놓는 경향을 가지고 있다. 어른이 어떻게 듣는지와 목소리의 어조가 그 어른이 말하는 것보다 더 중요할 수도 있지만, 그래도 특성과 행동 그리고 자질에 대한 구체적 칭찬이 어떻게 내러티브를 두텁게 할 수 있는지 ― 그리고 앞으로 유사한 경우에 어떻게 반응할지 보여 줄 수 있는지 기억해 보자. 윤리에 대해서 말하는 것은 주로 말을 하는 어린이 ― 혹은 어린이들 ― 와 주로 들어주는 ― 그리고 부적응과 실패의 의식보다는 생각에 잠기기를 유도하는 질문들을 묻는 ― 어른들로 이루어진 대화나 좌담에 더 가까울 필요가 있다. 예를 들어, 좀 더 성숙한 어린이에게 '다른 사람들이 너를 어떻게 보기를 원하니?'라고 질문하는 것은 자아의식을 자신의 행위로 연결시키고 있는 어린이를 돕는 데 유용할 수 있다. 그러나 이는 많은 어린이가 아직까지 가지지 않았을 (인지적) 통찰력과 자기 인식 수준을 요하며, 만약 어린이 자신이 지지 받는다기보다 계속 잔소리를 듣는다고 느낄 경우, 정체감이 약화될 위험이 있다.

둘째, 아주 복잡한 방식으로 언어를 사용하여 유아를 이탈시키고, 좀 더 나이 든 어린이에게는 너무나 간단한 방식으로 언어를 사용해 이탈시키는 일은 너무나 쉽다. 그러한 어려움은 많은 영역에서 사실일 수 있지만, 그 추상적인 본질, 그리고 감정의 복잡성과 개별성에 대해 이야기하기의 어려움은 윤리의 영역에서 특별한 위험을 만들어 내는 것으로 보인다.

셋째, 어린이가 어른이 기대하거나 받아들일 수 있다고 여기는 것에 맞지 않으면, 어린이의 관점은 무시되기 쉽다. 어린이는, 실제로,

자신이 정말로 어떻게 느끼는가의 복잡성을 탐색하도록 격려받기보다는 그가 느끼고 있는 것 혹은 그가 느껴야 하는 것에 대해서 자주 말을 듣는다. 그래서 어른이 어린이에게 긍정적으로 생각하라고 격려하는 것이 보통은 적당하다. 그러나 우리와 마찬가지로, 어른에 의해 부인되거나 혹은 아이 속에 감추어진 그러한 감정 대신에, 어린이가 반사회적 행위 없이 흥분하거나 화내는 것을 허용해 줄 필요가 있다.

넷째, 집단 내에서 누가 주로 말할지 그리고 어떠한 종류의 답이 허용될지에 대한 어른의 과잉 통제를 방지하는 것은 종종 어렵다. 메커니즘의 성격상 자기의 뜻이 분명하거나 적어도 말이 많은 일부 어린이에 의해서 지배되는 토론은 피해야 할 필요가 있으며, 모두가 자신의 말을 하도록 장려할 필요가 있다. 유아의 경우, 예를 들어 장난감이나 돌과 같은 상징을 들고 있는 사람만이 말하도록 허용하는 것과 같이, 명확한 규칙이 있는 경우에 그룹 토론이 더 쉽다고 여길 수 있다. 어린이가 더 많은 경험을 했을 때, 이 규칙들은 좀 더 융통성 있게, 다소 간섭과 논쟁을 허용하면서 사용될 수 있다.

이러한 위험에도 불구하고, 어른이 말하는 것은 어린이가 공감과 사려 깊음 같은 특성들을 어떻게 발달시키는가에 큰 영향력을 미칠 수 있다. 특히 이 특성들을 강화하고 어린이 자신의 도덕 정체성에 대한 의식을 강화함으로써 그럴 수 있다. 그래서 언어는 어른이 어떻게 어린이가 인격과 윤리에 관련된 특성들을 발달시키는 것을 배우도록 도와줄 수 있는가와 관련해서 가장 강력한 도구 중 하나이다. 특히 유아와 그러한 메커니즘이 그다지 효율적으로 작용하지 않는 사람들에게는, 의식의 메커니즘에 의존하는 게 주가 아니라, 그것을 강화하고 후원하도록 애써야 한다. 훨씬 더 중요한 것은 기대와 본보기와 같은 미묘하고 무의식적인 메커니즘이다.

## 기대와 본보기

우리는 다른 사람들의 기대와 다른 사람들에 의해 정해진 본보기가 특히 유아의 자아감에 영향을 미치는 경우, 학습이 호혜적·사회적 과정이라는 것을 봐 왔다. 제5장에서는 학습을 향상시키는 강력한 메커니즘의 하나로서 피드백을 강조했다. 그러나 어른이 적절한 행위와 상호작용을 장려하도록 하는 이것[피드백]이 실제로 의미하는 것은 항상 분명한 것이 아닐 수 있다.

피드백의 가장 명확한 유형은 어른이 말하는 것임에도 불구하고, 더욱 미묘하고 영향력 있는 유형은 기대의 형식으로 다가온다. 높은 열망 — 자기 자신에 대한 소망과 기대 — 은 어린이가 부모처럼 성공하는, 혹은 실패하는 경향을 가지게 하는 유형을 깨는 데 필수적이다. 그러한 열망은 어느 정도 문화적으로 전달된다. 낮은 기대의 문화에서 어린이가 배우고 교사들이 가르치는 게 왜 힘든지에 대한 한 가지 이유는 낮은 기대가 학문적 성취와 행동의 관점뿐만 아니라 태도와 동기부여 같은 실체성이 덜한 문제의 관점에서 자기실현이 된다는 점이다. 어른이 가지는 아이에 대한 기대는 어린이의 정체감을 창출하고, 강화하며, 때때로 약화시키는 데 한몫을 한다.

모두가 높은 기대를 가진 어른들을 지지하지만, 이것이 수반하는 것은 보기보다 더 복잡하다. 모든 어린이에 대해서, 특히 유아에 대해서, 어른의 기대는 반드시 다음과 같아야 한다.

- 만약 어른이 어린이의 의욕을 꺾거나 이탈시키기보다 고무하고 동기부여 하길 바란다면 현실적이어야 한다.
- 만약 어른이 어린이의 전인적 발달을 희생해 가며 학구적 성취에 대해 과잉 강조하는 것을 피하고자 한다면 너그러워야 한다. 그리고
- 만약 어른이 자기 본위와 개인주의를 막으려 한다면 공감과 사려 깊음 같은 특성과 관련시켜야 한다.

굿과 브로피(Good and Brophy, 1990, p. 443)가 제시하는 바와 같이,

기대는 스스로 유지되는 경향이 있다. 기대는 교사들이 기대하는 것에 유의하고 기대하지 않는 것에 그다지 주목하지 않는 것에 의한 지각, 그리고 교사들이 자신들의 기대와 일치시키기 위해 자신들이 아는 것을 해석(아마도 왜곡)하게 만드는 것에 의한 해석, 두 가지 모두에 영향을 끼친다. 어떤 기대는, 비록 사실과 일치하지 않는다고 해도, 끈질기게 계속된다.

이것이 뜻하는 것은, 어른은 우리가 기대하는 것을 주목하고 또 우리가 기대하는 바에 따라 주목한 것을 해석하는 경향이 있다는 것이다. 그래서 비행을 저지를 것이라고 기대되거나 다른 사람의 유사한 비행을 간과하거나 혹은 관대히 봐줬던 사람의 좋지 못한 행실에 과도하게 무게를 두기가 너무나도 쉽다. 훨씬 더 염려스러운 점은 고정

관념은 반증의 증거가 있다고 할지라도 계속 지속되는 경향이 있다는 것이다. 그러한 특성은 기존의 불리한 조건을 가진 사람을, 예를 들어 (몇몇) 소수민족 출신자, 불우한 삶을 사는 사람, 능력이 낮다고 여겨지는 사람을 더욱더 불리하게 만든다. 거북한 일이긴 하지만, 나는 다음의 일들을 기억한다.

- 파키스탄계 소녀가 정숙하기를 기대했고 또한 그러했음을 발견한 기억
- 자신의 어려움 때문에 성공할 기회를 갖지 못했다고 생각하는 사람들에 대해서 참으로 심약했다고 기억하는 것
- 특정한 어린이가 더 이상 잘할 수는 없을 것이라는 점을 근거로 그가 한 낮은 자질의 일과 행동을 기꺼이 받아들인 기억

그러므로 어른은 그러한 어린이가 자신을 보는 방식을 강화시킬 우리의 기대를 자제하기 위해 의식적으로 끊임없이 싸워야 할 필요가 있다.

이레슨, 모티모어, 그리고 할람(Ireson, Mortimore and Hallam, 1999, p. 216)은 다음에 나오는 더한 어려움에 대해서 강조한다.

높은 기대는 … 교사와 학습자의 신념과 포부로부터 자연스럽게 나타나야만 한다. 높은 기대는 진심이어야만 하며, 그렇지 않으면 역효과를 낳게 된다. … 기대는 미묘하고 보통은 발견되지 않는 방식으로 교사와 학습자 사이를 지나가야 한다. 자신의 학생들의 역량에 대한 교사의 태도를 뒷받침하는 것은 지능에 대한 교사의 신념이다. … 만약 … 교사가

지능이 경험에 의해서 바뀔 수 있다고 믿는다면, 그는 자신의 기대를 긍정적으로 잡을 가능성이 더욱 커질 것이다.

그래서 어른은 일부 어린이에 대한, 특히 더 낮은 능력을 가졌다고 여겨지고 자신을 그리 보는 사람들에 대한 낮은 기대감을 피하기 위해 열심히(그리고 의식적으로) 노력해야만 한다. 부분적으로, 이것은 성장형 사고방식을 그 자체로 적용하고, 어린이에게 고취하려고 노력하는 것과 관련이 있다. 성장형 사고방식은 성공과 실패가 가령 민족성이나 능력과 같은 내재적 요인에 의해 설명이 안 되지만, 다시 시도하기 위해 더 많은 노력, 후원 그리고 기회의 필요와 꽤 관련이 있다(Dweck, 2000, and Hart et al., 2004 참조).

아동은 본보기를 통해 가장 많이 배우기 때문에, 가장 영향력 있는 피드백 유형 중 하나는 어른이 본을 보이는 것이다. 다른 어린이들이 어떻게 처신할지에 대한 좋은 본보기를 제공할 수 있으며, 그리할 때 그들도 매우 영향력이 있을 수 있다. 그러나 어른들은 어린이와 그들의 관계의 본질이 부여된 특별한 책임을 가지고 있다. 개인적 신뢰는 필수적이다. 그렇지 않다면 존경하는 사람으로부터의 메시지도 위선자로부터의 공허한 말처럼 들릴 것이다. 어린이가 특별한 방식으로 행위하고 상호작용하는 특성과 성향을 내면화하길 바란다면, 어른은 단순히 이를 가르치는 것보다 더 많은 일들을 해야만 한다. 어른들은 '언행일치'를 해야만 하며, 그로 인해 명시적이고 함축적인 메시지들이 일치하게 된다. 예를 들어, '무슨 일이든 상관없이 내버려 두자'는 생각을 반박하기 위해, 어른은 어떻게 행위하고 상호작용하는 것이 중요한지를 반드시 보여 주어야 한다. 만약 어린이가 내재적 자질들이 외적인 소유보다 더 중요하다는 것을 배우게 하고 싶다면, 어른은 이것을 그들의 행위로 보여 주어야만 한다. 만약 어린이에게 고정관념과 빈정댐을 피하길 기대한다면, 어른은 그렇게 해야만 한다.

듀이가 도덕의 기본으로서 강조한 예의를 기억해 보면, 어린이 ㅡ 우리 모두 ㅡ 는 부탁드립니다, 고맙습니다와 같은 말하기, 문을 연채 잡고 있기 그리고 다른 사람의 필요와 느낌을 신경 쓰고 응대하기와 같은 작은 행위들로부터 배려하기를 배운다. 그러한 일상적인, 매일의 행위와 상호작용은 습관화가 되어야 한다. 하지만 그것은 두려움이나 사회적 지위보다는 다른 사람에 대한 존중과 사려 깊음을 기반으로 해야 한다. 이를 고취하기 위해서 어른은 그러한 행위와 태도를 형상화하고 강화해야만 한다. 만약 어린이가 정직하고 겸손하며 사려 깊기를 바란다면, 어른은 그러한 특성들을 드러내야만 하며(그리고 어른들이 그런 특성들을 가지고 있지 못한 때에는 감내할 준비가 되어 있어야만 한다), 그리고 다른 이들이 존중을 표하길 기대한다면, 그들 자신이 그렇게 해야만 한다.

로고프(1990)는 경험이 적은 사람이 주로 지켜보고, 듣고, 모방하면서 비슷한 방식으로 행위하는 것을 배우는 데 반하여, 경험이 더 많은 사람이 본보기를 제공하는 접근법을 기술하기 위해 도제란 용어를 사용한다. 그녀는 도제를 '[안내자가] 이끄는 참여'를 포함하는 것으로 보았다. 셜먼(Shulman, 2004, p. 525)은 '도제의 개념은 경험과 관행의 축적된 지혜들을 본뜨고 모방하는 것에 기초한다. … 도제는 현지의 특별한 상황에 처해 있는 것이다'라고 기술했다. 더욱이 도제는 더 많은 훈련과 지도가 필요함에도 불구하고, 숙련자는 수습생이 능력을 갖춘 듯이 대하면서 장기간에 걸쳐 이루어진다. 이러한 고려는 내가 실생활 윤리라고 부르는 것의 상당 부분을 포함하며, 학습과 교수의 설차석 지식과 실무 활동에 도제 모델이 적합하도록 만든다.

역할 모델은 어린이가 동경하는 본보기를 제공한다. 제3장에서는 연예인과 운동선수가 보통 어떻게 행위를 할 것인지에 대한 피상적인 역할 모델을 제공한다고 논의했다. 닮아야 할 본보기로 테레사 수녀와 넬슨 만델라 같은 유명인을 제시할 수도 있다. 통상 연민과 용기와 같은 특성이 현실에서 어떤 모습인지에 대한 강력한 본보기를 제공함에도 불구하고, 그러한 접근은 사람의 특정한 유형만을 이상화할 위험이 있으며, 그 본보기는 유아에게는 너무나 동떨어진 것일수도 있다. 사회가 복잡하고 다양해질수록, 행위하고 상호작용하는 방식에 대한 상이한 모델들의 범위도 더 넓어져야만 한다. 어린이의 경험이 적을수록 그러한 본보기는 더 친밀한 것이어야 할 수도 있다. 그러면 어린이는 '나도 할 수 있겠다'라고 생각한다.

대부분의 어린이에게 있어 자신과 다른 어린이를 보살피는 부모, 교사, 다른 어른들은 가장 영향력 있는 역할 모델이다. 윤리는, 특히 유아에게 있어, 대부분 비교적 일상적인 행위와 상호작용에 관한 것이기 때문에, 본보기의 세트는 어른들의 작은, 대체로 누가 봐도 사소한 행위를 통해 사태의 진전에 따라 정상적으로 반영되어야만 한다. 그 점을 제외하면 그 본보기는 사소한 것이 아니다.

그래서 교사 ― 다른 어른 ― 는 어떻게 생각하고, 행위하며, 존재해야 하는가의 모델이 되어야 한다. 이는 상당히 벅차게 들릴 수 있다. 그러나 잭슨 등의 연구(1993, pp. 286-7)에서, 교사는 역할 모델이란 용어를 많이 사용하지 않았는데, 아마도 지나치게 영웅적인 역할로 보였기 때문일 것이다. 교사들은 용기, 지혜, 그리고 관대함 같은 덕목들보다는 다음과 같은 '겸손한 사람의 덕목'을 이야기했다.

- 다른 사람을 존중하기
- 지적으로 전념하는 것이 무엇인지 보여 주기
- 무슨 말을 하는지 주의 깊게 듣기
- '남과 잘 어울리는' 사람 되기 그리고 심지어
- 실수하고 착각해도 괜찮다고 하기

어린이가 '작은 발걸음'으로 인격과 관련된 특성을 배우고 있을 바로 그때에, 어른은 그러한 '겸손한 사람의 덕목'을 보여 주어야만 한다. 무엇이 옳고 그른지의 의미에서 대부분은 도덕교육과 분명한 관련이 없다. 지나치게 심각하거나, 독선적이거나, 혹은 지나치게 확신하지 않으면서 어린이의 필요, 관심, 반응 그리고 질문들에 적절히 대응하는 어른을 반영한다. 어른이 어린이와 그리고 다른 이들과 어떻게 행위하고 상호작용하는가는 중요한 일이다. 긍정의 미소, 혹은 못마땅한 무언의 기색, 혹은 어린이의 아픈 부모에 대한 질문 혹은 쓰레기 줍기가 가진 효과를 과소평가하지 말아야 한다. 이 두 가지는 사람이 어떻게 행위해야 하는지에 대한 전형적인 예가 된다. 그리고 어른이 사려 깊게 행위하는 것으로부터 면제되는 것이 아님을 보여 준다.

이번 장에서는 삶의 전반에 걸쳐서 발생하는 하나의 과정으로서 도덕교육을 설명해 왔다. 다양한 종류의 활동, 경험 그리고 반응은 인간관계와 상호작용에 ― 그래서 윤리에도 ― 기본이 되는 공감과 사려 깊음과 같은 특성과 성향을 발달시키는 데 도움이 된다. 제10장에서, 우리는 어떻게 도덕적 차원이 — 어른이 어떻게 생각하고, 관련 맺으며, 응답하는지 그리고 상황이 어떻게 작동하는지에 있어 — 없어서는 안 될 접근의 일부가 되어야 하고, 또 될 수 있는지를 생각한다.

# 10
# 개별 프로그램들을 넘어서기

------------------------------------------------

**개요**

---

개별 프로그램들
충돌하는 우선순위들 사이에서 균형 잡기
협력해서 일하기
덕 윤리 접근을 향하여

## 개별 프로그램들

아서(Arthur, 2003, p. 24)는 영국이 '인격교육에서 분별없고 효과 없는 노력을 한 긴 역사'가 있으며, 미국 혹은 영국에는 인격교육 프로그램에 대한 경험적 연구나 주요 평가 방식이 거의 없다는 점을 안타까워한다.

이번 절에서 아동의 사회적, 정서적, 도덕적 발달을 향상시키도록 디자인된 다섯 가지 프로그램에 대해서 각각의 강도와 한계를 확인하면서 생각해 본다. 이 토론은 기관들이 운용하는 모든 방식에 포함된 한 가지 접근법을 입증하면서, 그러한 프로그램들이 아무리 많은 점에서 도움이 된다고 해도 개별적으로는 별 도움이 안 되는 이유를 설명하는 데 도움이 된다.

사회 정서 학습 프로그램(SEAL, Social and Emotional Aspects of Learning)의 자료는 어린이가 가령 공감과 협동과 같은 사회 정서 기술들을 발달시키며, 불쾌하고 파괴적인 반응을 피하는 법을 배우는 것을 돕고자 하는 의도를 가졌다. 적절히 반응할 수 있는 전략에 대한 자신과 다른 사람의 감정과 생각을 함께 이해하려는 의도로, 어린이가 게임을 하고 자신의 감정을 토론하는 곳에서, 시간은 대개 적어도 일주일에 1번 정도, 보통 모임 활동 시간을 바탕으로, 그룹으로 확보해 둔다.

아동의 사회적 · 정서적 발달 및 복지에 대한 관심과 최근에 이러한 측면을 보다 더 강조하길 바라는 소망을 반영하며, SEAL 프로그램은 영국의 많은 초등학교에서 인기 있는 것이 입증되었다. 공식적인 그리고 그 밖의 다양한 평가를 통해, 비록 10살과 11살 어린이는 그보다 어린 경우보다 덜 적합하다는 물적 증거가 있지만, 어린이의 즐거움과 공감, 자기 조절 그리고 사회적 기술과 같은 측면에서 긍정적인 결과를 보여 주었다. 그러나 제8장에서 밝힌 바와 같이, 에클스턴과 헤이스(2008)는 일 ― 그리고 다른 비슷한 것 ― 에 대해 이런 방식의 느낌을 강조하는 것은 어린이에게, 자신이 행복하지 않거나 어떤 감정인지 알지 못할 때조차도, 자신이 행복하다고 말하며 '긍정적'이어야 한다는 기대를 촉진시킨다고 제안한다.

가족 연계 양육 프로그램은 다소 유사성을 가지고 있는데, 부모/보호자와 어린이에게 공동으로 초점을 맞추고 있는 고유한 특징에도 불구하고, 학교에서 그리고 더 광범위하게 활용하는 데 적절하다. 게임과 소규모 그룹 토론(보통은 부모/보호자와 어린이가 분리된)은 감정과 반응에 대해서 이야기하는 데 사용되고, 타당하게 행동을 조정하는 전략을 토의해서 반사회적·공격적 행동을 피하고자 하는 데 사용된다. 부모/보호자는

- 부모가 되는 것의 어려움을 토론하고 이해할 수 있다.
- 어린이의 행동에 대한 이유를 이해하는 데 도움을 받는다.
- 경계를 설정하고, 따르며, 분명히 하기를 장려 받는다.
- 어떻게 그렇게 할 수 있는지 실질적 조언을 받는다.

모임 인솔자는 부모/보호자가 어린이를 양육할 때 불만과 분노의 어려움과 [그에 대한] 대응이 흔히 있었음을 인식하고, 그리고 분명한 경계를 정하는 이유와 필요를 이해하는 데 도움이 되도록 훈련 받아야한다. 어린이는 친구를 만들고 어려움을 해결하는 것을 배울 수 있는 활동과 게임을 통해서 자신이 어떻게 느끼는지에 대해서 말하고 생각할 언어를 소개 받는다.

평가에서 양육 프로그램은 상당한 열의를 만들어 내었음을 보여 주었다. 특히 서로 어떻게 소통할지 어린이에게 분명하지 않은 곳에서, 그리고 적절한 경계가 설정되지 않은 가족의 경우에 그랬다. 가족 연계(Family Links) 프로그램의 영향은 유아와 그 부모에게 가장 크다. 그러나 사용된 언어 — 예를 들어 따뜻하고 보송보송한 느낌에 대해 — 는 보편적으로 인기 있지 않으며, 좀 더 나이 있는 어린이에게는 너무 '유치하다'고 생각될 수 있다. 한 사건이 이를 분명히 보여 준다. 열 살 어린이가 자기가 어떻게 배워 왔는지 묘사하면서, '매

우 흥미롭다(That's Very Interesting)'의 준말인 TVI를 포함해서, 전략 범위의 적용이 위협받을 경우 그 전략이 학교 밖에서 얼마나 유용한 가를 물어보았다. '글쎄요'라고 운을 뗀 소년은 다음과 같이 말했다. '그렇게 말하면 내 머리를 벽에 찧으려고 하는 열세 살짜리 애를 멈추게 할 거라고 생각하나요?' 그 소년은 양육 프로그램을 학교 밖에서는 제한된 유용성을 가진 전략으로 보기는 하지만, 특히 충돌을 어떻게 해결할지에 대해서 도움이 되는 많은 특징이 있다는 점은 인정했다.

공감의 뿌리(Roots of Empathy)는 대부분의 영어권 국가에서 [활용되는] 초등학교 연령대 어린이들을 위한 국제적인 프로그램이다. 그 미션은 어린이와 어른에게 공감을 발달시킴으로써, 배려하고 평화로운 시민사회를 건설하는 것이다. 이 프로그램은 정서적 이해, 조망 수용, 다른 사람에 대한 배려와 영아 발달에 대한 수업의 기반으로서 3주마다 영아와 그 부모를 방문하는 걸 포함한다. 공감의 뿌리는 어린이들의 공격성을 줄이고, 그들의 사회적/정서적 이해와 친사회적 행동을 용이하게 하는 것이 목표이다. 해당 프로그램의 홈페이지는 사회적/정서적 능숙도를 올리고 공감을 늘려 가는 반면, 공격성의 수준은 낮추는 데 의미 있는 영향력을 보여 줘 왔다고 주장한다. 4학년에서 7학년 어린이에 대한 실질적 연구에 바탕을 둔 쇼너트-레이츨 등(Schonert-Reichl et al., 2012)의 연구는 공감과 조망 수용에 있어 뚜렷한 변화는 보고되지 않았지만, 공격적 행동과 관련해서 상당한 이점이 있음을 보고했으며, 어린이가 왜 우는지를 알게 되었고, 친사회적 행동을 택하게 되었다고 지적하였다.

처음에 립먼에 의해 고안되고 그 뒤 SAPERE(교육에서 철학적 탐구와 반영 증진 협회, Society for the Advancement of Philosophical Enquiry and Reflection in Education)를 포함한 몇몇 기관에서 발전시킨 어린이 철학(Philosophy for Children, P4C)은 사고 기술을 향상시키기 위해 설계된 수많은 계획들 중에 하나이다(그 외는 Trickey and Topping, 2004 참조). 어린이 철학에서, 어린이는 보통 도덕성과 관계가 있는 자신의 철학적 질문을 창안해 내는 방법과 철학적인 탐구나 대화의 초점으로서 하나를 골라내는 방법을 배우게 된다. 어린이 철학은 경청하기, 다른 사람의 견해를 기반으로 하기, 대립 없이 동의하지 않기 등을 강조하며, 쉽지 않은 답을 지닌 질문들의 그룹 토론을 기반으로 한다. 조력자인 어른은 어린이가 사고하기, 추론하기 그리고 질문하기와 어떻게 서로 간에 말하고 들을지에 대한 도움을 준다. 어린이 철학은 대개 분리된 회기에 열리지만, 포함된 기술과 특성은 모든 과목의 영역에 적용될 수 있다.

트리키와 타핑(2004)의 열 개의 평가 연구에 대한 체계적 검토는, 비록 초등학교 연령의 어린이에 대한 이점이 특별히 확인되지 않았지만, 어린이 철학은 말하기와 듣기 기술 둘 다를 고취하는 데 유익했다는 결론을 내렸다. 이 평가들은 교과과정에 걸친 어린이 철학의 잠재력을 지적하지만, 다른 교과목 영역에서 이 방식을 내재화하는 것의 어려움을 지적한다. 모임 활동 시간을 기반으로 한 접근을 사용하는 것은 모든 사람의 목소리를 들을 수 있다는 보장에는 도움이 되겠지만, 다른 사람이 말했던 것에 기반을 두는 것을 어렵게 만드는 큰 그룹에서 자기 순서를 기다려야 한다는 것과 그룹이 질문에 초점을 맞추고는 있지만 어린이로 하여금 자기 자신을 자유롭게 표현하도록 허용하고 있다는 확신을 가지게끔 어린이 철학을 이끌어 가기란 쉽지 않다.

'가치 교육'이란 용어는 많은 방식으로 사용되지만, 이 문단과 다음 문단에서는 영국 옥스퍼드 근처의 웨스트 키들링턴 초등학교에서 고안된 가치 기반 교육을 말한다. 패러(Farrer, 2000)에 의해서 '조용한 혁명'이라고 그 특징이 묘사되었고, 이우드(2004)의 저술에서 간략히 설명되었으며, 호주에서 훨씬 더 큰 규모로 적용되었다(Lovat and Toomey, 2007 참조). 학교마다 조정할 수는 있지만, 원래 계획된 대로의 가치 기반 교육은 190쪽 표 7.2에 작성된 대로, 22개의 보편적인 가치 목록을 사용한다. 전교생은 보통 한 달 동안 하나의 가치에 집중한다. 조회, 학급 토론, 전시와 보상 제도(개인적인 것과 공동의 것 모두) 그리고 행동의 기초로서 그리고 다른 정책은, 어린이가 가치가 수반하는 것을 이해하고 그에 맞춰 생활하도록 해 주는 데 사용된다. 모든 어른과 어린이가 가치의 본보기를 만드는 것은 필수적이다. 이 가치들과 행동 사이의 관련을 보여 주는 토론과 가치들의 목록은 '가치들의 어휘'를 발달시키는 데 도움이 된다. 숙고를 위해 확보한 시간은 보통 가치 기반 교육 접근의 일환이다.

개선된 행동과 어른과 어린이 사이, 어린이들 사이 그리고 어른들 사이에서의 더 정중한 관계의 관점에서 보통 묘사되는 직접적인 영향은 일반적으로 상당했다(Eaude, 2004 참조). 그러한 존중의 부족은 참여하는 학교들의 흔한 이론적 근거이다. '전 예전에 어떻게 처신해야 하는지 진짜로 몰랐지만 지금은 알게 되었다는 것을 이해하셔야 돼요'라는 확신에 가득 찬 열 살 소년의 언급은 그러한 기대를 분명하게 만드는 강력한 영향력을 증명하였다. 많은 프로그램들이 그러하듯, 가치 기반 교육을 유지하는 것은 많은 에너지와 헌신을 요구한다는 몇 가지 말로는 장기적인 영향을 가늠하기가 더욱 어렵다. 나이가 있는 어린이가 갈등하는 요구들을 어떻게 다루어야 하는지 인식하도록 돕는 언어를 발달시키는 것은 힘든 것으로 판명되었다. 로바트와 투미(2007)는 가치 교육이 더 높은 성취 수준에 연결되어 있다고 주장하는 사람들에 속한다. 그러나 그러한 접근을 다루는 방식의 다양성은 하나의 주장을 그렇게 일방적으로 유지하기 어렵게 만든다.

이번 절에서 논의되는 모든 프로그램들은 그것들이 아주 훌륭하다고 여기는 많은 지지자들을 가지고 있다. 그러나 그 프로그램들의 성공 — 유사 프로그램의 성공 — 은 종종 주장되는 것보다는 덜하다. 이는 그 프로그램들이 다음과 같기 때문에 그런 것으로 보인다.

1 다른 연령대의 어린이들에게 적합할 정도로 운용 방식과 사용되는 언어의 관점에서 융통성이 충분하지 않다.
2 좀 더 어렵고 그리고 일어날 수 있는 갈등의 감정에 대해서 어떻게 처리하고 대응할지보다는 정서를 조절하고 행동을 조절하는 방식을 강조하는 경향이 있다.
3 이수 과정 외의 나머지와 대개 분리되어 있고, 때때로 중요하지 않으며, 실제로 학과보다 덜 중요하게 여겨서 부가물로 보게 되는 위험이 있다.
4 필연적으로, 어린이가 얼마나 익숙한지에, 그래서 그들을 지도하는 어른에 의존하게 된다.

놀랄 것도 없이, 세심하고 호혜적인 관계의 중요성이 주어진다면, 그러한 프로그램들은 어른이 근본 원리를 잘 이해하고 적용할 때 더욱 성공적이며, 상투적으로 사용할 때 더욱 피상적이 된다. 잘 사용되면, 어린이에게 그러한 아이디어가 의미하는 바와 어떻게 이를 그들의 행위와 관련시킬지를 이해시키면서, 어른은 장려되는 처신의 유형을 만들고 좀 더 추상적인 생각에 비슷한 상황을 결부시킬 수 있다. 그러한 프로그램들은 빠르고 긍정적인 영향을 가지고 있지만, 종종 유지하고 발전시키는 게 어려울 수 있다. 이는 그것들이 얼마 후 탄력을 잃거나, 아니면 어린이가 나이를 먹고 더욱 복잡한 사안과 부딪침에 따라 초기의 메시지가 진부해지거나 혹은 지나치게 단순해지기 때문이다. 그래서 어떤 프로그램, 혹은 접근이라도 광범위한 상황들이 보이고 관련되어야만 하며, 활력을 유지하기 위한 정기적인 경신이 필요하다. 이는 전 인생을 통해서 새겨질 인격교육으로의 접근의 필요를 강조한다.

## 충돌하는 우선순위들 사이에서 균형 잡기

한 교장이 나와 이 책에 있는 아이디어에 대해서 토론할 때였다. 그녀는 나에게 '모든 어린이가 읽고 쓸 줄 알고 산술 능력이 있어야 한다고 생각하지 않는가요?'라고 물었다. 나의 대답은 물론 어린이가 그런 능력이 있어야 한다고 했지만, 이것이 내가 원하는 전부라거나 혹은 읽고 쓸 줄 알며 산술 능력을 가지는 것이 내가 기본이라고 여기는 유일한 영역이라는 것은 아니다. 어떻게 어린이를 교육할지 생각할 때, 성취하고자 희망하는 목표로 돌아와야만 하며, 내 관점에서,

특히 아동에게 이것은 넓은 의미의 복지를 수반해야만 한다. 그리고 제4장에서 강조한 것처럼, 충돌하는 우선순위들 사이의 딜레마를 해결하는 것은 공식적인 상황과 그 밖의 경우 모두에서 어린이와 일할 때 고유한 것이다.

도덕교육자는 — 역할이 무엇이든 간에 — 절대로 도덕과 윤리에만 관심을 가져서는 안 되며, 제1장에서 강조했던 함정들을 피하면서, 제3장과 제4장에서 논의했던 부담이 큰 영역을 깨닫고 헤쳐 나갈 길을 찾고자 노력해야만 한다. 그러한 길은 서로 다른 고려 사항들의 균형을 유지하고, 그 때문에 즉각적인 것이나 장기적인 판단 둘 다를 하는 것과 기대와 정책의 요구 사항과 일상생활에서 현실을 감안하는 것을 포함한다.

몇몇 실제적인 영향을 탐색하기 전에, 두 가지 일반적인 관점을 더 자세히 진술해 보고자 한다. 첫째, 제3장과 제4장은 어린이가 성장하는 사회와 현재의 교육 환경이 인생을 음미하는 여행보다는 달려야 하는 경주인 것처럼, 통상 숨 막힐 듯한 빠른 속도를 얼마나 강조하는가를 고려했다. 많은 어린이가 어른의 주목을 그다지 받지 못하고 경계가 보통 불분명한 세상에서, 만약 그들이 단순히 준수하기보다는 행위에 대한 이유를 내면화하려고 한다면, 어린이는 경계에 대해서 질문하고, 실험하고, 상상하며, 시험해 볼 수 있는 공간, 시간 그리고 지침이 필요하다.

제8장은 어린이와 일할 때 고유한 힘을 오용하는 것에 대해서 경계하였다. 인격교육은 알려 주거나 강요하는 것보다는 영향을 미치고 안내해 주는 질문이다. 그러한 영향력을 어떻게 발휘할지에 대해 생각하는 데에는 운동이나 요리의 비유가 도움이 될 수 있다. 어린이에

게 공을 주거나 혹은 스스로 좋은 축구 선수가 되도록 배울 것을 기대하는 것으로는 충분하지 않지만, 어린이에게 오프사이드 규칙의 복잡한 내용의 기초를 너무 일찍 가르치는 것도 적절하지 않다. 요리의 재료와 요리법만 제공하거나 어린이가 스스로 케이크를 굽길 기대해서도 안 된다. 어린 선수와 요리사는 지도 받고, 서서히 복잡한 것의 기초를 배워야 한다. 하지만 나쁜 습관이 들어서도 안 된다.

같은 것이 윤리의 영역에서 한층 더 적용된다. 어린이가 때로는 특별한 유형의 행동을 강화하거나 혹은 약화시키는 (어떠한 종류의) 질책, 혹은 보상, 혹은 제재를 받아야만 한다는 것에 관해 논쟁하는 사람은 거의 없을 것이다. 그러나 장기적으로 보았을 때, 보살핌, 양육, 그리고 본보기는 상황이 힘들어질 때라도 공감과 관대함과 같은 특성과 이 특성을 나타내는 성향과 동기부여를 더욱 고취할 가능성이 있다.

이로부터 넓은 의미나 좁은 의미에서의 두 번째 관점 — 도덕교육을 '할' 방법이 하나도 없다 — 이 나온다. 전문 지식에 대한 연구 (Eaude, 2012)는, 무슨 분야든 간에, 전문 지식이 원형적이고, 특정한 상황에 놓여 있으며, 대체로 암묵적이라는 것을 보여 준다. 다시 말해서,

- 전문 지식을 나타내 보이는 많은 상이한 방법이 있다.
- 어떻게 그렇게 해야 하는지는 맥락에 달려 있다. 그리고
- 높은 수준의 전문 지식을 가진 사람들이 어떻게 일하는지 정확히 지적하기란 힘들다.

헤이든(2004, p. 116)이 제시하는 바와 같이, 윤리적 환경을 유지하는 것이 '교사가 따라야 하는 특정한 본보기를 보여 주지 않는다. … (그러나) 가치 교육 영역에서 교사의 책임을 바라보는 특정한 방식을 제시한다.' 인격교육 혹은 실제로 인성, 사회, 정서 혹은 도덕 교육을 별개의 교과목 혹은 교육의 분리된 부분으로 보는 것은 잘해야 한정 짓는 일이다. 전인적 어린이로 발달시키는 것은 어린이의 경험 전반에 걸쳐서 가능한 최대한 스며들고 어린이의 반응과 동기부여에 깊은 수준까지 영향을 주는 접근법을 필요로 한다.

한 가지 까다로운 질문이 있다. 어느 정도까지의 배려와 공감의 강조가 학문적 기준과 성취에 관한 것과 충돌할 수 있을까? 도덕적 차원은 학습 환경의 필수적인 부분이 되어야 하는 반면, 다른 많은 차원들 — 그중에서 학문적, 사회적, 신체적 차원들 — 이 있고, 어른은 다른 우선순위를 가지고 있다. 유아에게도 [주어지는] 주목할 만한 성과의 압박은 20년 전보다 더 강해졌으며, 줄어들지 않을 것으로 보인다. 사실 앞으로 더 늘어날 수 있다. 그러나 해티(2009, pp. 126-8)는 교사의 기대와 교사-학생 간의 관계와 같은 비인지적 변수는 교사의 과목 지식 같은 인지적 변수에 비해 학업 성과와 더 강한 상관관계를 가지고 있다고 시사한다. 그리고 알렉산더(2010)는 광의의 교육과정이 장기적으로 높은 기준의 성취에 적대적인 것은 아니며, 더욱 포괄적인 존재와 전인적 아이의 필요를 말하는 것은 완전히 별개의 것이 아니라는 것을 나타내는 다양한 연구 조사를 인용한다. '기본 교과'에 제한적으로 초점을 맞춘 교과과정은 아동이 가장 잘 학습하는 방법에 어긋나는 것이다. 게다가 학교 밖의 경험이 그러한 교과과정으로 흥미를 끄는 데 실패한 아동이나, 혹은 그러한 학습이 어렵다고 느끼는 아동에 대해서는 이탈하게 하고, 해롭다고 느끼게 할 가능성이 있다.

당신은 유아에게는 적절한 배려를 강조하면서, 반면에 10살이나 11살 어린이에 대해서는 배려를 덜해도 된다고 생각할 수 있다. 유아의 양육과 교수에 대한 대부분의 전통은 배려와 양육의 중요성을 인식하지만, 나이가 있는 어린이에 대해서는 점차로 도전과 학업 성취를 더 강조한다. 그러나 우리가 성공하고자 한다면, 우리 모두 ― 다른 사람들보다 좀 더 ― 는 가끔 배려와 양육을 필요로 하며, 만약 우리가 더욱 공감적이고 자애롭고자 한다면, 배려를 받는 것과 더불어 다른 사람과 자연계에 대한 배려 또한 필요하다. 이러한 필요는 우리가 생각하는 것보다 더 오랜 기간 동안 지속된다. 그리고 다른 사람을 배려하는 것은, 비록 어렵지만, 배려를 받는 것에 익숙하지 않은 사람들에게 유익한 것으로 보인다. 배려 윤리는 나이가 있는 어린이에게는 다른, 좀 더 정교한 방식으로 표현되어야만 할지 모른다. 그러나 배려 받을 필요, 그리고 배려할 필요는 사라지지 않는다.

교사가 즉각적인 결과를 얻으려고 더 노력할수록, 그는 어린이가 자신의 역량에 대한 신념과 어려움 앞에서의 끈기와 같은 숙달 지향적 자질들을 발달시키는 것을 덜 기대하게 되고, 덜 가능하다고 생각하게 된다. 그래서 나딩스(1991, p. 161)의 다음의 말은 생각해 볼 가치가 있다.

학교는 교사와 학생들이 함께 살아가고, 서로 이야기하고, 함께 추론하며, 서로 교제하는 걸 기뻐하는 장소가 되어야 한다. 좋은 부모처럼, 교사는 자신이 보살펴야 하는 사람들의 부류에 가장 우선적으로 관심을 가져야 한다. 내가 추측하기에는, 학교가 인생에서 진정으로 중요한 일에 초점을 맞춘다면, 우리가 지금 고통스럽고 인위적인 방식으로 갈구하는 인지적 목적은 우리가 폭넓게 선택해 왔던 수단들의 자연적 정점으로서 접하게 될 것이다.

교육의 복합적인 목표들을 다루는 적절한 환경을 만드는 것은 다음 사항들 사이에서 적절한 균형 찾기를 수반한다.

- 속도와 공간
- 배려와 도전
- 체계와 자유
- 금지와 안내

어린이들의 욕구는 달라질 수 있고, 그들 삶의 환경은 바뀐다. 그러나 적절히 행동하고 소통하는 법을 배우는 것은 주체 의식과 참여 의식을 요구하는 능동적 과정이다. 어른이 여전히 통제해야 할지라도 과잉 통제해서는 안 되며, 때때로 지시하기와 허락하기, 수락하기와 도전하기, 단순하게 하기와 복잡하게 하기 사이에서 불편한 긴장을 가지고 사는 법을 배워야만 한다.

이렇게 충돌하는 우선순위들의 균형을 잡기 위해서는 어린이와 그 가족 그리고 다른 중요한 어른들과의 관계와 지식 그리고 어린이가 살아가는 삶의 환경을 근거로 판단을 내리는 어른이 필요하다. 이러한 것과 어린이가 어떻게 느낄지 그리고 개인적 진실성 — 모범을 보이고 '말한 것을 실천하는 것' — 이 없이는, 어른이 어떻게 포괄적인,

양육하는 환경을 만들어 낼 수 있을지 알기는 어렵다.

판단은 필수적일지라도, 어른이 인격 발달에 있어 어린이와 어떻게 일해야 할지에 대한 일반적인 몇 가지 원칙들은 도움이 될 수 있다. 앞의 3개 장의 요점을 요약한 12가지 원칙 목록은 다음과 같다.

---

**아동의 인격교육에서 고려해야 할 12가지 원칙**

1 단지 '도덕적'인 특성보다는 폭넓은 학습 특성의 발달을 모색하라.
2 윤리를 별개의 것으로 보기보다는 윤리적인 차원을 모든 일에 엮어 넣어라.
3 모두가 주체 의식과 소속감을 가질 수 있는 환경을 만들고 유지하라.
4 신념과 배경의 다양성을 환영하고 축하하라.
5 숙고와 토론을 위한 공간과 시간을 만드는 데 주의를 기울이라.
6 어린이가 어떻게 느끼고 행위하는지에 적절히 대응하기 위해 듣고 지켜보라.
7 알려 주고 지시하기보다는 질문하고 안내하라.
8 자신감을 가지고 예측할 수 있게 하라, 하지만 지나치게 구체적이거나 경직되어서는 안 된다.
9 '작은 발걸음'과 어린이가 (하지 말아야 할 것보다는) 해야 할 것을 강화하라.
10 어린이가 사려 깊게 행동하길 기대한다면, 당신 스스로도 그렇게 하라.
11 당신이 완벽해야 한다고 생각하기보다는 '겸손한 사람의 덕목'을 행동으로 보여 주어라.
12 어린이의 삶에 중요한 다른 어른들과 협력하며 일하라.

---

개별 어른들 ─ 부모, 교사 그리고 다른 사람들 ─ 이 사안을 어떻게

처리하는가, 그러나 도덕교육은 단지 개인적인 관심사가 아니다. 이어지는 두 절에서 다른 이들과 일하는 것의 도전 사항과 협력적 접근의 이익을 생각해 본다.

## 협력하여 일하기

어린이들의 반응 유형은 그들이 공식적인 환경에 도달하기 전까지 상당히 강하게 영향 받는다. 가정과 지역사회에서의 초기 경험은 좋든 나쁘든 어린이가 어떻게 자신의 행동과 반응을 조절할지에 대한 토대를 제공한다. 어린이는 학교에서보다 학교 밖에서, 그들의 태도와 신념에 상당한, 그리고 계속적인 영향력을 발휘하는 이러한 경험과 함께 훨씬 많은 시간을 보낸다.

도덕교육은 가족 구성원이나 공식적인 환경에 있는 사람, 자원봉사 단체의 사람들만의 일은 아니며, 일생에 걸쳐서 벌어진다. 그리고 도덕교육이 이상적인 협력적 동반자 관계이면, 그 안에서 어린이는 삶의 다양한 어른들로부터 유사하고 상호 보완적인 메시지를 받는다. 각자의 역할이 무엇이든 간에, 이는 모든 사람들이 다른 역할을 가지고 다른 가정과 신념을 가져올 수 있다는 것을 인정하며, 어린이의 인생에 중요한 다른 어른들과 일하는 것을 포함한다. 우리는 어린이들이, 그리고 가족들이 가지각색의 신념과 기대를 가졌음을 봐 왔다. 민족성과 종교에 가장 확실하게 관련 있을지라도, 그러한 차이는 사회적 계층이나 양육의 의미에서 문화와 관련될 수도 있다. 미디어는 어떻게 행위해야 하는가에 대한 광범위하고 강력한 메시지를 제시한다. 거기에는 기껏해야 어린이가 어떻게 행위하고 상호작용해야 하는지에 대한 허술한 합의가 있다.

이상적으로, 이러한 동업자 관계는 부모/보호자와 집 밖의 다른 상황에서 일하는 모든 사람들을 포함한다. 아동을 가르치는 사람들은 새롭고 더욱 복잡한 도전과 함께 어린이가 익숙하지 않은 환경에 적응할 수 있도록 돕기 위해 부모/보호자들과 함께 일하는 강한 전통을 가지고 있다. 그러나 이 일은 항상 그런 것도 아니고, 보통은 쉽지 않다.

제1장에서 나는 다른 사람을 비난하는 것은 피해야 할 함정이라고 말했다. 아서(2010, p. 36)가 '학교가 가족을 대신하기를 바랄 수는 없겠지만, 때로는 인격 형성에 있어 가족의 실패를 보충해야만 한다'라고 쓴 것은 옳다고 할 수 있다. 그러나 가끔 가족과 자원봉사단체가 학교를 보충해야만 할 때도 있다. 학교는 특히 최소한의 회복 탄력성을 가지고, 사람이 어떻게 행위하고 상호작용하는지 보여 주면서, 모든 어린이를 포함하고 지원하는 방식으로 운영하면서, '도덕 질서'를 확언해 주는 지극히 중요한 역할을 맡고 있다. 그러나 학교는 도덕교육을 독점하고 있지 않으며, 수행성과 경쟁의 문화에서 도덕적 차원을 쉽게 간과할 수 있다.

학교 — 그리고 다른 환경 — 의 도덕적 삶에서 가장 유의미한 측면의 다수는 일하고 기대하는 어른들의 방식 속에 함축되어 있기 때문에, 도덕적 삶의 가장 중요한 측면들을 명확히 하고 설명하지 않는다면, 이를 알지 못하고 공유하지 못한 사람은 불리한 입장에 서게 된다. 이것 없이는, 많은 어린이와 그 가족들은 사실상 배제될 것이다.

대부분의 어른들은 어린이들이 유사한 신념, 가치 그리고 덕목을 자신의 것으로 폭넓게 적용하는 것을 보고자 열망한다. 이는 크고 다양한 그룹의 요구를 다뤄야만 하는 어른들보다는 대부분의 부모/보호자에게 문제가 좀 더 적다. 교사들은, 특히, 행위와 상호작용의 몇몇 방법들은 적당하지만 다른 것들은 그렇지 못하다고 주장하길 바라면서 딜레마에 빠진 자신들을 쉽게 발견하는 한편, 일부 가족들은 꽤 정당하게 각양각색의 신념들과 덕목들을 가진다는 것을 인정할 것이다. 그러나 브루너(1990, p. 30)가 쓴 것처럼, '열린 마음은 우리가 민주적 문화라고 부르는 것의 핵심이다,' 이어서 이것은 '자기 자신의 가치에 전념하지 못하는 일 없이, 다원화된 견해로부터의 지식과 가치를 해석하고자 하는 의지를' 함축한다. 변화의 시기에, '확신하는 불확실성' — 믿고 있는 것에 대한 자신감의 상실 없이 다른 관점에 대해서 열려 있으면서 불확실하고 알지 못하는 것을 위한 여지를 남겨 두며 모호함을 참아 내는 능력 — 혹은 힐(Hill, 1981)이 '신념을 가진 공정성'이라고 부른 것 — 은 학교에서 일하는 사람들에게 특히 중요하게 된다.

제8장은 인격과 정체성을 형성하는 데 도움을 주는 어른의 기대의 중요성을 강조했다. 도덕교육에 대한 어떠한 접근의 성공은 한 상황에서 모든 어른들과 어린이들 사이의 관계와 그들 상호 간의 기대를 처리하는 것을 포함한다. 그래서 학교에서 교장은 모범을 보이는 데 앞장서야만 하며, 이 책임은 각자의 역할이 뭐든 간에 가능한 한 어른들 모두에 의해 반드시 공유되어야 한다. 지원 인력은 어린이들이 그들의 감정과 반응을 탐색할 수 있는 공간을 제공할 때 특히 적당한 자리에 있을 수 있는데, 그들은 보통 작은 그룹에서 일하기 때문

이다. 그에 반해서 교사들은 보통 '학문적' 학습에 좀 더 집중할 것이 기대되며, 보통 학급 전부와 일하고 있다.

사무직원은 보통 첫 접촉점에 있으며, 늦거나 마음이 불편한 어린이 그리고 부모/보호자와 특별히 관계하는 사람들이며, 그래서 새로 온 사람을 환영하고 걱정이 있는 사람들을 다루는 데 아주 중요하다. 어린이가 공이나 외투를 잃어버렸을 때, 현장 관리자가 그에 대응하는 방법이, 그의 도움이 어린이가 처신하는 방법을 배우는 데 영향을 미친다. 점심시간을 감독하는 사람은 어린이가 행위하고 상호작용하는 법을 배우는 것을 돕는 역할을 한다. 비록 이들이 보통 낮 동안 최소한의 구조화된 시간에 대한 최소한의 훈련을 받은 사람들이고, 행실이 단정한 어린이조차도 함께 있기를 꿈꾸는 다른 어른들에 비해 무례하게 굴지라도 말이다. 방문자들이 학교의 가치와 일하는 방식을 확실히 지지하기는 어려운 일이지만, 학교의 기대를 인식하는 것은 도움이 되며, 가령 회의를 이끌거나 방과 후 클럽을 지도하는 정기적인 방문자들이 이러한 학교의 기대를 인식하고 준수하는 것은 중요하다.

가정의 기대와 학교의 기대가 충돌할 때, 그 함의에 대해서 생각해 보자. 교사가 '도덕 질서'를 유지하려고 할 때, 설령 학교 밖에서 일어나더라도, 교사는 어떤 행위가 허용될 수 없는지의 경계를 설정해야만 한다. 고의로 다른 어린이에게 해를 주는 일부 사람들은 용납할 수 없다고 간주되어야만 한다. 그리고 다른 사람들과 협동하는 것을 배우는 것은 학교의 사회화와 관계된 측면의 핵심 부분이다.

'보복하기'와 인종차별적 발언과 같은 사안의 경우, 만약 부모가 그러한 행동들을 장려했다면, 상황은 결코 간단하지가 않다. 그러한 상황에 대처하기 힘들 수 있지만, 대부분의 교사들은 대개 학교에서 왜 규칙을 호소하는지 그 이유를 설명하면서 '우리는 학교에서 다른 방식으로 처리한다'는 방침에 따른 말을 한다. 만약 어린이가 상충하는 충성심 사이에서 혼란스러워하거나 망설이는 경우, 부모/보호자가 이를 이해하고 가능한 만큼 지지하는 것이 그리고 어린이가 있는 곳보다는 어른들 사이에서 의견 차이를 토론하는 편이 도움이 된다. 실제로, 대부분의 부모/보호자는 학교가 배려와 사려 깊은 처신을 기대한다는 것을 인식하고 있다(그리고 환영한다). 학교의 기대에 동의하지 않고 자기 아이가 자신을 옹호하는 것을 배우길 바라는 부모/보호자일지라도, 최소한 원칙적으로는, 학교의 접근을 약화시키기보다는 동의할 가능성이 있다. 이를 이루기 위한 수단에 대해서 동의하지 않을 때조차도, 교사와 부모/보호자가 최소한 서로 원하는 것을 인식하는 것은 도움이 될 수 있다. 그러나 도덕 질서를 확고히 하는 것은 궁극적으로 몇몇 사안들은 용납할 수 없음을 의미한다.

그 상황은 정당한 차이의 영역 ─ 제7장에서 2차적인 가치로서 기술된 ─ 의 경우 더 복잡하고, 종종 문화적·종교적 신념과 규범에 관계된다. 식단, 의복 그리고 성교육과 같은 영역에서, 일부 가족이나 문화에서 크게 문제되는 관행과 신념에 상충하는 학교의 기대는 위험하다. 일부 체계에서 이것은 대체로 학교가 정하는 문제일 수 있지만, 다른 체계에선 헌법이나 법이 더욱 면밀하게 한도를 정할 수 있다.

일부 부모들은 교사의 역할을 주로 학업으로 한정하면서, 도덕교육을 자신들의 분야로 볼 수 있다. 따라서 그러한 차이는 상당한 세심함을 필요로 한다. 예를 들어, 영국에서는 대부분의 학교가 채식주의 식사를 제공할 준비가 되어 있으나, 할랄[1]이나 코셔[2]를 제공하는 데에는 침묵할 수도 있다 — 단지 실행 가능성이나 비용 같은 문제 때문만은 아니다. 학교는 여학생들에게 운동복과 바지를 허용하고, 특히 어린이가 사춘기에 접근해 감에 따라 단일 성별로 전환할 준비가 돼 있을 수 있다. 다만 머리 스카프 착용은 그다지 확신하지 못한다. 그러나 포괄주의는 학교가 그러한 사안들을, 가능한 곳에서는, 수용하려고 노력할 것을 요구하는 것처럼 보인다. 학교의 가치와 타협 없이, 이것이 일부 가족들과 토론에 전념함에 있어 얼마나 중요한지를 인식하는 것은, 보통 함께 일하는 하나의 방식을 발견할 수 있다는 것을 의미한다. 이것이 가능하지 않을 경우, 학교는 최소한 자신들의 결정을 정당화할 준비를 해야만 한다.

어른은 결코 장기적으로 통제할 수는 없겠지만, 어린이의 장래에 영향을 미칠 수 있다. 폭넓게 허용된 행위하기와 상호작용하기 — 가령 경의를 표하거나 그룹의 이익을 위해 행위하는 것 — 의 방식을 고취할 책임을 가지고 있다는 점에서, 모든 어른들의 과제를 기본적인 것으로서 보는 것이 도움이 될 수 있다. 일부 사람들, 특히 더욱 분명하게 도덕적, 종교적 역할을 지닌 사람들은 신념과 이 신념을 이해하고 귀감이 되게 하는 방식을 추가하기를 바랄 수 있다. 그래서

---

1. 할랄(halal): 이슬람 율법에 의해 무슬림이 먹고 쓸 수 있도록 허용된 제품을 총칭하는 용어. 채소, 곡류 등 식물성 음식과 어류 등 해산물, 육류 중에선 닭고기, 소고기 등이 포함된다. 술, 돼지고기 등 무슬림에게 금지된 음식은 '하람(haram)'이라고 한다 [한경 경제용어사전]: 옮긴이.
2. 코셔(Kosher): 전통적인 유대교의 율법에 따라 식재료를 선택하고 조리한 음식을 일컫는 말로, 사전적으로는 '적당한, 합당한'이란 뜻이다. 코셔(Kosher) 혹은 코셔 음식은 유대교의 식사에 관련된 율법 카샤룻(kashrut)에 의하여 먹기에 합당한 음식으로 결정된 것을 말한다[두산백과사전]: 옮긴이.

나는 학교와 다른 환경이 다음과 같아야 한다고 제안한다.

- 어린이(와 어른)가 어떻게 행위하고 상호작용하는지가 중요하며, 그 상황 내에서 학교와 다른 환경들이 모두에게 요구하는 바에 대한 기대를 정리하는 것이라고 주장해야 하지만,
- 개인이나 그룹의 선호도의 문제는 남겨 두면서, 폭넓게 허용된 행위의 규범 영역에 학교와 다른 환경들을 제한해야만 한다.

따라야 할 특정 규칙보다는 발전된 특성에 더 큰 공통점이 있을 가능성이 있다. 이는 내 신념의 기저를 이룬다. 다양한 신념의 세상에서 의무 윤리보다는 덕 윤리가 더욱 유망하고 융통성 있는 접근을 제공한다.


## 덕 윤리 접근을 향하여


이 책은 다음을 포함하여 현재 통용되는 많은 가정들이 도전 받아야 한다고 제안해 왔다.

- 성공과 행복에 관한 사회적 · 문화적 가정들 그리고
- 교육의 목표와 이를 달성하기 위한 방식에 대한 교육적인 가정들

개개인은 격리된 채 혼자서 일할 수 없다. 어떤 환경은 그 자체 내에

서 작동되고, 환경 밖의 영향을 받는다. 한 개인이 차이를 만들 수 있겠지만, 이는 모든 사람이 유사한 접근을 채택하고 상호 기대가 기관 ─ 학교든 자원 단체든 간에 ─ 에서의 생활을 통해서 분명히 표현되고 지지 받는 경우에는 훨씬 쉽다. 그래서 도덕교육은 개인적 신뢰뿐만 아니라 기관의 신뢰를 요구한다. 이번 절은 이것이 수반하는 바와 덕 윤리가 어떻게 어린이에게 좋은 영향을 주고 어른이 그렇게 할 수 있도록 해 주는 적절하며 융통성 있는 방법을 제공하는지를 제안한다.

윌리엄스(2000, p. 92)가 말한 바에 따르면,

> 도덕교육은 외부와 단절된 상태에서 규칙을 전하는 것도 아니고 젊은이들이 (생각하기에 그들이) 사안을 어떻게 결정할지에 대해 논의하는 것도 아니다. 그것은 실제로 역할과 책임과 밀접한 관련이 있으며, 기관의 단체 생활에서 능동적으로 배우는 것이다. … 기관의 전반적인 방식과 일의 속도가 다양한 가치 중에서 배우는 것을 이해할 여지를 허락하지 않는다면, 혹은 기관이 학습하는 것의 단조로운 형태('훈련')를 더욱더 지향한다면, 그리고 기관이 교육적으로 그 공동생활의 성격에 대해 숙고하는 것을 희생하면서 그 과업을 정보와 주목할 만한 기술을 전수하는 ─ 점점 더 불안하게 하며 서두르게 하는 ─ 직업으로 간주한다면, 전달할 '가치'의 필요성에 대해서 거들먹거리며 말하는 것은 전혀 소용이 없는 것이다.

그래서 가치는 일상생활과 결정에 반드시 연관되어야만 하고, 영향을 주어야만 하며, 학교와 다른 상황들이 작동하는 법의 모든 측면에 스며들어야만 한다. 그리고 교육을 편협하고 수단의 관점에서 바라보는 어떠한 접근도 조심해야 한다. 개인주의, 경쟁력, 속도를 권장하며, 단체 행동, 협동과 숙고의 여지가 거의 없는 시스템은 승자뿐만 아니라 패자도 만들 것이다.

프링(2007, p. 123)은 이러한 견해를 강화하며 다음과 같이 쓰고 있다.

> 학교는… 근본적으로 도덕 공동체이다. 그렇다면, 그 도덕 공동체에서 젊은이는 참여를 통해서 도덕적인 사람으로 성장하며, 다른 사람과 생산적으로 소통하는 법을 배우고, 경험을 이해하는 다른 방식을 통해 혜택을 받고, 모두를 위하여 다른 사람들과 협력하여 일하는 법을 배우고, 공동 경험을 개발하며, 일을 통해서 환영하고, 다른 이들과 긴밀한 관계를 맺으며, 학교 밖의 폭넓은 공동체와 연관된다.

학교는 모든 어린이가 상호 존중을 특징으로 하는 선한 삶을 경험하고 토론할 수 있는 통합 환경을 제공하는 중요한 역할을 한다. 이유가 어찌되었든, 이는 다른 곳에서 비슷한 환경을 경험하지 않은 사람들에게 특히 중요하다. 그러나 정체감을 탐색하고 발달시킬 수 있는 여지와 시간을 가진 학습 환경을 만들어 내고 유지하는 것은 주목할 만한 결과를 산출하는 속도, 범위, 규칙 준수, 그리고 강한 압박이 강조되는 현재의 정책적 맥락에서는 어렵다. 제4장에서 강조한 현재의 많은 접근법과 가정은 단지 행동의 관점에서 어른들의 기대에 순응하는 것보다는 숨은 교과과정을 통해 어린이가 어떻게 행위하고 상호작용해야 하는지에 대한 탐색이나 숙고를 단념하게 하는 메시지를 전한다.

어느 접근법이나 각자의 관점을 채택할 수 있다고 할지라도, 제1장은 도덕교육의 두 가지 주요 요소에 대한 매클로플린과 할스테드(1999)의 설명을 정리했다. 나는 한 세트로 된 보편적 가치와 개별 도덕교육 프로그램에 의존하는 것에 반대론을 펼쳐 왔다. 더 정확히 말하면, 윤리와 연관된 특성은 직접적인 교수와 의식적인 추론보다는 숨은 교과과정과 모델링(본보기 구현), 그리고 반복과 습관을 통해 내면화하는 것을 제시하면서 그렇게 해왔다. 도덕적 차원은 규정의 모든 측면 속으로 퍼져 있어야 한다. 특히, 어릴 때부터 어린이는 필요한 경우 더 경험 많은 다른 사람들에게 지원받으면서 맥락 안에서 가장 적절한 행동 방침에 대해 판단하는 것을 배워야만 한다. 의식적이고 합리적인 과정에 주로 의지하는 접근은, 인격과 관련된 성격 특성에 더 깊이 뿌리내리도록 함양함으로써 뒷받침하지 않는다면, 피상적이 될 가능성이 있다.

어떤 면에서, 도덕교육은 매우 복잡하지만, 역설적이게도 보기보다 더 간단하다. '빠른 해결'은 없으며, 모든 것에서 도덕적 차원을 인식하고 매일의 행위와 상호작용과 과정에 대체로 집중하는 어른들과 함께, 점진적인 '낙숫물' 같은 접근이 요구되는 것을 우리는 보아 왔다. 내용과 언어는 중요하며, 프로그램과 지도는 소중할 수 있다. 그러나 본보기와 관계는 더욱 중요하다. 따라야 하는 견본이나 설명서는 없다. 어떤 접근법도 어린이의 나이와 상황의 유형과 같은 고려사항을 감안해야만 하지만, 도제 모델과 덕 윤리는 적절한 접근이 기반으로 할 수 있는 융통성 있는 체계를 제공한다.

제2장은 덕 윤리가 수반하는 것을 간략히 기술한다. 카(Carr, 2007, p. 373)는 '덕 윤리의 강렬한 매력은 도덕적 삶이 지닌, 흔히 구별되고 분

리된 인지적, 정서적, 사회적, 동기부여적 측면이 어떻게 시종일관 다시 연결될 수 있는지를 덕 윤리가 정확하게 보여 준다는 점이다'라고 기술한다. 덕 윤리는 추론에 주로 의존하지 않지만, 도덕성을 그 사람의 본질과 지향의 유형에 근거해 본다. 카(같은 책)의 표현을 빌면,

아리스토텔레스는 도덕성이 실천에 근거한다고 주장 — 덕의 양성과 기술 습득 간에 그의 유명한 비유로 알려진 주장 — 하길 열망했음에도 불구하고, 그는 덕에 대해 필요하지만 충분하지 않은 그러한 인격 훈련을 동등하게 분명히 택한다. 사실 그는 용기, 절제, 그리고 정의라는 도덕적 덕목의 습득은 실천적 지혜의 원칙에 입각한 심사숙고를 요한다는 점을 똑같이 강조한다.

그래서, 물론 어린이 — 우리 모두 — 는 좀 더 구체적인 도덕적 질문에 대해 숙고하고 추론하는 것을 그리고 그에 따라 행동하는 것을 배워야 하지만, 이는 인격과 관련한 내재적 자질에 뿌리내린 토대를 요구한다.

다양한 세상에서 아동과 일할 때 덕 윤리의 한 가지 강점은 장려하는 특정 특성들이 무엇이고, 정확하게 어떻게 어느 정도까지 그 특성들을 드러내 보여야 하는지에 대해서 개방된 채로 놔두는 반면, 장려하는 특정 특성을 강조한다는 점이다. 덕 윤리는 처신할 바를 안내하는, 그리고 종교적이며 세속적인 각양각색의 수많은 맥락에서 사용하기에 충분히 융통성 있는 추상적인 관념을 예시하는 언어의 기본을 제공한다. 가장 적당한 행동 방침을 찾는 데 있어 어린이에게 사용하는 실제 언어가 가치의 것인지 아니면 덕목의 것인지 여부는 그

러한 속성들을 드러나게 하는 것과 충돌하는 요구들의 균형 맞추기를 배우는 것을 강조하는 것보다는 중요성이 떨어진다. 1차 덕목과 2차 덕목을 구별하는 것은, 특히 좀 더 나이 있는 어린이들과 함께 할 때, 유사성과 차이 모두를 인식하면서, 더 문화적으로 결정되는 덕목들과 널리 공유되고 있는 덕목들을 구별하는 데 도움이 될 수 있다. 그러므로 덕 윤리는 다양한 세상에 적합한, 비지시적이면서 미묘한 접근을 제공한다.

두 번째 강점은 덕 윤리가 어린이에게 윤리에 대한 개선된 이해와 실천을 점진적으로 발달시킬 여지를 제공한다는 점이다. 유아나 자신의 정서적 반응을 제어하기 힘들다는 것을 아는 사람들에게는 간단한 메시지를 주는 것이 필요할 수 있지만, 어린이 ― 우리 모두 ― 는 특정한 맥락에서 어떻게 적절히 행위할 것인가에 대해 판단하는 것을 배워야만 한다. 윤리의 어휘는 그 어휘가 수반하는 바에 대해 생각하는 방식을 제공한다 ― 그리고 덕 윤리는 다른 수준에서 그렇게 함에 있어 정교하고 설교조가 아닌 언어를 제공한다. 그러나 더 근본적인 것은 배려, 공감 그리고 연민과 같은 특성들을 함양하는 것이며, 그리고 이러한 특성들이 가능한 한 어린이의 삶에서 계속 귀감이 되고, 습관화되며, 그래서 체득되도록 하는 것이다.

세 번째 강점은 덕 윤리가, 가령 클랙스턴(2002)에 의해 제안되거나 드웩(2000)의 생각을 기반으로 한 것과 같은, 특성과 자질의 학습에 바탕을 둔 접근에 쉽게 통합된다는 점이다. 그 때문에 도덕적 존재를 교육의 다른 차원으로부터 분리된 것으로 보는 도덕적 존재와 교사들 사이에서, 특히, 계획에 대한 피로를 피할 수 있다.

이번 장은 도덕교육을 '하는' 방법은 하나도 없고, 따라야 할 매뉴

얼도 프로그램도 없지만, 도덕적 차원은 기관의 전체 생활 속으로 퍼져야 한다는 것과 개인과 기관의 진실성을 실천하는 것은 규칙들의 규정을 지시하거나 특정 프로그램을 사용하는 것보다 어린이에게 좋은 영향을 줄 가능성이 더욱 크다는 점을 보여 주면서, 논쟁의 서로 다른 의견들을 하나로 모으는 것부터 시작해 왔다.

# 11

# 종합하기

**개요**

윤리에 대한 함의
어린이에 대한 함의
어른에 대한 함의
정책에 대한 함의

서문에서는 이 책을 최종적인 그림이 서서히 드러나는 태피스트리나 콜라주 같은 것으로 묘사했다. 처음 네 개 장은 어린이가 성장하고 도덕교육자들이 일하는 맥락을 탐구했다. 그 다음 세 개 장은 초기 경험이 어떻게 정체성과 인격의 발달에 영향을 미치고 정서가 어떻게 의식적 학습 메커니즘을 무력하게 만들 수 있는지에 초점을 맞추면서, 아동이 어떻게 학습하는지에 대해서 고려하였다. 제3부에서는 환경과 기대, 관계와 본보기에 대해서 강조하고, 덕 윤리를 기반으로 한 접근이 다양하고 변화하는 세상에 적합하다는 점을 제시하면서, 어른이 어떻게 어린이의 도덕 발달에 최상의 지원을 해 줄 수 있는가에 대해서 논의했다.

이번 장은 윤리, 어린이, 어른 그리고 간략히 정책에서의 함의를 요약하고자 시도하면서, 서로 다른 이 실타래들을 한데 끌어 모은다. 당신이 불가피하게 자신의 맥락과 가장 관련 깊은 요소들을 끄집어 낼지라도, 창조된 그 그림에 대해서 내가 특징적으로 보았던 것을 상 조한다.

## 윤리에 대한 함의

내가 그린 윤리의 그림은 의도보다는 행위를, 합리성보다는 관계를, 규칙보다는 맥락을 기반으로 한 광범위한 것이며, 다음과 같은 사항 을 제안한다.

- 대부분의 행위는 기술적이고 윤리적인 차원을 모두 가지고 있다.
- 이들 사이의 경계는 보통 가정하는 것보다는 분명하지 않은 편이다.
- 도덕과 윤리는 삶과 분리된 부분으로 분류되어서는 안 된다.

이것은 의도, 합리성, 그리고 규칙이 중요하지 않다는 것을 말하고자 하는 것이 아니라 ― 중요하긴 하지만 ― 도덕교육의 초점을 행위, 관계 그리고 맥락에 맞춰야 하며, 그래서 판단과 내재적 동기부여에 초점을 맞춰야 한다는 것이다. 더욱이, 도덕교육은 집이나 학교에서 만 일어나는 것이 아니라 인생을 통해서 일어난다.

주변 문화는 우리 모두에게 영향을 미치지만, 어린이에게 미치는 영향은 특히 크다. 물질주의, 왜소화, 유명인을 기반으로 한 현재의 문화는 자기 이익, 개인주의, 나르시시즘(자아도취)을 고취하며, 제공되는 성공과 포부의 모델에 지대한 영향을 끼친다. 그 결과는 도덕의 쇠퇴가 아니라 오히려 혼란이다. 그래서 어른은 도덕적 공황에 굴복하지 말아야 하지만, 어린이가 이 불확실한 영역을 통과하는 길을 협상할 준비를 갖추도록 모색해야 한다. 행복과 성공의 근원에 대한 현재의 많은 가정들에 도전하는 데 있어, 나는 이 가정들 중에서 많은 수가 질문에 열려 있고 또한 외면적, 유형적 요인보다는 내면적, 무형적 요인이 더욱 중요하다는 것을 어린이가 인식하도록 도움을 받아야만 한다고 논해 왔었다.

나는 매력적이지만 환상에 불과한 보편적 가치의 관점을 채택하지 않고, 윤리의 서로 다른 근간 — 자율성, 공동체, 그리고 신 — 과 함께 이 가정들의 토대로서 역할할 수 있는 적용 가능한 접근의 개요를 서술하고자 노력하였다. 보편주의가 아무리 매력적으로 보일지라도, 맥락과 관련된 그리고 문화적으로 규정된 윤리의 본질을 반영하지 않는다. 어느 덕과 가치의 항목을 지지하는지에 대한 합의의 부족은 다양하고 세계화된 세상에서 갈수록 더 분명하다.

나의 접근은, 대체로, 개인주의와 추론에 근거한 것이기보다는 배려 윤리와 관계를 기반으로 한 공동체주의적인 접근이다. 규칙의 적용을 기반으로 한 의무 윤리가 도덕교육에 분명하고 익숙한 기준을 제공하지만, 나는 이 의무 윤리가 취약하다는 점을 제시해 왔다. 그리고 더욱 논쟁적으로, 종교가 일부 사람들에게 윤리의 건전한 기초를 제공할 수 있는 반면, 이 의무 윤리가 특성보다 규칙을 기반으로 할 경우 취약해질 위험이 있다는 점을 제시해 왔다. 더욱이 종교적 신념에 근거한 도덕성의 관점은 신념 공동체의 맥락 밖에서는 부적절하다. 어린이가 행복한 것은 바람직하지만, 행복의 추구를 윤리의 기본으로 삼는 것은 좋은 삶에 대한 매력적이지만 환상에 불과한 많은 경로가 제공되는 세상에서는 위험하다. 마찬가지로, 어린이의 권리는 진지하게 받아들여져야 하지만, 권리의 담론은 다른 이들에 대한 상응하는 책임을 강조함으로써 균형이 맞춰지지 않는다면 지나치게 개인주의적이 될 수 있는 위험을 무릅쓰게 된다.

길리건과 나딩스의 저작에 따르면, 관계, 공감, 그리고 배려 — 배려 받는 것과 다른 사람들을 배려하는 것 모두 — 는 윤리와 도덕교육 둘 모두의 핵심이 되어야 한다. 추상적인 원칙과 추론에 의존할 때보다 다른 사람에게도 가능한 결과를 고려할 때, 적절한 선택이 될 가능성이 더욱 커진다. 배려 윤리는 소비와 정체성의 외면적, 피상적 표지보다 다른 사람에 대한 관계, 이타심, 그리고 봉사를 통해서 더 많은 성과를 내며, 행복에 있어 광의의 필수 요소들을 강조한다.

어린이가 갑자기 도덕적 존재가 되는 시점은 없다. 어른이 어린이보다 더 윤리적으로 행위한다고 가정해서는 안 되며, 도덕 발달을 가령 콜버그와 관련된 것과 같이 선형적으로 상승하는 일방통행의 여정으로 보는 전통을 조심해야 한다. 우리는 전적으로 악화시킬 수도 있을 뿐만 아니라 개선시킬 수도 있으며, 다른 사람의 지지가 필요하다.

주된 과업은 어린이가 '무엇이든 상관없다'는 것보다 어떻게 행위하고 상호작용하는지가 중요하다는 점을 깨달을 수 있게 해 주는 것이다. 윤리는 추상적인 도덕 딜레마보다는 실제 상황에서의 행위에 대한 것이며, 보상의 약속이나 처벌의 공포보다는 내재적 동기부여에 바탕을 두고 있다. 유아조차도 공정성과 연민과 같은 개념에 대한 이해를 가지고 있다는 것을 인정할 때, 도덕교육자에게 주요 도전은 어린이가 이러한 개념들을 자신의 행위에 적용하고 장려하는 방법이다.

유아의 경우, 특히 이것은 일상적 상황에서 그리고 올바른 이유 — 듀이가 2차적 도덕이라고 부르는 것 — 에서 적절하게 행위하고 상호작용하는 것을 배우는 걸 포함한다. 추상적인 생각을 특정한 행위와 연결시키는 것을 돕고, 특정한 맥락에 맞게 행위하고 상호작용하는 법의 판단에 영향을 미치는 언어의 중요성을 경시하는 것은 아니다. 그러나 도덕교육은 비-의식적·의식적 과정의 상호작용을 포함한 현실적인 활동이라는 점을 강조한다. 요구되는 지식은 명제적이거나 일회적이기보다는 주로 절차적이며 습관적이다. 어떤 유형의 상황에서 어떻게 반응할지에 대한 감각은 경험에 의해서 발달되고, 인격과 관련된 특별한 특성을 강화하는 피드백에 의해 지지된다. 그리고 얼마간 일반적인, 얼마간 윤리에 더 특수한 인격은 정체성을 형성하는 데 도움이 된다. 따라서 윤리와 도덕교육에 대한 이러한 관점은 학교교육에서 현 접근의 기저를 이루는 수많은 가정들에 도전한다.

개인들이 특정한 상황에서 어떻게 행위하는지가 중요하지만, 장기적으로는 개인들의 행동을 촉발시키는 근원적인 신념, 특성, 그리고 태도가 더욱더 중요하다. 따라서 근원적인 신념, 특성, 그리고 태도가 무엇인지 분명히 표현하는 인격과 덕 윤리를 기반으로 한 접근에 대해서 논해 왔다. 1차 덕목과 2차 덕목의 생각을 되살리는 것은 '무슨 일이든 상관없다'는 것을 받아들이지 않고, 어떻게 행위하고 상호작용해야 하는지에 대한 합의 부족의 문제에 대한 해결책으로서 제시되어 왔다.

## 어린이에 대한 함의

아동이 어떻게 배우는가를 어른이 이해하는 것은 어린이가 어떻게 적절히 행위하고 상호작용하는지에 대해 깨닫는 데 필요하다. 해당 연구는 다양한 학습 메커니즘이 어떻게 작동하는지를 보여 준다. 그래서 예를 들면,

- 지켜보기, 그런 다음 비슷한 방식으로 행위하기는 학습의 강력한 도구를 제공한다.
- 습관화는 특정한 행위를 내재화하거나 자동화한다.
- 비유는 유사점과 차이점을 분명히 보여 준다. 그리고
- 집행 기능은 사람의 행위를 조절할 수 있게 해 준다.

이러한 학습 메커니즘은 별개로 작동하지 않으며, 정서와 인식은 보통 알려진 것보다 더 밀접하게 연결되어 있다.

애착과 1차 사회화에서 생겨나는 내적 실행 모델에 대한 토론은 다음을 강조한다.

- 어릴 적 경험은 반응의 유형에 심대한 영향을 준다.
- 참여와 주체 의식은 의미 생성에 필수적이다. 그리고
- 학습은 호혜적이며, 주된 사회적 과정이다.

격렬한 정서는 의식 과정을 쉽게 간섭하므로, 불안은, 특히, 포함되

어야 한다. 아동과 그리고 최소한의 안전과 자신감을 가진 이들의 경우, 예측 가능하고 신뢰하는 관계는 안전을 제공하고, 지속적인 참여를 유지하며, 상상력과 탐험을 가능하게 하는 데 필수적이다. 이것은 의식적 과정과 언어가 중요하지 않다는 것을 논하려는 것이 아니라, 다른 과정들이 더욱 본질적이라는 것을 논하고자 하는 것이다.

연구는 뇌의 가소성을 강조한다. 그래서 뇌는 유아기와 청소년기 동안 그리고 어느 정도는 그 이후까지 끊임없이 형성되고 변경된다. 그러므로 초기 경험은 이후 삶에서 어떻게 반응할지에 큰 영향을 미치긴 하지만, 행동 양식은 고정불변의 것은 아니다. 정체성과 인격은 변할 수 있지만, 행동에 상당히 일정한 장기적 영향을 끼친다. 어릴 적 경험에 근거를 두고 있지만, 정체성은 유동적이며, 지속적으로 끊임없이 변화한다. 정체감과 주체 의식은, 좋든 나쁘든, 다른 사람들의 인식에 의해서 영향을 받는다. 강건한 정체성의 발달은 주체 의식, 사람은 변할 수 있다는 사고방식, 그리고 다른 사람이 어떻게 느끼는지를 그리고 사람들의 행위의 영향 — 자신을 포함해 다른 사람에 대한 — 을 이해할 수 있는 상상력을 필요로 한다. 그러나 그러한 주체성은 어린이가 가진 기존의 정체성, 문화 그리고 '지식 자본' — 이전 경험과 현재의 경험, 관심, 그리고 신념 — 이 무시되거나 쓸모가 없거나 가치 없다고 여겨질 때 쉽게 약화된다.

선택과 결과를 기반으로 한 행동 관리에 대한 접근법이 보급되었다고 할지라도, 자신의 행동을 조절하는 아동의 능력은 실천과 지지를 필요로 하면서 천천히 발달한다는 것을 인정해야만 한다. 이기적인 방식으로 행위하지 않는 성향은 두려움과 동료 집단으로부터 받는 사회적 압력과 같은 요인에 의해 쉽게 훼손된다. 그래서 윤리는 명제적 지식을 포함할 뿐만 아니라, 배려하고 연민적인 방식으로 행동하게 하는 동기부여와 성향도 포함한다. 특히 원칙들이 충돌하고, 예를 들어 얼마나 용감해져야 하는지 혹은 얼마나 공손해야 하는지를 확신하지 못하는 특별한 상황에서 그렇다. 이를 위해서는 어릴 적부터 무엇이 적절한가에 대한 판단을 내리는 것 ― 내가 골디락스 접근이라고 부른 것으로서, 너무 많지도 너무 적지도 않은, 덕에 대한 아리스토텔레스의 견해와 일치하는 것 ― 이 필요하다.

경험을 운동감각적으로 그리고 시각적으로 표현하는 것은 특히 언어를 통해 상징적으로 그렇게 하는 것보다 훨씬 더 깊이 지식을 담는데 도움이 된다. 아동은 도덕적 딜레마에 대해 추론하는 것보다 주로 매일의 상황 속에서 관찰하고, 실천하며, 무엇보다도, 올바른 삶을 사는 것을 통해 배운다. 윤리 언어의 상당수가 추상적이고 익숙하지 않기 때문에, 윤리 어휘는 그러한 생각이 일상생활의 현실과 연결되도록 돕는다. 인격, 가치 그리고 덕과 같은 용어들은 문제가 있지만, 그 용어들은 그러한 어휘들의 기초를 제공하며 추상적인 생각을 분명히 보여 주는 데 도움이 된다. 여느 언어와 마찬가지로, 이는 갈수록 정교한 사용을 가능하게 해 주어야만 한다.

어린이가 다양하고 변화하는 세상에서 잘 자라도록 하는 것은 아동이 알기 힘든 많은 일들을 필요로 한다. 비슷한 사람들로 구성된 그룹과 유대를 형성하고 그에 속하는 것이 필수적이라고 하면, 다양한 세상에서 우리 모두는 다른 부류의 사람들과 다리를 놓는 것 역시 배워야만 한다. 마찬가지로 예측 가능성이 중요하지만, 어린이는 예상하지 못하고 예측 가능하지 않은 일에 대응하는 것을 점차적으로 배워야만 한다.

보상의 약속과 처벌의 두려움은 장기적으로 윤리의 깨지기 쉬운 기반이다. 타협 불가의 규칙은 특히 아동과 자기 조절이 힘들다는 것을 아는 사람들에게 일정 역할을 담당하지만, 보다 일반적인 격언은 어린이가 다른 사람에 대한 영향을 고려하고 그래서 더욱 사려 깊은 결정을 내리는 것을 고무한다.

## 어른에 대한 함의

윤리의 본질은 모든 어른들 — 부모/보호자, 교사 그리고 다른 사람들 — 이 어린이에게 행위하고 상호작용[소통]하는 법이 중요하다는 것을 인식하도록 도와주고, 어린이가 자신이 맞닥뜨릴 혼란스러운 세상을 헤쳐 나갈 방법을 찾을 수 있게 해 주는 역할을 가졌음을 의미한다. 그러나 가능하다면 특히 교화, 위선 그리고 지나치게 교훈적이거나 지나치게 확실한 것으로 확인된 함정을 피해야만 한다. 어린이와 일하는 사람들은 어린이와 어른 사이의 동등하지 않은 권력에 신경을 써야 하며, 자신들이 가진 권력과 도덕적 우월감을 오용하지 않도록 조심해야 한다. 그 다음에 어린이를 돌보고 어린이로부터 배울 준비를 해야 한다.

도덕교육은 어린이에게 두 가지 점에서, 즉 어린이가 적절히 행위하고 상호작용하도록 돕는 것과 지대하고 장기적인 영향을 받는 것에 좋은 영향을 주는 것을 포함한다. 그러한 관점은 인격의 역할을 강조하며, 어린이가 접하게 되는 모든 어른들에게 중요한 일이다. 일부 사람들, 특히 부모/보호자와 교사는 독특한 역할을 하지만, 도덕교육은 '어린이에게 무엇이 옳고 그른지에 대해 말해 주는 것' 이상의 훨씬 더 미묘한 일이다. 보통 유아조차도 그들이 어떻게 행위해야 하는지 '안다.' 그러나 그렇게 행하는 것은 어렵다. 오히려 불확실성의 세상에서 적절하게 행위하고 상호작용할 수 있도록 특성, 성향 그리고 내재적 동기부여를 발달시키면서, 어른은 지나친 지시 없이 정체성을 형성시키도록 할 필요가 있다. 이것은 행위하고 상호작용하는 법의 본보기를 제공하는 '말한 것 실천하기'와 어린이가 (최소한 어느 정도) 자신들의 처신 방법을 통제하는 주체 의식과 성장형 사고방식을 유지하도록 돕는 일을 포함하며, 그래서 어린이는 독자적으로 움직여야 할 때 자신의 행위를 이끌 체계를 내면화한다.

구성주의적 접근법을 정리할 때, 나는 도덕교육자들의 과제가 어린이가 주체 의식 및 정체감 — 개인적인 것과 집단적인 것 둘 모두 — 과 내재적 동기부여를 유지하고 발달시키도록 지원하는 일의 하나라고 주장해 왔다. 어른은 예를 들어 다음의 충돌하는 우선순위 사이에서 균형을 잡도록 해야만 한다.

- 보호하기와 준비를 갖춰 주기
- 도전하기와 배려하기
- 지시하기보다는 안내하기

그래서 학습이 호혜적이면서 아주 충실한 것이고자 한다면, 답안을 따르기보다는 판단을 내려야만 한다.

포괄적 학습 환경은 환대하는 공간을 제공하며, 모든 어린이가 소속되고, 어른이 어린이의 이전 경험과 지식 자본을 고려하는 도덕적 질서를 유지한다. 환대하는 공간은 그 안의 사람들이 행하다가 실수할 때 겪게 되는 정서적 손실 없이 행위하고 상호작용하는 법을 탐색하고 토론할 수 있게 해 주기 때문에, 강요보다 — 여기는 불안이 도사리고 있다 — 초대에 의존한다. 이는 성적 매기기, 속도 그리고 주목할 만한 결과에 집착하는 문화에서 창출되기는 힘들다. 배려 윤리는 어른이 어린이를 보살필 것을 요구하며, 어린이가 타인을 돌보고 공감하도록 장려한다. 적절한 행위를 장려하고 불친절과 차별에 도전하는 도덕 질서는 삶의 다른 영역에서 그러한 환경을 경험한 적 없는 사람들에게 특히 중요하다.

만약 서로 다른 어린이의 반응과 사전 경험 그리고 (많은 경우 어려운) 삶을 감안하고자 한다면, 어른은 완벽한 일관성보다는 예측 가능성을 제공해야만 한다. 내면적 자질을 강조하는 것은 규칙과 외면적 보상을 기반으로 한 강조에 비해 더 장기적이다. 그러나 그러한 접근이 피상적이 되고 이탈하는 것을 피하고자 한다면, 이러한 자질들이 수반하는 바를 제시하는 다양한 방법들이 필요하다. 규칙은 필요할 수도 있지만, 격언은 판단을 고무하는 데 더 도움이 될 수 있다. 일과(日課)는 소속감을 만들어 내는 데 도움이 되지만 강요되어서는 안 된다.

포괄적이기 위해서 환경은 반드시 다른 사람들과 일할 수 있고, 유대를 맺을 뿐만 아니라 중계할 수 있는, 자신의 행위와 상호작용에 대해서 성찰할 수 있는 폭넓은 기회를 주고 격려해야만 한다. 나는 도덕교육 혹은 인격교육이 교과과정의 한 과목이 되거나 혹은 개별 부분이 되어야 한다는 관점에 반대해 왔다. 윤리적 차원이나 구성 요소는 어린이와 어른의 삶과 한 기관에서의 생활의 모든 측면으로 퍼져 나간다. 비강압적인 방식으로 공감과 상상력의 발달을 돕는 놀이와 이야기 같은 활동은 가치 있을 것 같다. 학습 과정이 어떻게 일어나고 지원받는가는 그 활동이나 내용보다 더 중요하다. 어린이와 어른은 윤리 어휘를 배우고 발달시켜야 하지만, 내가 강조하는 바는 어린이가 단지 어른의 말을 듣는 것보다 함께 말하고 생각하는 것과 어른에서 어린이로 그리고 어린이에서 어른으로의 양방향 과정으로서의 피드백이다.

피드백을 주는 것은 어른이 번지르르한 칭찬에 기대지 않고 긍정적인 처신을 강화함으로써 어린이의 도덕적 정체감인 '내러티브를 농후하게' 할 수 있게 한다. 말로 하는 피드백이 이렇게 하는 것을 도와주긴 하지만, 본보기와 기대에 의해 더욱 미묘하게 주어지는 것이 더욱더 중요하다. 명백한 기대는 달성할 수 있어야 하며, 높을 뿐만 아니라 폭넓어야 한다. 그리고 단기적일 뿐만 아니라 장기적이어야 한다. 암시된 기대는 그들의 이전 경험이 무엇이든 간에 모든 사람이 변화할 수 있다는 성장형 사고방식에 신념을 포함시킨다. 이는 아마도 성공과 개별 경쟁의 좁은 관점에 특혜를 베푸는 학교 시스템에서 가장 힘든 측면이다.

어린이로부터 피드백을 받는 것은 어른이 특정 개인과 그룹의 요구를 충족시키고자 한다면 필수적이다. 이는, 왜 어른/어린이의 관계가 그렇게 중요한지를 설명하는 데 도움이 되는, 그들의 요구에 대한 조율을 필요로 한다. 그러나 어른은 자신의 행위에 대해, 그리고 다른 사람들과 마찬가지로 자신도 늘 자신의 이상에 부합하여 살아가는 것은 아니지만 이것이 그렇게 하기 위해 노력하는 것을 중단케 해서는 안 된다는 것을 수용하는 겸손에 대해 기꺼이 설명할 필요가 있다.

그 과제는 약간 벅차 보일 수도 있겠지만, 나는 배려와 사회 정서 학습 그리고 '겸손한 사람의 미덕'에 대한 강조를 주장해 왔다. 이는 유아와 함께 일하는 어른들에게는 자연스럽게 보이는 경향이 있지만, 좁은 범위의 교과 영역에서 성취에 초점을 맞춘 불안한 분위기에서 나이 든 어린이에게는 덜 그렇다. 그러나 그러한 접근은 시험에서 높은 점수를 모색하는 일과 절충할 필요는 없으며, 그러한 결과를 기반으로 한 것보다 폭넓은 성공의 관점의 기초를 제공하게 될 것이다.

기관적 수준에서 어떤 접근은 총체적이면서 진실성이 있어야 한다. 그리고 거기서 옹호되는 가치는 살아 있고, 가능한 한, 그 기관의 전체 생활에 스며 있다. 그래서 나는 학습의 도제 모델과 덕 윤리를 기반으로 한 폭넓은 접근을 제안해 왔다. 도제 모델은 아동이, 시간이 지남에 따라, 본보기로부터 어떻게 배우는지를 감안하며 위선과 훈계를 피하는 것이다. 덕 윤리의 두 가지 특별한 힘은 특정한 자질을 얼마나 많이 드러내 보여야 하는지 설정하는 맥락에 대한 안목을 고취한다는 점과 몇 가지 적응을 통해 세속적인 것과 종교적인 것 둘 모두의 설정에 적용하기 충분할 정도로 융통성이 있다는 점이다. 이 것은 하나의 도덕적 차원이 모든 측면에 퍼져 있는 도덕교육의 광의적 의미와 어린이가 좋은 삶 — 어린이가 잘 자라고, 광범위한 사람들과 적절히 관계 맺을 수 있는 삶 — 을 살 수 있도록 해 주는 협의의 의미를 합칠 수 있도록 해 준다.

## 정책에 대한 함의

이 책은 정책에 대한 것이 아니지만, 이 책에서 논의한 것의 함의는 제4장에서 기술된 교육정책의 많은 측면들이, 선의에서 한 것이긴 하지만, 특히 아동에게 그릇되게 인도되고 있다는 점이다. 수행성과 준수의 강조는 교과과정의 축소와 사실상 교육의 도덕적 차원을 열외로 취급하도록 유도한다. 지침서 만들기는 윤리 영역에서 특히 부적절하다. 왜냐하면 어른은 어린이의 신념을 이해하고 그 형성을 도와주기 위해 어린이의 서로 다른 행동들과 생각들에 대응해야만 하기 때문이다. 그래서 더 많은 시간과 자원이 교사들 — 그리고 다른 어른들 — 로 하여금 전체 어린이의 요구가 어떻게 연결되어 있는지 이해하도록 돕는 일에 투자되어야만 한다. 이 일을 하는 것과 그리고 공식 교과과정의 설정과 학교 시찰 방법의 변화는 교사의 판단에 신뢰를 더욱 창출할 수 있게 할 것이며, 그러한 신뢰에 더 건전한 기초를 제공할 수 있게 할 것이다.

이 책은, 어린이들에게 무엇이 옳거나 그른지를 말해 주지 않는다는 이유로, 좋은 학습 환경은 도덕적 요소를 가져야 하는지에 대한 나의 질문에 강하게 반대했던 유치원 원장에 대해 언급하면서 글을 시작하였다. 이 책은 내가 도덕교육으로 기술한 것에 그 원장이 어쩌면 인정했을지도 모른다는 — 비록 그것을 그러한 것으로 인식하지 않았을지도 모르지만 — 생각으로 마무리한다.

# 초등학교 도덕교육을 고민하며

　최근의 여러 사회 현상은 학교의 내실 있는 도덕교육, 특히 초등학생들의 인성 형성에 더욱 관심을 기울이게 한다. 교과로서의 초등학교 도덕교육을 성공적으로 이끌어 가기 위해서는 목적론적 차원뿐만 아니라 방법론적 차원에서 깊이 있는 고민이 필요하다. 초등학교에서 이루어져야 하는 도덕교육은 중학교 그리고 고등학교에서 이루어지는 도덕교육과 유사하지만 분명 차이점이 존재한다.

　이제까지 초등학교 도덕교육과 관련한 연구자들의 논의가 담긴 번역서를 찾아보기 어려웠다. 이 책은 이러한 점에서 초등학교 도덕교육의 이론과 실제를 연구하는 학자, 초등학교 현장에서 도덕교육을 수행하고 있는 교사에게 반가운 책이라 할 수 있겠다. 이 책은 주로 교육자를 위해 집필되었으며 11-12세까지 어린이들의 도덕교육에 초점을 맞추고 있다. 저자도 서문에서 밝히고 있듯이, 이 책은 초등학교 도덕교육과 관련하여 특정한 도덕적 문제에 답하려 하거나 특정 프로그램을 전하려 하고 있지 않다. 그보다는 장차 새롭고 예기치 않은 도전이 전개될 세상에서 어린이가 적절하게 행위하고 상호작용하는 것을 학습할 수 있는 방식을 생각해 보게 한다. 저자는 윤리 및 어린이 학습에 관한 광범위한 탐구를 시도함으로써 우리로 하여금 초등학교에서 이루어지는 도덕교육의 목적과 방법에 주의를 기울이게 한다.

저자가 이 책에서 제시한 주제 가운데 하나는 '도덕교육은 단지 특정 교과 영역에 한정되지 않으며, 전체 학교생활을 통해 전개되어야 한다'는 것이다. 여기서 도덕교육 관련 연구자와 교육자는 저자가 행간에 내포하고 있는 의미를 파악할 필요가 있다. 도덕교육이 단지 특정 교과에 한정되지 않는다는 것은 교과로서의 도덕교육에 대해 반기를 드는 것이라기보다 도덕교육이 중요하기에 모든 교과를 통해 접근되어야 함을 말하는 것이다. 도덕교육은 광범위한 접근이 요구됨을 역설하고 있는 것으로 이해하는 것이 타당하다. 우리나라에서 이루어지는 교과로서의 도덕교육은 그만큼 학생들의 인성 교육에 있어 중핵 교과로서의 위상을 굳건히 지켜 나가야 할 뿐만 아니라 교과로서 도덕교육이 추구해야 할 목적 및 목표에 대해 끊임없이 고민할 필요가 있다.

초등 도덕교육의 궁극 목표는 초등학생들이 인격적 품성을 키워 유덕한 인간으로 성장하도록 돕는 일이라 할 수 있다. 초등학교 도덕교육이 진부한 교훈이나 격언의 나열만을 늘어놓는 설교에서 벗어나 아이들로 하여금 스스로 도덕적 물음에 고민하게 함으로써 비판적으로 그리고 도덕적으로 사고할 수 있는 숙고의 힘을 키우는 교육으로 변화하는 데 이 책이 도움이 되길 바란다. 이 책의 논의들이 현재 한국의 초등 도덕교육에 유용한 자료가 되어 초등학교 도덕교육 현장이 학생들의 진정한 숙고, 성찰, 배움의 장으로 거듭나길 기대한다. 아울러 초등학교 학생들의 도덕 발달 정도를 탐색하고, 교과로서 초등학교 도덕교육의 정체성을 확립하며, 이를 바탕으로 효과적인 초등 도덕과 교수 학습 방법 개발을 위한 노력에도 일조하길 바란다.

# 참고문헌

Alexander, R. (1995) *Versions of Primary Education*. London: Routledge.

Alexander, R. (2000) *Culture and Pedagogy: International Comparisons in Primary Education*. Oxford: Blackwell.

Alexander, R. (ed.) (2010) *Children, Their World, Their Education — Final Report and Recommendations of the Cambridge Primary Review*. Abingdon: Routledge.

Anderson, C. A., A. Shibuya, N. Ihori, E. L. Swing, B. J. Bushman, A. Saka-moto, H. R. Rothstein and M. Saleem (2010) 'Violent Video Game Effects on Aggression, Empathy, and Prosocial Behavior in Eastern and Western Countries: A Meta-Analytic Review,' *Psychological Bulletin* 136 (2): 151-73.

Anning, A. (1997) *The First Years At School*. Buckingham: Open University Press.

Arendt, H. (1970) *Men in Dark Times*. London: Cape.

Argyris, C. and D. A. Schon (1974) *Theory in Practice: Increasing Pro-fessional Effectiveness*. New York: Jossey Bass.

Aristotle (1998) *Nicomachean Ethics*. Oxford: Oxford University Press.

Arthur, J. (2003) *Education with Character: The Moral Economy of Schooling*. London: RoutledgeFalmer.

Arthur, J. (2010) *Of Good Character: Exploration of Virtues and Values in 3-25 Year-Olds*. Exeter: Imprint Academic.

Baldwin, J. (1991) *Nobody Knows My Name*. Harmondsworth: Penguin.

Ball, S. J. (2003) 'The Teacher's Soul and the Terrors of Performativity,' *Journal of Education Policy* 18 (2): 215-28.

Baron-Cohen, S. (2011) *Zero Degrees of Empathy: A New Theory of Human Cruelty*. London: Allen Lane.

Berger, P. and T. Luckmann (1967) *The Social Construction of Reality*. London: Allen Lane.

Berlak, A. and H. Berlak (1987) *Dilemmas of Schooling — Teaching and Social Change*. London: Methuen.

Blakemore, S.-J. and U. Frith (2005) *The Learning Brain: Lessons for Education*. Oxford: Blackwell.

Bloom, P. (2013) *Just Babies — The Origins of Good and Evil*. London: The Bodley Head.

Bowlby, J. (1965) *Child Care and the Growth of Love*. London: Penguin.

Brantlinger, E. (2003) *Dividing Classes: How the Middle Class Negotiates and Rationalizes School Advantage*. London: RoutledgeFalmer.

Bruner, J. (1990) *Acts of Meaning*. Cambridge, MA: Harvard University Press.

Bruner, J. (1996) *The Culture of Education*. Cambridge, MA: Harvard University Press.

Bruner, J. (2006) *In Search of Pedagogy* (Volume 11). Abingdon: Routledge.

Carr, D. (2003) 'Character and Moral Choice in the Cultivation of Virtue,' *Philosophy* 78: 219-32.

Carr, D. (2007) 'Character in Teaching,' *British Journal of Educational Studies* 55 (4): 369-89.

CBI(Confederation of British Industry) (2012) *First Steps — a New Approach for Our Schools*. Available at: www.cbi.org.uk.

Clark, A. (2006) 'Language, Embodiment, and the Cognitive Niche,' *Trends in Cognitive Sciences* 10 (8): 370-4.

Claxton, G. (1997) *Hare Brain, Tortoise Mind: Why Intelligence Increases When You Think Less*. London: Fourth Estate.

Claxton, G. (2002) *Building Learning Power*. Bristol: TLO Ltd.

Claxton, G. and Carr, M. (2004) 'A Framework for Teaching Learning: The Dynamics of Disposition,' *Early Years* 24 (1): 87-97.

Claxton, G. (2005) *An Intelligent Look at Emotional Intelligence*. London: Association of Teachers and Lecturers.

Claxton, G. (2007) 'Expanding Young Children's Capacity to Learn,' *British Journal of Educational Studies* 55 (2): 115-34.

Coles, R. (1997) *The Moral Intelligence of Children*. London: Bloomsbury.

Cooling, T. (2010) *Doing God in Education*. London: Theos.

Cupitt, D. (1995) *What Is a Story?* London: SCM.

Cunningham, H. (2006) *The Invention of Childhood*. London: BBC Books.

Deakin Crick, R. and C. Goldspink (2014) 'Learner Dispositions, Self-Theories and Student Engagement,' *British Journal of Educational Studies* 62 (1): 19-35.

DES(Department for Education and Science) (1990) *Starting with Quality (the Rumbold Report of the Committee of Inquiry into the Quality of the*

*Educational Experience Offered to 3- and 4-Year Olds)*. London: HMSO.

Desforges, C. (1995) *An Introduction to Teaching: Psychological Perspectives*. Oxford: Blackwell.

De Souza, M. (2004) 'Teaching for Connectedness and Meaning: The Role of Spirituality in the Learning Process,' *Panorama, International Journal of Comparative Religious Education and Values* 16: 56-67.

Dewey, J. (1916, 2002) *Democracy and Education*. New York: Free Press.

Dewey, J. (2002) *Human Nature and Conduct*. Mineola: Dover.

Donaldson, M. (1992) *Human Minds — an Exploration*. London: Allen Lane.

Dweck, C. S. (2000) *Self Theories: Their Role in Motivation, Personality and Development*. Philadelphia, PA: Psychology Press.

Eaude, T. (2004) *Values Education: Developing Positive Attitudes*. Birmingham: National Primary Trust.

Eaude, T. (2007) *SMSC — Optional Extras or Hidden Opportunities?* Available at: http://www.nationaleducationtrust.net/Shapingideas ShapingLives032.php.

Eaude, T. (2008a) *Children's Spiritual, Moral, Social and Cultural Development — Primary and Early Years*. Exeter: Learning Matters.

Eaude, T. (2008b) 'Should Religious Educators be wary of Values Education?' *Journal of Religious Education* 56 (3): 57-65.

Eaude, T. (2009) 'Happiness, Emotional Well-Being and Mental Health — What Has Children's Spirituality to Offer?' *International Journal of Childrens Spirituality* 14 (3): 185-96.

Eaude, T. (2011) *Thinking through Pedagogy for Primary and Early Years*. Exeter: Learning Matters.

Eaude, T. (2012) *How Do Expert Primary Classteachers Really Work? A Critical Guide for Teachers, Headteachers and Teacher Educators*. Northwich: Critical Publishing. Available at: www.criticalpublishing.com.

Eaude, T. (2014) 'Creating Hospitable Space to Nurture Children's Spirituality Possibilities and Dilemmas Associated with Power,' *International Journal of Children's Spirituality* 19 (3/4): 236-48.

Ecclestone, K. and D. Hayes (2008) *The Dangerous Rise of Therapeutic Education*. London: Routledge.

Erricker, C. and J. Erricker (2000) *Reconstructing Religious, Spiritual and Moral Education*. London: RoutledgeFalmer.

Erikson, E. (1968) *Identity: Youth and Crisis*. London: Faber and Faber.

Evans, D. (2001) *Emotion — a Very Short Introduction*. Oxford: Oxford University

Press.

Farrer, F. (2000) *A Quiet Revolution*. London: Rider.

Fox, R. (2005) *Teaching and Learning: Lessons from Psychology*. Oxford: Blackwell.

Frowe, I. (2007) '" The Politics of Faith and the Politics of Scepticism": Michael Oakeshott, Education and Extremism,' *British Journal of Educational Studies* 55 (3): 264-85.

Fullan, M. (2003a) *The Moral Imperative of School Leadership*. Thousand Oaks, CA: Corwin.

Fullan, M. (2003b) *Changes Forces with a Vengeance*. London: Routledge-Falmer.

Geake, J. (2009) *The Brain at School: Educational Neuroscience in the Classroom*. Maidenhead: Open University Press.

Gerhardt, S. (2004) *Why Love Matters: How Affection Shapes a Baby's Brain*. Hove: Brunner Routledge.

Gerhardt, S. (2010) *The Selfish Society: How We All Forgot to Love One Another and Made Money Instead*. London: Simon and Schuster.

Gilligan, C. (1982) *In a Different Voice*. Cambridge, MA: Harvard University Press.

Goldberg, S. (2000) *Attachment and Development*. London: Hodder Arnold.

Goleman, D. (1996) *Emotional Intelligence: Why It Can Matter More Than IQ*. New York: Bloomsbury.

Good, T. L. and J. E. Brophy (1990) *Educational Psychology: A Realistic Approach*, 4th edition. London: Longman.

Goswami, U. and P. Bryant (2010) 'Children's Cognitive Development and Learning,' in R. Alexander (ed.), *The Cambridge Primary Review Research Surveys*. Abingdon: Routledge, pp. 141-69.

Graham, L. J. and R. Slee (2008) 'An Illusory Interiority: Interrogating the Discourse/ s of Inclusion,' *Educational Philosophy and Theory* 40 (2): 277-93.

Grayling, A. C. (2001) *The Meaning of Things*. London: Weidenfeld and Nicholson.

Gutmann, A. (1987) *Democratic Education*. Princeton, NJ: Princeton University Press.

Haidt, J. (2012) *The Righteous Mind: Why Good People Are Divided by Politics and Religion*. London: Penguin.

Halstead, J. M. (1996) 'Values and Values Education in Schools,' in J. M. Halstead and M. J. Taylor (eds), *Values in Education and Education in Values*. London: Falmer, pp. 3-14.

Hargreaves, A. (2003) *Teaching in the Knowledge Society — Education in the Age of Insecurity*. Maidenhead: Open University Press.

Harris, P. L. (1989) *Children and Emotion*. Oxford: Blackwell.

Hart, S., A. Dixon, M. J. Drummond and D. McIntyre (2004) *Learning without Limits*. Maidenhead: Open University Press.

Harter, S. (1999) *The Construction of the Self: A Developmental Perspective*. New York: Guilford Press.

Hattie, J. (2009) *Visible Learning: A Synthesis of Over 800 Meta-Analyses Relating to Achievement*. London: Routledge.

Haun, D. and M. Tomasello (2011) 'Conformity to Peer Pressure in Preschool Children,' *Child Development* 82 (6): 1759-67.

Haydon, G. (2004) 'Values Education: Sustaining the Ethical Environment,' *Journal of Moral Education* 33 (2): 115-29.

Heath, S. B. (2010) 'Play in Nature: The Foundation of Creative Think-ing,' in C. Tims (ed.), *Born Creative*, pp. 115-25. Available at: www.demos.co.uk/files/Born_Creative_-_web_-_final.pdf.

Hill, B. V. (1981) 'Teacher Commitment and the Ethics of Teaching for Commit-ment,' in G. Rossiter (ed.), *Religious Education in Australian Schools*. Canberra: Curriculum Development Centre, pp. 179-85.

Holloway, R. (2004) *Godless Morality*. Edinburgh: Canongate Books.

Hull, J. (2001) *On Sight and Insight — a Journey into the World of Blindness*. Oxford: One World.

Hyde, B. (2008) *Children and Spirituality: Searching for Meaning and Connectedness*. London: Jessica Kingsley.

Hyde, B. (2009) 'Dangerous Games — Play and Pseudo Play in Religious Education,' *Journal of Religious Education* 57 (2): 37-46.

Ireson J., P. Mortimore and S. Hallam (1999) 'The Common Strands of Pedagogy and Their Implications,' P. Mortimore (ed.), *Understanding Pedagogy and Its Impact on Learning*. London: Paul Chapman, pp. 212-32.

Jackson, P. W., R. E. Boostrom and D. T. Hansen (1993) *The Moral Life of Schools*. San Francisco, CA: Jossey Bass.

Kagan, J. (1994) *Galen's Prophecy*. London: Free Association Books.

Katayama, K. (2004) 'The Virtue Approach to Moral Education,' in J. Dunne, and P. Hogan (eds) *Education and Practice — Upholding the Integrity of Teaching and Learning*. Oxford: Blackwell, pp. 61-73.

Katz, L. (2003) 'Current issues and Trends in Early Childhood Education,' in T. S. Saraswathi (ed.), *Cross Cultural Perspectives in Human Development: Theory, Research and Application*. London: Sage, pp. 354-82.

Katz, L. G. and J. D. Raths (1985) 'Dispositions as Goals for Teacher Education,'

*Teaching and Teacher Education* 1 (4): 301-7.

Kimes Myers, B. (1997) *Young Children and Spirituality*. London: Routledge.

Kohlberg, L. (1981) *The Philosophy of Moral Development: Moral Stages and the Idea of Justice*. San Francisco, CA: Harper and Row.

Kohlberg, L. (1987) *Child Psychology and Childhood Education: A Cognitive Developmental View*. New York: Longman.

Kristjansson, K. (2013) 'Ten Myths about Character, Virtue and Virtue Education – Plus Three Well-Founded Misgivings,' *British Journal of Educational Studies* 61 (3): 269-87.

Lawson, J. and H. Silver (1973) *A Social History of English Education*. London: Methuen.

Layard, R. (2005) *Happiness*. London: Allen Lane.

Layard, R. and J. Dunn (2009) *A Good Childhood — Searching for Values in a Competitive Age*. London: Penguin.

Lickona, T. (1992) *Educating for Character: How Our Schools Can Teach Respect and Responsibility*. New York: Bantam.

Lovat, T. and R. Toomey (ed.) (2007) *Values Education and Quality Teaching: The Double Helix Effect*. Sydney: David Barlow.

Macintyre, A. (1999) *After Virtue*. London: Duckworth.

Maslow, A. (1970) *Motivation and Personality*. New York: Harper and Row.

Mayall, B. (2010) 'Children's Lives Outside School and Their Educational Impact,' in R. Alexander (ed.), *The Cambridge Primary Review Research Surveys*. Abingdon: Routledge, pp. 49-82.

McLaughlin, T. H. and J. M. Halstead (1999) 'Education in Character and Virtue,' in J. M. Halstead and T. H. McLaughlin (eds), *Education in Morality*. London: Routledge, pp. 132-63.

McMahon, L. (1992) *The Handbook of Play Therapy*. London: Routledge.

Mercer, N. (2000) *Words and Minds — How We Use Words to Think Together*. London: Routledge.

Mill, J. S. (1909) *Autobiography*, Harvard Classics 25, edited by C. E. Norton. New York: P. F. Collier & Son.

National Framework for Values Education in Australian Schools (2005) Available at: http://apo.org.au/research/national-framework-valueseducation-australian-schools.

Noddings, N. (1991) 'Stories in Dialogue: Caring and Interpersonal Reasoning,' in C. Witherell and N. Noddings (eds), *Stories Lives Tell: Narrative and Dialogue in*

*Education*. New York: Teachers' College Press, pp. 157-70.

Noddings, N. (2003) *Happiness and Education*. Cambridge: Cambridge University Press.

Noddings, N. (2005) 'Identifying and Responding to Needs in Education,' *Cambridge Journal of Education* 35 (2): 147-59.

Noddings, N. (2013) *Caring — a Relational Approach to Ethics and Moral Education*. Berkeley: University of California Press.

Nouwen, H. J. M. (1996) *Reaching Out: The Three Movements of the Spiritual Life*. London: Fount.

Nussbaum, M. (2001) *The Fragility of Goodness*. New York: Princeton University Press.

Nussbaum, M. (2010) *Not for Profit: Why Democracy Needs the Human-ities*. Princeton, NJ: Princeton University Press.

OECD (Organisation for Economic Co-operation and Development) (2007) *Understanding the Brain: The Birth of a Learning Science*. OECD Publishing. Available at: http://dx.doi.org/10.1787/ 9789264029132-en.

Palmer, P. J. (1983, 1993) *To Know as We Are Known. Education as a Spiritual Journey*. San Francisco, CA: Harper San Francisco.

Palmer, S. (2006) *Toxic Childhood*. London: Orion Books.

Parker-Rees, R. (2007) 'Liking to Be Liked: Imitation, Familiarity and Pedagogy in the First Years of Life,' *Early Years* 27 (1): 3-17.

Patten, K. E. (2011) 'The Somatic Appraisal Model of Affect Paradigm for Educational Neuroscience and Neuropedagogy,' in K. E. Patten and S. R. Campbell (eds), *Educational Neuroscience — Initiatives and Emerging Issues*. Oxford: Wiley-Blackwell, pp. 86-96.

Piaget, J. (1932) *The Moral Judgment of the Child*. London: Kegan Paul, Trench Trubner.

Pollard, A. (1985) *The Social World of the Primary School*. London: Cassell.

Pring, R. (2001) 'Education as a Moral Practice,' *Journal of Moral Education* 30 (2): 101-12.

Pring, R. (2014) *John Dewey: A Philosopher of Education for Our Own Time?* London: Bloomsbury.

Putnam, R. D. (2000) *Bowling Alone: The Collapse and Revival of American Community*. New York: Simon & Schuster.

Rizzolatti, G. and L. Craighero (2004) 'The Mirror-Neuron System,' *Annual Review of Neuroscience* 27: 169-96.

Rogoff, B. (1990) *Apprenticeship in Thinking — Cognitive Development in Social Context*. Oxford: Oxford University Press.

Rowley, S. J., B. Kurtz-Costes, R. Mistry and L. Feagans (2007) 'Social Status as a Predictor of Race and Gender Stereotypes in Late Childhood and Early Adolescence,' *Social Development* 16 (1): 150-68.

Russell, J. (2007) *How Children Become Moral Selves — Building Character and Promoting Citizenship Education*. Eastbourne: Sussex Academic Press.

Salmon, P. (1995) *Psychology in the Classroom - Reconstructing Teachers and Learners*. London: Cassell.

Salzberger-Wittenberg, I., G. Henry and E. Osborne (1983) *The Emotional Experience of Learning and Teaching*. London: Routledge.

Sawyer, R. K. (2004) 'Creative Teaching: Collaborative Discussion as Disciplined Improvisation,' *Educational Researcher* 33 (2): 12-20.

Scheindlin, L. (2003) 'Emotional Perception and Spiritual Development,' *International Journal of Children's Spirituality* 8 (2): 179-93.

Schonert-Reichl, K., V. Smith, A. Zaidman-Zait and C. Hertzman (2012) 'Promoting Children's Prosocial Behaviors in School: Impact of the "Roots of Empathy" Program on the Social and Emotional Competence of School-Aged Children,' *School Mental Health* 4: 1-21.

Sennett, R. (1998) *The Corrosion of Character*. New York: W. W. Norton.

Sergiovanni, T. (2001) *Leadership — Whats in It for Schools?* London: Routledge-Falmer.

Shulman, L. S. (2004) *The Wisdom of Practice — Essays on Teaching, Learning and Learning to Teach*. San Francisco, CA: Jossey Bass.

Siraj-Blatchford, I. (1999) 'Early Childhood Pedagogy: Practice, Principles and Research,' in P. Mortimore (ed.), *Understanding Pedagogy and Its Impact on Learning*. London: Paul Chapman, pp. 20-45.

Smith, R. and P. Standish (eds) (1997) *Teaching Right and Wrong — Moral Education in the Balance*. Stoke-on-Trent: Trentham Books.

Swing, L. E., D. A. Gentile, C. A. Anderson and D. A. Walsh (2010) 'Tele-vision and Video Game Exposure and the Development of Attention Problems,' *Pediatrics* 126 (2): 214-21.

Symington, N. (1986) *The Analytic Experience*. London: Free Association Books.

Tacey, D. (2004) *The Spirituality Revolution*. Hove: Brunner-Routledge.

Tassoni, P. and K. Hucker (2005) *Planning Play and the Early Years*. Oxford: Heinemann.

Taylor, C. (1989) *Sources of the Self*. Cambridge: Cambridge University Press.

Thompson, R. A. (2009) 'Early Foundations: Conscience and the Devel-opment of Moral Character,' in D. Narvaez and D. K. Lapsley (eds), *Personality, Identity and Character: Explorations in Moral Psychology*. Cambridge: Cambridge University Press, pp. 159-84.

TLRP(Teaching and Learning Research Programme) (2006) *Improving Teaching and Learning in Schools*. London: TLRP. Available at: http://www. tlrp.org/themes/ themes/tenprinciples.html.

TLRP (2007) *Neuroscience and Education: Issues and Opportunities*. London: TLRP. Available at: http://www.tlrp.org/pub/commentaries.html.

Trickey, S. and K. J. Topping (2004) '"Philosophy for Children": A Systematic Review,' *Research Papers in Education* 19 (3): 365-80.

Unicef (2007) Child Poverty in Perspective: An Overview of Child Well-Being in Rich Countries: A Comparative Assessment of the Lives and Well-Being of Children and Adolescents in Economically Advanced Nations. Florence, Unicef Innocenti Centre (Innocenti Report Card 7). Available at: http:// www.unicef-irc.org/publications/pdf/rc7_Eng.pdf.

United Nations Convention on the Rights of the Child(UNCRC). Available at: www. unicef.org/crc/files/Rights_overview.pdf.

Vygotsky, L. S. (1978) *Mind in Society: The Development of Higher Psych-ological Processes*. Cambridge, MA: Harvard University Press.

Wall, J. (2010) *Ethics in Light of Childhood*. Washington, DC: Georgetown University Press.

Warnock, M. (1996) 'Moral Values,' J. M. Halstead and M. J. Taylor (eds), *Values in Education and Education in Values*. London: Palmer, pp. 45-53.

Wenger, E. (1998) *Communities of Practice - Learning, Meaning and Identity*. New York: Cambridge University Press.

West-Burnham, J. and V. Huws Jones (2007) *Spiritual and Moral Development in Schools*. London: Continuum.

Wilkinson, R. and K. Pickett (2009) *The Spirit Level — Why More Equal Societies Almost Always Do Better*. London: Allen Lane.

Williams, R. (2000) *Lost Icons*. Edinburgh: T and T Clark.

Williams, R. (2012) *Faith in the Public Square*. London: Bloomsbury.

Wilson, J. (2007) *The Performance of Practice*. London: Karnac.

Winnicott, D. (2002) *Playing and Reality*. Hove: Brunner-Routledge.

Winston, J. (1998) *Drama, Narrative and Moral Education*. London: Falmer.

# 찾아보기

가시적 학습(visible learning) 184

가정(assumptions) 79, 97, 112-8, 217, 218, 291

가정/가족(family) 84, 91, 97, 204, 215, 285 또한 부모/보호자 참조

가족 연계 양육(Family Links Nurturing) 프로그램 272-4

가치 기반 교육(Values-based Education) 188, 276

가치(values) 16, 31, 94, 101, 106, 138, 185-90, 252, 292
영국의 195; 기독교적 196; 올림픽/장애인 올림픽의 188; 1차 및 2차 198, 289; 공유된 187, 230; 보편적 32, 190, 197, 301

갈등, -의 지속(conflict, continuities of) 56

감정(feelings) 44, 132, 161, 185, 254

강요(compulsion) 246

개방성/열림(openness) 213, 250-252, 287

개별주의(particularism) 27, 187

개인주의(individualism) 14, 31, 44, 85, 87, 91-2, 121, 264, 293, 301

거울 뉴런(mirror neurons) 141-3

거울 단계(mirror stage) 143

건강, 정신적 · 신체적(health, mental and physical) 81

결과(outcomes) 105-6
측정 가능한 109, 121, 282

겸손(humility) 191-3

경계(boundaries) 110, 206, 213, 220, 222, 229, 273, 279

경쟁(competition)
자신의 이전 최고 결과와의 172; 타인과의 50, 170-2, 179, 215, 224, 246, 286, 293

경험(experience) 206, 259
초기 15, 136-38, 285, 304; -의 표상/표현 134, 240

'골디락스' 접근(법)('Goldilocks' approach) 64, 185, 306

공간/여지(space) 88, 172, 221, 241, 245, 283 〉 환대하는 221-5

공감/감정이입(empathy) 17, 89, 163-4, 202, 211, 272-81, 302

공감의 뿌리(Roots of Empathy) 274

공동 활동(shared activity) 96, 134

공동체(community) 31, 84, 158, 185, 205
-의 윤리 56, 301; 도덕 14, 214; 실천의 218

공동체주의적 접근(communitarian approach) 44, 301

공리주의(utilitarianism) 55, 56, 68, 73

공정(fairness) 40, 119, 193

관계(relationships) 14-6, 42, 73, 88, 120,
    163, 198, 204, 229, 300
    호혜적 44, 138, 245, 277; 신뢰 141,
    160, 176-177

관점, 다른 사람의(perspective, other's)
    163, 248

관찰(observation) 142, 202

관해 배려하기/위해 배려하기(caring about/
    caring for) 45, 140, 164, 226

광고(advertising) 83, 87

괴롭힘(bullying) 51, 113, 160, 228

교과(subjects) 108, 116, 120, 236-239

교사, -의 역할(teachers, role of) 100,
    268-70

교수/수업(instruction) 32, 109, 115, 240
    대본화된 111

교육(education)
    -의 목적 14, 33-34, 101-2, 106,
    114, 291; 인격(character) 인격교육
    참조; 도덕, 광의와 협의의 33, 119;
    도덕적/윤리적 측면 33, 119, 124-6,
    233, 237, 284, 296-7, 312; -의 도덕
    적 본질 14; -과 가치 32

교육과정 1(Curriculum 1) 10, 108-10,
    112-4 또한 기초 교과 참조

교육과정 2(Curriculum 2) 108-9

교육과정(curriculum) 103
    공식적 117, 217, 235; 잠재적 32,
    218

구조/체계(structure) 92, 152, 166, 173,
    179, 227, 283

국가교육과정(National Curriculum) 105

국제연합 아동권리협약(United Nations
Convention of the Rights of the Child:
    UNCRC) 61-2

국제학업성취도평가(Programme for
    International Student Assessment: PISA)
    108

권력(power) 36, 62, 140, 151, 173, 178

권리(rights) 55
    어린이의 61-62, 72; -와 책임 22, 72

규범, 기술적·윤리적(norms, technical and
    ethical) 26, 101

규정/처방(prescription) 35, 255

규칙(rules) 30, 50, 55-7, 74, 152, 230-4,
    289-91, 300

근접 발달 영역(Zone of Proximal
    Development) 144

금지(prohibition) 22, 166

금지(proscription) 26

긍정(affirmation) 16, 177

긍정적(positive) 37, 110, 143-144, 168,
    177, 207, 262, 272, 310

기법(techniques) 34, 111

기분(mood) 220

기술/테크놀로지(technology) 81-3, 87,
    88, 94

기초 교과(basics, the) 113-4, 120, 281
    또한 교육과정 1 참조

길리건(Gilligan, Carol) 42-4, 302

나딩스(Noddings, Nel) 13, 24, 28, 31,
    42, 44-7, 69, 72, 73, 100, 140, 165,
    172, 282, 302

놀이(play) 87-8, 153, 243-7
    -와 가짜 놀이(pseudoplay) 246

뇌 구조와 기능(brain structure and
    function) 129-31

누스바움(Nussbaum, Martha) 58, 114, 140, 151, 163, 166, 178, 227, 245

다른 문화와 연결(connection with other cultures) 252
다양성, 사회적·문화적(diversity, social and cultural) 82, 85, 94-7, 190, 199, 284
단서, 해석(cues, interpretation of) 164
당혹감(embarrassment) 162, 167
대화(dialogue) 토론 참조
대화(talk)
　　어른의 역할 257-61; 어린이의 -
　　의 역할 257-61; '언행일치' 36, 53, 266, 283
덕 윤리(virtue ethics) 17, 55, 56, 63-7, 71, 73, 182, 200, 291-7, 303, 311
덕(virtue) 15, 24, 34, 62-67, 121, 184
덕목(virtues) 14-6, 47, 73-4, 202
　　기본 - 199; -의 양성 295; 겸손한 사
　　람의 267-269, 284; 1차 및 2차 303
도널드슨(Donaldson, Margaret) 134, 155, 161, 176
도덕 발달, -의 실재(moral development, reality of) 219-20
도덕성/도덕(morality) 21-3, 56-7
　　-과 윤리 25/교육과 연계 100
도덕적 공황(moral panic) 86, 301
도덕질서(moral order) 16, 173, 221-7, 286, 288, 289, 309
도전(challenge) 90, 166, 226, 283
도제(apprenticeship) 17, 146, 267, 294, 311
동기부여(motivation) 173, 306
　　외적 52, 118, 170, 179; 내적/내재적

14, 26-9, 52, 55, 112, 120, 126, 182, 302, 308
동성애 혐오(homophobia) 228
두려움(fear) 50, 147, 167-9, 267
듀이(Dewey, John) 25, 71, 182, 215-6, 237, 267, 303
드라마(drama) 153, 235, 248-9
드웩(Dweck, Carol) 174, 175, 176-7, 296
딜레마(dilemmas)
　　수업에 내재된 103, 117-8/도덕교육
　　자를 위한 39-40
또래 집단(peer group) 90, 151, 160, 205

마음 이론(theory of mind) 161
마음의 습관(habits of mind) 147
맞섬 도피 반응(fight or flight) 131
매킨타이어(Macintyre, Alisdair) 56, 63, 158, 184, 253
맥락(context) 14-5, 26, 75
메타 인지(metacognition) 148-50
명성(celebrity) 13, 83, 90, 92, 300
모델/본보기, 역할(models, role) 32, 142-3, 218, 276 또한 사례 참조
모방(imitation) 122, 133, 141-2
모형, 내적 작용(models, internal working)
　　애착 135-9
목표(goals) 115, 174
　　성과와 학습 176
목표(targets) 115-7, 170, 174
몰입(immersion) 216
무시(neglect) 225
'무엇이든 허용된다'('anything goes') 30, 36, 41, 88, 227, 266, 302
문화(culture) 26, 75, 102, 135, 158, 178, 214

-와 경험 55; 존중 결여의 89
물질적 추구(material pursuit) 90
물질주의(materialism) 300
민감성(sensitivity) 30, 278

반복(repetition) 32, 146
반성/심사숙고(reflection) 95, 121-122,
    207, 254, 284, 295
배려(care) 15, 42, 92, 100, 164-5, 178,
    220, 226, 241, 281, 301
    - 윤리 44, 211, 282, 302
벌/처벌(punishment) 22, 50, 112, 167,
    179, 224 또한 제재 참조
법률, -과의 관계(law, relationship with) 26
벗어나기(decentring) 161, 245
변화(change) 35, 38-39, 80-81, 92, 97-
    98
'보복'('hitting back') 58, 234, 288
보상(rewards) 23, 50, 110, 120, 129-74,
    224, 280
보스피따니에(vospitanie) 102
보편주의(universalism) 27, 187, 301
보호(protection) 97
복수(revenge) 50
복잡성(complexity) 98, 206
복종(deference) 81, 147, 191
본보기(example) 16, 142, 202, 216, 262-
    268, 280 또한 모델, 역할 참조
봉사(service) 121
부모/보호자(parents/carers) 31, 88, 286,
    289 또한 가족 참조
분위기(climate)
    설정의 220; 사회적·문화적 13
불안(anxiety) 94, 123, 137-138, 206,
    222, 234

-의 억제 137-138, 148, 152-153,
    222
불확실성(uncertainty) 14, 92, 97, 178,
    206
    확신하는 287
브루너(Bruner, Jerome) 90, 135-6, 139,
    156, 250, 287
블룸(Bloom, Paul) 161, 214
비고츠키(Vygotsky, Lev) 43, 144, 147,
    156, 245
빈곤(poverty) 77, 82-85, 91

사고방식(mindset) 205
    성장형 175, 266, 308
사려 깊음(thoughtfulness) 17, 94, 170,
    177, 202, 211, 225, 267, 284
사회적·정서적 측면의 학습 프로그램 자
    료(SEAL: Social and Emotional Aspects
    of Learning materials) 272
사회화, 1차 그리고 2차-(socialization,
    primary and secondary) 157
살라만카 선언(Salamana declaration) 107
상대주의(relativism) 22, 30, 33, 39, 66,
    73, 85, 185
상상력(imagination) 172, 215, 254
    도덕/도덕적 163, 252
상태/지위(status) 67, 119, 174, 267
상호 의존(interdependence) 44-5, 78,
    121, 159
상호작용(interactivity) 140, 204, 248
서사/내러티브(narrative) 16, 204, 251,
    253
    농후화 206, 261
선택(choice) 30, 84, 89, 149-53, 157,
    178, 228, 250

실행하는 어린이의 능력 140, 152; -과 결과 110, 153, 170, 232; 부모의/소비자의 106, 225
선형적 발달 관점(development linear view of) 41, 62, 155-156
성공(success) 13, 92, 98, 175, 291
성적 매력 부각(sexualisation) 87-92
성취, 학업(attainment, academic) 14, 107, 175, 277, 281
성향(dispositions) 15, 74, 92-8, 126, 202-3, 218, 258, 266, 305
세계화(globalization) 94, 97, 197, 301
소비주의/소비자(consumerism) 84, 87, 90, 92
소속(belonging) 91-2, 138, 148, 159, 215, 222, 225, 284, 309
소유(possessions) 69, 83-84, 91, 98, 267
속도(pace) 109, 241, 279, 283, 292,
수치/수치심(shame) 50, 132, 166, 169
수학과학성취도국제비교연구(Trends in International Mathematics and Science Study: TIMSS) 109
수행성(performativity) 108, 114, 117, 170, 286
순서/일상(routines) 83, 228-30
순위표(league tables) 109
순종(compliance) 26, 110, 121, 170, 215, 231, 312
스트레스(stress) 131, 171, 221
습관(habit) 28, 32, 120, 146, 202
습관화(habituation) 19, 146, 184, 267, 304
신경 과학(neuroscience) 127, 129-35
신념(beliefs) 31, 101, 120-121, 155, 173, 185, 252-4, 285

신성, 윤리(divinity, ethic of) 29, 180
신체 이미지(body image) 87-90
실행 기능(executive function) 149-50, 153, 304 또한 자기 조절 참조
실행/실천(practice) 64, 143, 164, 185

아동기(childhood) 87, 93, 101-3 -의 상상력의 공간 153/중독된 87
아리스토텔레스(Aristotle) 46, 63, 65, 67, 91, 295, 306
아서(Arthur, James) 183, 271, 286
안목/분별력(discernment) 64-6, 118, 185, 199, 206, 232
안전/안도감(safety/security) 137, 140, 145, 148, 178, 219, 222, 229, 241
압력/압박(pressures) 15, 88-91, 121, 164, 241
애국심(patriotism) 189
애착(attachment) 136-9
양심(conscience) 26, 87, 101
양육(nurture) 280
어린이 철학(Philosophy for Children: P4C) 256-7, 275
어린이에 대한 기대(expectations of children) 어른의 55, 78, 119, 149, 179, 215, 227-234, 263-266, 276, 280, 291; 다른 집단의 205
언어, -의 역할(language, role of) 16, 133-5, 254-62, 269
엄격한 접근(puritanical approach) 35-37
에우다이모니아(eudaimonia) 36, 40, 51 또한 잘 살기/복지 참조
여가(leisure) 87-88
여운(resonances) 251

연민(compassion) 44, 50, 52, 161, 164, 296
연민(sentiment) 44, 201
영향(influence) 34-6
예의(manners) 216, 267
예측 가능성(predictability) 136-41, 153, 163, 204, 230, 241, 306
오락/오락물(entertainment) 85, 89, 246
오크쇼트(Oakeshott, Michael) 121-2, 202
'옳은 것 하기'('doing the right thing')/'잘 하기'('doing things right') 26, 114
옳음과 그름(right and wrong) 14, 15, 21, 43
왜소화/단순화(trivialization) 90, 300
욕구(needs) 72
　　매슬로우의 욕구 위계 67, 148, 167
우선순위, 충돌하는 -간의 균형 잡기 (priorities, balancing conflicting) 278-5, 308
원리/원칙/신조(principles) 22, 44, 160, 186
월(Wall, John) 29, 37, 45, 46-7, 62, 72, 73, 84, 135, 156, 225
위선(hypocrisy) 35, 230, 266, 307
위험, 위험 감수(risks, taking) 176, 245
윈스턴(Winston, Joe) 24, 42, 56, 184, 185, 251
윌리엄스(Williams, Rowan) 24, 72, 91, 153, 292
유교(Confucianism) 167
유머(humour) 247
유비(analogy) 133, 146, 304
유인책/보상(incentives) 52, 92, 170
윤리, 윤리학(ethics)
　　-와 도덕 14-5, 23; 실생활 35-7,

268
윤리의 어휘(vocabulary of ethics) 16, 184, 200, 206, 256-8, 275
의도(intention) 28, 105, 112
의무 윤리(duty ethics) 55-8, 71, 73, 291, 301
의무(duty) 50, 71
의미, 추구(meaning, search for) 68-74, 118, 136, 138, 246
의존(dependence) 133, 206, 231, 237
이기적 사회(selfish society) 88
이기주의/자기중심성(egoism/egocentricity) 30, 163
이야기(story) 96, 249-55
이자트(izzat) 55, 192
이타주의(altruism) 50-51, 54, 207
인격(character) 14-6, 34, 47, 63, 77, 95, 181-6, 203-6, 214, 269, 306
인격교육(character education) 32, 38, 40, 66, 102, 183, 201, 203, 206, 236, 238, 239, 271, 278, 279, 281, 284, 309
인종차별(racism) 227-8, 288
인지 발달론적 접근(cognitive developmental approach) 43-4
인지, 정서와의 연결(cognition, link with emotion) 14, 16, 52, 126, 148, 166
일관성(consistency) 110, 178, 204, 233
임기응변, 훈련된(improvisation, disciplined) 111

자격/권리 부여(entitlement) 105, 226
자기 본위(self-centredness) 264
자기 조절(self-regulation) 16, 99, 143, 149, 153, 164, 171, 220, 272 또한

실행 기능 참조
자기도취(narcissism) 70, 88, 140
자기이익(self-interest) 50, 62, 119
자본(capital)
　　결속 97, 305-6; 연계 97, 307-8/문
　　화 233
자아, 자아감(self, sense of) 138, 156-158,
　　175, 204-205, 263
자아감(self-worth) 169, 175, 204
자아에 대한 강박관념(obsession with self)
　　98
자유(freedom) 189, 223, 283
자율성(autonomy)
　　-의 윤리학 56, 301/교사의 111
자존감(self-esteem) 50, 168
작은 발걸음(small steps) 269, 284
잘 살기(well-being) 67, 73-4, 114, 121,
　　272
장난기(playfulness) 247
장학(inspection) 106, 109
잭슨(Jackson, Philip) 100, 217, 268
전달(delivery) 113
전인적 어린이(whole child) 14, 101, 126,
　　264
전통(tradition) 55, 159
　　종교적 15, 249
전형/고정 관념(stereotypes) 93, 97, 166,
　　264-7
정서 지능(emotional intelligence: EI) 236-
　　7
정서(emotion) 14, 134-7
　　기본 132/인지와 연결 16, 52, 127,
　　132, 148 또한 감정 참조
정숙(modesty) 191
정신적, 도덕적, 사회적, 문화적 발

달(spiritual, moral, social and
　　cultural[SMSC] development) 76, 101,
　　106
정의(justice) 42-4, 71, 190
정직(honesty) 27-8, 188-90, 194, 199
정체성(identity) 13, 75-7, 88-90, 96,
　　127, 143, 152, 155, 158-60, 174,
　　179, 182, 207, 248, 251, 263
　　도덕적 37, 74, 168, 205, 219, 249,
　　262/다중 94, 157-9
제재(sanctions) 110, 120, 169-74, 280
　　또한 벌/처벌 참조
조작(manipulation) 178, 245
조정(attunement) 138-40, 145, 219-20,
　　283-4
존중(respect) 92, 189, 194, 267-269
종교(religion) 22, 47, 58-60, 71, 81, 84-
　　6, 187, 195, 301
좋은 삶/올바른 삶, 살기(good life, living a)
　　14, 63, 68, 123, 198, 201
좋은 영향 주기(influencing for good) 210,
　　307
주의(attention) 16-7, 178, 279-80
주입/교화(indoctrination) 22, 35-6, 40,
　　307
주체성(agency) 90, 139, 152, 305
　　주체 의식(sense of) 88, 139, 153,
　　169, 175-8, 205, 207, 218, 245,
　　283-4
준칙/격언(maxims) 22, 214, 307
지식(knowledge)/사례(case) 123
　　-의 자본 174, 179, 225; 절차적(방법
　　알기) 34, 113-4, 123, 303; 명제적/사
　　실적(내용 알기) 12, 34, 109, 113-4,
　　123

지침/안내(guidance) 39, 241, 284
직관(intuition) 122, 146, 201
진정성(authenticity)
　　제도적 17, 211, 292; 개인적 17, 211,
　　266, 283
질문(questions) 219, 250, 254, 259, 284
질책(reprimand) 104, 171, 280

차별(discrimination) 225
참여(engagement) 119, 139-40, 156, 176,
　　214, 246, 283, 304
창의성/창조성(creativity) 109, 203, 215,
　　244
창피/굴욕(humiliation) 152, 168, 219
책임(responsibility) 150
　　형사상/도덕적 책임 연령 29; 범세계
　　적인 94; 개인적인 46, 162, 228
책임, 개인적인(accountability, personal)
　　227, 260
청소년기(adolescence) 90, 153, 155, 205
추론(reasoning) 28, 32-3, 37, 42, 186,
　　201, 275, 301
추상적 개념, 어린이와(abstract ideas, young
　　children and) 16, 144, 146, 153, 199,
　　214, 239, 244, 251, 256
충성(loyalty) 199
취약(fragility) 45, 170, 207, 301
침묵(silence) 222
칭찬(praise) 16, 144, 160, 177-9, 210

카(Carr, David) 65, 95, 96, 218, 294-5
케임브리지 초등교육 리뷰(Cambridge
　　Primary Review) 81, 87, 102, 108,
　　114
콜버그(Kohlberg, Lawrence) 41-2, 44, 46,

62, 155, 302
클랙스턴(Claxton, Guy) 95-6, 146, 177,
　　218, 236, 296

탐욕(greed) 50, 63
탐험/탐색(exploration) 172, 206, 215,
　　222, 252
태도(attitudes) 31, 77, 92, 101, 155, 224
텔레비전(television) 85, 89
토의/토론(discussion) 135, 226, 259, 273
통제(control) 35, 178, 220, 245
통합(inclusion) 105, 107, 226
특성(attributes) 15, 65, 73, 92, 121, 124,
　　126, 177, 182-3, 195, 200-2, 219,
　　239-41, 258-9, 266, 269, 284, 291,
　　301 또한 특질 참조
특질/자질(qualities) 90, 94, 246
　　숙달 지향적 175, 282 또한 특성/속
　　성 참조
팀워크(teamwork) 185

판단(judgement) 27
　　어른의 17, 104, 111, 117, 211, 279,
　　308; 어린이의 40, 294, 300
편람화/지침서 만들기(manualization) 111,
　　312
평판(reputation) 160
포괄적 접근(inclusive approach) 61, 94,
　　124-6, 172, 195, 214, 225, 239, 281,
　　289, 308
포부(ambition) 191-192
폭과 균형(breadth and balance) 114, 118,
　　283
표준/기준(standards) 109, 113, 281
프로그램, 개별(programmes, separate) 32-

3, 37, 66, 203, 217, 236, 271, 277-8
프링(Pring, Richard) 28, 100, 106-7, 293
피드백(feedback) 16, 123, 141, 143-7,
    170, 177, 179, 206, 207, 263, 266,
    303, 310
피아제(Piaget, Jean) 42-3, 155, 156, 245
피해야 할 함정(pitfalls to avoid) 35-41
필수과목(Common Core) 105

하그리브스(Hargreaves, Andy) 93, 94, 165
하이트(Haidt, Jonathan) 56, 122, 160, 201
학교교육(schooling) 31, 99, 120, 173
학습 기제/메커니즘(learning mechanisms)
    133-54, 179, 201
    의식적 146-7
학습 목표(learning objectives) 115, 176 또
    한 목표 참조
할스테드(Halstead, Mark) 32, 185, 294
합리성(rationality) 44, 132, 300
합의(consensus)
    - 착각 187; -의 부족 94, 302
해결책의 유형(patterns of resolution) 104
해티(Hattie, John) 145, 147, 184, 281
행동 관리(behaviour management) 23,
    110, 120, 305
행동, 학습(behaviour, learning) 177, 183

행복(happiness) 13, 39, 56, 67, 98, 291 -
    추구 67-74, 91, 302
행위(actions) 34, 62, 184, 300
행위(conduct) 22, 210
    - 규칙22, 231
향수(nostalgia) 35, 85
협조/동반자 관계(partnership) 127, 285
호혜성(reciprocity) 95, 139, 143, 156,
    245, 256
혼돈(confusion) 14, 126, 206, 234
홀러웨이(Holloway, Richard) 31, 71
환경(environment)
    당면한 영향 183, 213-9; 포괄적인 -
    의 영향 80-92, 214, 291, 299; 학습
    - 16, 96, 213-6, 312; 도덕적/윤리적
    21, 96, 173, 279-283; 증강/강화 96,
    218
회복 탄력성(resilience) 70, 91-4, 141,
    183, 226
효과성(effectiveness) 25, 111 또한 '효과
    적인 것' 참조
'효과적인 것'('what works') 106, 111,
    114 또한 효과성 참조
훈계(moralizing) 255
훈련/규율(discipline) 23, 86, 167
    자기 수양(self-) 23, 171, 201